Zivilrechtliche Unterlassungs- und Beseitigungsansprüche zur Abwehr von Umwelteinwirkungen im Rechtsvergleich zwischen Österreich und Deutschland

Europäische Hochschulschriften

Publications Universitaires Européennes
European University Studies

Reihe II
Rechtswissenschaft

Série II Series II
Droit
Law

Bd./Vol. 4267

PETER LANG
Frankfurt am Main · Berlin · Bern · Bruxelles · New York · Oxford · Wien

Frank Wenzel

Zivilrechtliche Unterlassungs- und Beseitigungsansprüche zur Abwehr von Umwelteinwirkungen im Rechtsvergleich zwischen Österreich und Deutschland

PETER LANG
Europäischer Verlag der Wissenschaften

Bibliografische Information Der Deutschen Bibliothek
Die Deutsche Bibliothek verzeichnet diese Publikation in der Deutschen Nationalbibliografie; detaillierte bibliografische Daten sind im Internet über <http://dnb.ddb.de> abrufbar.

Zugl.: Greifswald, Univ., Diss., 2003

9
ISSN 0531-7312
ISBN 3-631-52070-0

www.peterlang.de

Meinen Eltern Horst und Anneliese Wenzel
sowie meiner lieben Ehefrau Melanie
und vor allem unserer Tochter Victoria.

Der wachsame Nachbar!

Vorwort

Als letzten Akt eines langjährigen Promotionsverfahrens freut es mich – von ganzem Herzen –, die Danksagung verfassen zu dürfen.

Zunächst ist es mir ein ganz besonderes Bedürfnis, mich bei meinem Doktorvater Herrn Univ.-Professor Dr. Jürgen Kohler für seine geduldige Betreuung der Arbeit, für sein Verständnis und seine wohlwollenden Ermunterungen sowie die Fertigung des Erstgutachtens, herzlich zu bedanken. Er hat mich stets ermutigt und das notwendige Vertrauen in mich gesetzt.

Herr Univ.-Professor Dr. Helmut Heiss danke ich für die zügige Erstellung des Zweitgutachtens.

Herrn Univ.-Professor Dr. Jürgen Regge danke ich zum einen als Vorsitzenden der Prüfungskommission für den fairen und interessanten Verlauf der mündlichen Prüfung, sowie zum anderen für seine stets väterlich-fürsorgliche und herzerfrischende menschliche Art.

Tief empfundener Dank gilt meiner lieben Ehefrau Melanie, die voller Verständnis und Zuversicht für die bisweilen sehr knapp gewordene gemeinsame Zeit war, und die mich in großer Beständigkeit ermutigt hat die Dissertation erfolgreich abzuschließen. Sie hat wie kein anderer an das Gelingen der Arbeit geglaubt; ohne sie wäre mir die Fertigstellung nicht gelungen.

Ein weiteres Bedürfnis ist es mir mich auch bei meinen beiden Freunden Norbert Neef und Michael Mazkour zu bedanken. Norbert hat durch seine zahlreichen wertvollen Ideen sowie Hinweise und Michael durch seinen großen Einsatz bei der Formatierung des Textes, zur Klarheit der Darstellung und dem Gelingen des Werkes maßgeblich beigetragen. Beide haben – jeder auf seine ihm eigene Art – mich stets ermutigt und auf den rechten Weg (zurück) gebracht.

Ein Wort des Dankes richte ich ebenso an meine beiden Sozien Herrn Wolfgang Halm und Herrn Dr. Frank Krahe. Sie haben mich in der Zeit der großen Arbeitsüberlastung bei der berufsbegleitenden Erstellung still wirken lassen.

Bei Herrn Dr. Wolfgang Delseit bedanke ich mich für die gewissenhafte Korrektur der Arbeit. Mit seinem literarischen Erfahrungsschatz gab er dem Werk den letzten Schliff.

Von Herzen danke ich meinen Eltern und Tilde, die den Grundstein für dieses Promotionsverfahren schon vor vielen Jahren gelegt und mich auf meinem Weg zu jeder Zeit bedingungslos unterstützt haben, sowie dies eben nur Eltern zu tun vermögen.

Schließlich bin ich noch all denen – nicht namentlich genannten – zu Dank verpflichtet, die meine Arbeit mit all ihren Höhen und Tiefen miterlebt und mir stets Mut gemacht haben, zu vollenden, was der einst begonnen wurde.

Danke!

Euer Doktor Molly
Köln im Juli 2005

Inhalt

A. Einführung

»Hoffnungslos veraltet«

Diese Bewertung[1] der Bedeutung der nachbarrechtlichen Bestimmungen der §§ 364 ff. des österreichischen Allgemeinen Bürgerlichen Gesetzbuches[2] in der Gegenwart lässt an Deutlichkeit kaum zu wünschen übrig.
Das geltende Privatrecht befinde sich mit diesen Vorschriften im umweltschutzrelevanten Bereich noch auf der Stufe der Zeit um die Jahrhundertwende.[3]
Tatsächlich stammen die nachbarrechtlichen Bestimmungen des ABGB aus dem Jahr 1916[4] und sind seither nicht verändert worden. Erst in neuerer Zeit sind die Regelungen verstärkt in die Diskussion geraten. Wissenschaftliche Ansätze für Gesetzesänderungen im Bereich des Nachbarrechts gab es durchaus, noch Mitte 2002 lautete die offizielle Sprachregelung des Justizministeriums jedoch dahin, dass die politische Diskussion noch nicht abgeschlossen sei.
Die zentrale Norm des privaten Nachbarrechts in Deutschland, § 906 BGB, ist – in Kraft getreten mit dem BGB am 1. Januar 1900 – sogar noch älter als die Regelungen des ABGB. Allerdings hat sie 1959 eine Neufassung[5] erfahren. Ob die nun immerhin auch schon vierzig Jahre geltende Fassung überhaupt – und wenn, dann hinreichende – Modernisierungen bewirkt hat, wird zu untersuchen sein. Die letzte Änderung der Vorschrift durch Art. 2 § 4 Sachenrechtsänderungsgesetz von 1994[6] betraf jedenfalls nur eine Auslegungsregel zur unverändert gebliebenen Grundstruktur der Vorschrift. Auch die deutsche Literatur scheut sich genauso wenig wie die österreichische mit drastischen Worten auf ihrer Ansicht nach veraltete Wertungen hinzuweisen, wenn z. B. von einem »versteinerten Immissionsbegriff«[7] die Rede ist.
Das Alter einer Norm allein rechtfertigt die Einschätzung »hoffnungslos veraltet« sicher noch nicht. Dass sich im Bereich des zivilen Nachbarschaftsrechts aber geradezu aufzudrängen scheint, dass eine sehr alte Norm auch gleichzeitig veraltet sein muss, liegt an dem dynamischen Kontext, in den das zivile Nachbarrecht gestellt ist: die Umwelt.
Der Begriff »Umwelt« ist weit; vom Standort des Betrachters umgebenden Raum bis hin zum globalen Blickwinkel kann alles gemeint sein. Die »Umwelt« ist mit der Globalisierung »mitgewachsen«. Noch vor hundert Jahren war der Begriff von seinem räumlich engsten Sinne geprägt. Auch Folgen von Umwelteinwirkungen konnte man sich nur im unmittelbaren Nahbereich der Einwirkungsquelle vorstellen. So ist dieser Problemkreis zunächst für das Nachbarschaftsverhältnis als engste »Umweltbeziehung« geregelt worden. Wer durch von seinem Nachbarn ausgehende Einwirkungen

1 Durch Jabornegg, Privatrecht und Umweltschutz III, S. 6
2 Im folgenden: ABGB
3 Jabornegg, Privatrecht und Umweltschutz III, S. 5; gemeint ist die Jahrhundertwende zum Jahr 1900
4 § 364 Abs. 2 wurde eingeführt durch die 3. Teilnovelle des am 01.06.1811 verabschiedeten und seit dem 01.01.1812 geltenden ABGB
5 Gesetz v. 22.12.1959 BGBl I, S. 781
6 Gesetz v. 21.04.1994, BGBl I, S. 2457
7 Jauernig, JZ 1986, 605, 606

auf die eigene Umwelt, nämlich sein Grundstück, gestört wird, der soll dies grundsätzlich abwehren können.
Die zuvor zitierten Rechtsvorschriften sehen hierzu die Instrumentarien der Unterlassungs- und Beseitigungsansprüche vor. Die aktuelle Funktionsfähigkeit dieser Instrumentarien im Ländervergleich soll Thema dieser Arbeit sein. Ihr Bedeutungskontext hat sich erheblich verändert, insbesondere durch die Herausbildung des Umweltschutzgedankens.
Die nachbarrechtlichen Vorschriften des Zivilrechts stammen aus einer Zeit als die umweltschädlichen Wirkungen der Industrialisierung noch nicht in dem heutigen Maße bekannt waren; sie noch nicht heutige Dimensionen erreichten bzw. erreichen konnten und – soweit sie offenkundig waren – ihnen jedenfalls keine gegenüber dem industriellen Fortschritt relevante Gewichtung zuerkannt wurde.
In den führenden Industrienationen der westlichen Welt erlangte der Umweltschutzgedanke erst ein gutes halbes Jahrhundert nach Inkrafttreten der angesprochenen Zivilrechtsnormen Bedeutung. Weltweites Aufsehen erregten in den 60er Jahren des zwanzigsten Jahrhunderts Werke wie *Der stumme Frühling* der amerikanischen Biologin Rachel Carson[8] und die Abhandlung über das *Raumschiff Erde* von Kenneth Boulding, in der auf die begrenzten Ressourcen hingewiesen wird.[9]
In Deutschland wurde der Umweltschutz erstmals im Umweltprogramm der Bundesregierung vom 29. September 1971[10] als wesentliche Aufgabe des Staates definiert und wirkt seither auf Gestaltung bzw. Fortbildung der gesamten Rechtsordnung ein.[11] In die 70er Jahre fallen auch die umfangreichen Gesetzgebungsaktivitäten in Deutschland im Bereich des Umweltrechts.[12]
Dass der Umweltschutz zu einem der zentralen Punkte des gegenwärtigen Lebens beider Länder geworden ist[13], liegt nicht zuletzt auch an den teilweise verheerenden ökologischen Katastrophen[14], die durch die Massenmedien weltweit vermittelt wurden und die besorgte Kenntnisnahme breiter Bevölkerungsschichten von der Zerstörung von Lebensgrundlagen durch maßlose Ausnutzung und Verschmutzung der Umwelt zur Folge hatten. Es zeigte sich, dass »schleichenden Beeinträchtigungen«[15] der Umweltmedien Luft, Wasser, Boden, die sich nicht als vereinzelte Umwelteinwirkungen

8 In: Beck'sche Schwarze Reihe 144, München 1981
9 In H. Jarret: Environmental Quality in a Growing Economy. Baltimore: Johns Hopkins UP 1966, S. 3 ff.
10 BT-Drucks. VI, 2710
11 Im Jahre 1971 wurde erstmals durch das Umweltprogramm der Bundesregierung ein politischer Ansatz zum Umweltrecht formuliert (BT-Drucks. VI/2710, S. 6), der dann durch den Umweltbericht von 1976 (BT-Drucks. VII/5684) sowie das Umweltgutachten des Rates der Sachverständigen für Umweltfragen von 1974 und 1978 (BT-Drucks. VII/2802; VIII/1938) weiter verbessert wurde; er wurde fortgeführt im Umweltbericht von 1990 (BT-Drucks. XI/7168) und durch das Umweltgutachten von 1994 (XII/6995, S. 45 ff.)
12 Z. B. Abfallgesetz 1972, Bundesimmissionsschutzgesetz 1974, Reformen von Atom- und Wasserhaushaltsgesetz 1976
13 Jabornegg GA, S. 5
14 Minamata (50er Jahre); Itai-Itai (50er Jahre); Torrey Canyon (1967) Rocky Mountain Arsenal (1975); Seveso (1976); Amoco Cadiz (1978); Three Miles Island (1979); Harrisburg (1979); Love Canal (1980); Bhopal (1984); Tschernobyl (1986); Exxon Valdez (1989); Algean Sea vor La Croruna (1992); Bear bei den Shetlandinseln (1993); Rheinhochwasser (1993/1995); Elbehochwasser (2002)
15 BT-Drucks. 11/4247; Wiebecke, S. 136

erfassen lassen, mit unmittelbar erkennbaren Verschlechterungen der Umwelt kumulieren.
Diese Entwicklung hat den Umweltschutz zu einer »Schicksalsaufgabe des modernen Staates«[16] werden lassen. Dementsprechend sind im Laufe der Zeit umweltschützende Normen geschaffen worden, die sich im gesamten Spektrum der Gesetzgebung wiederfinden, also in Teilbereichen des öffentlichen Rechts sowie des Straf- und Zivilrechts. Der Umweltschutz ist seit 1984 in Österreich und seit 1994 in Deutschland Staatsziel mit Verfassungsrang.[17]
Die weit verästelte Problematik ist eine so genannte »Querschnittsmaterie«[18], die in vielfältiger Art und Weise auf die herkömmlichen Rechtsgebiete übergreift. Daran lässt sich erkennen, dass diese »neue Rechtsmaterie« nicht neben die bereits vorhandenen Sachgebiete trat und sich dort isoliert geschlossen entwickelte, sondern durch die Fortentwicklung auf der Grundlage vorhandener Einzelregelungen verschiedener Rechtsgebiete entstanden ist.
Allerdings ist festzustellen, dass der Schutz der Umwelt auf den Gebieten des öffentlichen Rechts, des Straf- und Zivilrechts nicht die gleiche Gewichtung erfahren hat. Das Umweltrecht im engeren Sinne bezeichnet allein die verwaltungsrechtlichen Regelungen, die sich auf den Schutz der Umwelt beziehen. Das liegt darin begründet, dass die staatliche Abwehr von Umweltgefahren und die Gefahrenvorsorge überwiegend als ordnungsrechtliche Aufgabe gesehen werden, die mit den traditionellen öffentlichen Instrumentarien zu bewältigen sind. Der Schutz der Umwelt wird dementsprechend auch als »Primat des öffentlichen Rechts«[19] oder auch als »Domäne des öffentlichen Rechts«[20] bezeichnet.
Der Beginn der umweltrechtlichen Diskussion war primär von der Intention geprägt, durch staatliche Mittel den Schutz der Umwelt zu erzielen. Schon bald ergab sich aber die Frage nach der Leistungsfähigkeit auch des Privatrechts für die Vermeidung sowie die Kompensation von Umweltschäden.[21]
Unglücksfälle mit enormen ökologischen Auswirkungen waren dabei zugleich Auslöser für Diskussionen über das traditionelle Haftungsrecht. Unter dem Stichwort »Umweltprivatrecht« erfolgte eine Diskussion, mit der sich die Umweltproblematik auf das Gebiet des Zivilrechts verlagerte. Der zivilrechtliche Umweltschutz umfasst die Gesamtheit der zivilrechtlichen Normen, die dem Einzelnen Schadenersatz- und Aus-

16 Schmidt R., Einf., S. XXV; Versen, S. 1
17 Vgl. für Deutschland: Art. 20 a Grundgesetz, eingefügt durch Gesetz v. 27.10.1994 (BGBl. I, 3146); vgl. für Österreich: Bundesverfassungsgesetz vom 27.11.1984 über den umfassenden Umweltschutz, BGBl Nr. 491/1984
18 Erbguth, S. 49; Kloepfer § 1, Rn. 40; Marburger, AcP Bd. 192 (1992), S. 16 f.; Paschke, Einl., Rn. 3; Schmidt, R., Einf., S. XXVI; Wagner, NuR 1992, 201; vgl. auch Sendler, JuS 1983, 255, der ausgehend von der Aussage, »Umwelt sei schließlich überall«, das Umweltrecht als »hochqualifiziertes« und »kompliziertes« Querschnittsrecht bezeichnet; zu bemerken ist insoweit, dass bereits der Umweltbericht aus dem Jahre 1976 von der Umweltpolitik als »politischer Querschnittsaufgabe« spricht (BT-Drucks. VII/5684, S. 29)
19 Schimikowski, Rn. 2
20 Ketteler, AnwBl. 1992, 3 ff., Aicher, JBl. 1979, 235; dazu kritisch Huber, S. 7 ff.
21 Vgl. für Österreich: Gimpel-Hinteregger, S. 5 ff; Jabornegg GA, S. 7; Stabentheiner, ÖJZ 1992, 78 ff.; vgl. für Deutschland: erste intensive Auseinandersetzungen mit Problemen zivilrechtlichen Umweltschutzes fanden bereits Anfang der 70er Jahre statt; vgl. Diederichsen, BB 1973, 485 ff.; Roth, NJW 1972, 921 ff.; Simitis, VersR 1972, 1087

gleichsansprüche sowie Beseitigungs- und Unterlassungsansprüche für schädliche Umwelteinwirkungen und die daraus entstandenen Umweltschäden gewähren. Am 1. Januar 1991 trat in Deutschland das Umwelthaftungsgesetz in Kraft, jedoch ist auch dies kein geschlossenes Regelwerk zivilrechtlicher Umweltnormen; es hat nicht einmal eine Harmonisierung des Umwelthaftungsrechts bewirkt. In Österreich sind die Bemühungen um die Erarbeitung eines nationalen Umwelthaftungsrechts nach der politischen Entscheidung, eine europaweite Regelung abzuwarten, eingestellt worden. Das Zivilrecht mit seinem System subjektiver Rechte ist jedoch für einen effektiven Umweltschutz unverzichtbar.

Standen bisher im Rahmen der umweltprivatrechtlichen Überlegungen *de lege lata* überwiegend Schadenersatz- und Ausgleichsansprüche im Vordergrund wissenschaftlicher Erörterungen[22], so fanden die Beseitigungs- und Unterlassungsansprüche des Nachbarrechts als geeigneter Rechtsschutz gegenüber Belastungen aus der Umwelt jedenfalls keine vergleichbare Aufmerksamkeit. Dies verwundert insbesondere deshalb, weil der Unterlassungsanspruch mit seiner präventiven Wirkung dem Umweltschutzgedanken in effektiver Weise gerecht wird[23] und der Beseitigungsanspruch zur Sanierung von Umweltschäden beitragen können müsste.

Das Nachbarrecht nun zielt – verschuldensunabhängig – darauf ab, die Gegensätze und Konflikte, die in Nachbarschaftsverhältnissen auftreten, einer sozialverträglichen Lösung zuzuführen, das heißt, einen vernünftigen Ausgleich zwischen den verschiedenen, aber grundsätzlich gleichberechtigten Nutzungsinteressen von Liegenschaftseigentümern herzustellen.

Die österreichischen Vorschriften der §§ 364 ff ABGB gelten als bedeutendster Bereich des privaten Umweltschutzes[24] und in Deutschland wird § 906 BGB als die einzige umweltspezifische Norm – Generalnorm[25] – des zivilrechtlichen Kernbereichs[26] herausgestellt. Interessant ist aber die Bewertung ihres tatsächlichen umweltschutzrechtlichen Beitrages. Neueren Einschätzungen zufolge ist den Vorschriften des ABGB – aus einer Zeit feudaler und patriarchalischer Ordnung stammend – »die heutige soziale Funktion des Eigentums in ihrer den Umweltschutz einschließenden Weise nicht geläufig«.[27] Andererseits findet sich für die deutsche Vorschrift trotz kritischer Stimmen die fast mahnenden Feststellung, man solle »die Leistung des Gesetzgebers auf dem Gebiet des zivilrechtlichen Immissionsschutzes nicht gering schätzen; die Regelung enthalte seit ihrer Neufassung 1959 einen wichtigen Anstoß für ein wirksames Umweltschutzrecht mit insgesamt wohlüberlegten, festen Tatbeständen«.[28]

Ziel dieser Untersuchung ist es, die beiden zentralen Normen zur Immissionsabwehr des österreichischen und deutschen Zivilrechts unter besonderer Berücksichtigung allgemeiner umweltrechtlicher Entwicklungen im engeren und weiteren Sinne in den

---

22 Siehe aus neuerer Zeit: Schmidt A., Der nachbarrechtliche Ausgleichsanspruch; Süss, Die verschuldensunabhängige Haftung analog § 906 Absatz 2 Satz 2 BGB; Karsten, Der nachbarrechtliche Ausgleichsanspruch gemäß § 906 Abs. 2 Satz 2 BGB analog im System der Ausgleichsansprüche

23 Siehe zur präventiven Funktion Gamsjäger, S. 6; Weinberger, S. 1

24 Jabornegg/Strasser, S. 13

25 BT-Drucks. 12/7425 v. 27.04.1994, 87

26 Kloepfer § 4, Rn. 303; Staudinger/Kohler, Einl. 34 zum UmweltHG

27 Schambeck, ÖJZ, 617 ff., zustimmend Aicher, JBl. 1979, 235

28 So Baur, JZ 1987, 317, 319

wesentlichen Problemfeldern darzustellen. Es gilt zu erforschen, von welchen Vorgaben beide Staaten ausgegangen sind, wie sie sich weiterentwickelt haben bzw. welche Vor- und Nachteile die jeweiligen Rechtsordnungen bezüglich gleich gelagerter Konflikte bieten.
Dabei wird sich herausstellen, ob die Regelungssysteme (noch) geeignet sind, sich dem dynamischen Prozess der Umwelteinwirkungen und des Umweltschutzes zu stellen bzw. welches der Systeme noch eher den Erfordernissen eines geänderten gesellschaftspolitischen Konsenses den Umweltschutz und das nachbarschaftliche Zusammenleben betreffend entspricht.
Dieser Vergleich bietet sich insofern an und erhält seinen besonderen Reiz dadurch, dass bei oberflächlicher Lektüre der beiden einschlägigen Normen, § 364 II ABGB einerseits und § 906 BGB andererseits, der erste Eindruck entsteht, es lägen zwei im Wesentlichen inhaltsgleiche Vorschriften vor, die sich nur marginal voneinander unterscheiden. Diese Ähnlichkeit ist darauf zurückzuführen, dass die österreichische Vorschrift nach Verabschiedung des deutschen Bürgerlichen Gesetzbuches von 1900 dann 1916 durch kaiserliche Verordnung in das bereits seit 1812 existierende ABGB integriert wurde und sich ihre Abfassung an § 906 BGB in seiner ursprünglichen Fassung orientiert hat.
Hier wird also außerdem die Frage beantwortet werden können, ob im Jahre 1916 tatsächlich eine »Kopie« des bisherigen § 906 BGB geschaffen wurde, worauf der ähnliche Wortlaut hindeutet, oder aber, intendiert oder nicht, Normen bestehen, die zwar inhaltlich den gleichen Sachverhalt, die Abwehr von Immissionen, regeln, dies aber – jedenfalls in ihrer jeweils geltenden Fassung – auf unterschiedlichem Wege und mit unterschiedlichem Erfolg erreichen.
Im nachfolgenden *Abschnitt B.* der Arbeit soll zunächst der Regelungsgegenstand des zivilen Nachbarrechts eingehender vorgestellt, seine historischen Grundlagen und rechtspolitische Entwicklung kurz betrachtet werden. Hier zeigt sich, in welchem historischen Kontext die dem Rechtsvergleich unterzogenen Normen entstanden sind und unter welchen Eindrücken sie fortentwickelt wurden. Auch historisch bedingte Einflüsse des einen auf das andere Regelungssystem geben wertvolle Hinweise auf die Grundlagen und Gründe für die häufig anzutreffende Anlehnung der österreichischen Judikatur an rechtsfortbildende Entwicklungen in Deutschland. Das öffentliche Recht wird im Rahmen der ersten Vorstellung des Regelungsbereichs des privaten Nachbarrechts bereits insofern eine Rolle spielen, als der Problemkreis der Beteiligung von Hoheitsträgern im Rahmen nachbarrechtlicher Konfliktverhältnisse angesprochen ist.
Im *Abschnitt C.* der Untersuchung wird die Heranführung an die grundlegende Regelungssystematik der Ansprüche in Österreich und Deutschland helfen, die weiteren Vergleichsschritte im regelungssystematischen Kontext einordnen und bewerten zu können. Bereits hier deutet sich an, dass die wesentlichen Unterschiede die tatbestandlichen Voraussetzungen wie die prozessuale Durchsetzbarkeit eines nachbarrechtlichen Abwehranspruch betreffend in wenigen schon systematischen Abweichungen begründet liegen. Augenfällig ist besonders die Schwierigkeit des kumulativen Nebeneinanders der österreichischen Tatbestandmerkmale, die das Immissionsübermaß mit jeweils identischem Bezugsgegenstand beschreiben, im Gegensatz zum deutschen System, welches das Übermaß durch eine abgestufte Prüfung von Regel-Ausnahmeverhältnissen und den Wechsel von Betrachtungsorten zu bestimmen versucht.

Es schließt sich im *Abschnitt D.* dann der Vergleich der einzelnen Tatbestandsmerkmale der nachbarrechtlichen Abwehransprüche in ihrer jeweiligen Ausgestaltung durch das österreichische ABGB und das deutsche BGB an. Dabei werden die begrifflich identischen Merkmale der »Einwirkung«, der »Wesentlichkeit« und »Ortsüblichkeit« einer eingehenden individuellvergleichenden Betrachtung unterzogen und die Zwischenergebnisse zusammenfassend dargestellt. Die Interpretation der Merkmale sieht sich bereits innerhalb der beiden Länder streitiger Diskussion ausgesetzt, wobei sich an vielen Stellen die jeweiligen Ansichten durchaus länderübergreifend zusammenfinden und nicht auf die unterschiedliche Ausgestaltung der Vorschriften zurückzuführen sind. Dies zeigt sich insbesondere schon an der Bestimmung der abwehrfähigen Einwirkungen an sich, wenn sich die Trennlinie dort zwischen der engen Interpretation der Rechtsprechung von OGH und BGH einerseits und des mehrheitlich für eine ausdehnende Auslegung plädierenden Schrifttums in beiden Ländern zieht. Einen besonders bemerkenswerten – vielleicht aber doch nicht entsprechend weitreichenden – Unterschied zwischen beiden Ländern bildet die deutsche Kodifikation der Bedeutung öffentlich-rechtlicher Grenz- und Richtwerte für die Interpretation der Tatbestandsmerkmale. Die Verwaltungsakzessorietät der Interpretation der Tatbestandsmerkmale ist in Österreich trotz oder gerade wegen der fehlenden gesetzlichen Entsprechung zu den neu eingefügten § 906 I 2, 3 BGB aber schon deshalb kein geringeres Thema, weil die seit 1994 bestehende deutsche Normierung überwiegend als die zuvor bestehende Rechtslage nicht entscheidend abändernd eingeordnet wird. An dieser vormaligen Rechtslage hatte sich auch Österreich vielfach orientiert. Die Stelle, an der verwaltungsrechtliche Vorschriften relevant werden, ist jedoch in beiden Ländern eine andere, was sich wieder auf die systematischen Unterschiede zurückführen lässt. Inwieweit sich daraus auch Ergebnisverschiebungen geben, wird zu zeigen sein.
Die besonderen Voraussetzungen der in Betracht kommenden Abwehransprüche werden in *Abschnitt E.* behandelt und einander gegenübergestellt. Hier geht es insbesondere um die Wiederholungsgefahr als Voraussetzung eines Unterlassungsanspruchs und das Erfordernis einer gegenwärtigen Störung für den Beseitigungsanspruch. Schließlich ist vor dem Hintergrund der Aufteilung der Eingriffe durch Immissionen in solche, die zu dulden und solche, die nicht zu dulden sind, zu fragen, welche Rolle in diesem Zusammenhang noch der Rechtswidrigkeit des Eingriffs zukommen kann.
Abschnitt F. der Arbeit beschäftigt sich sodann mit dem Inhalt der Abwehransprüche, den Rechtsfolgen. Hier ergeben sich Abgrenzungsprobleme innerhalb der zur Verfügung stehenden nachbarrechtlichen Abwehransprüche ebenso wie Abgrenzungsprobleme zur deliktischen Schadensersatzhaftung. Die Abgrenzungsprobleme entstehen aufgrund der fehlenden ausdrücklichen Formulierung eines Beseitigungsanspruchs in Österreich dort noch zusätzlich in einem weiteren Zusammenhang.
Fragen, die die prozessuale Durchsetzbarkeit der nachbarrechtlichen Ansprüche betreffen, sind Gegenstand von *Abschnitt G.* Die Durchsetzbarkeit eines nachbarrechtlichen Anspruchs ist in besonderem Maße davon abhängig, ob der Kläger die Tatbestandsvoraussetzungen im Streitfall zu beweisen vermag. Da sein Grundstück durch Einwirkungen beeinträchtigt wird, die auf einem anderen, durchaus entfernten Grundstück, ihren Ursprung haben, ist augenfällig, dass der Nachweis – insbesondere der Verursachungskette – naturgemäß erschwert ist. An der Beweisfrage setzen daher auch eine Vielzahl von Vorschlägen an, die typischen Beweisschwierig-

keiten Rechnung tragen wollen. Dabei ist herauszustellen, inwieweit hier bestehendes Recht nur angewendet und inwieweit Grundsätze propagiert werden, die vom gegenwärtigen System, auch der jeweils einschlägigen Prozessordnung, nicht mehr getragen werden. Da in Deutschland durch die Einfügung von § 906 I 2, 3 BGB näher bestimmt ist, wann das Wesentlichkeitsmerkmal in der Regel vorliegt, ist hier zu untersuchen, ob sich daraus für Deutschland auch ein erleichterter prozessualer Nachweis des Merkmals ergibt.

Besondere Probleme der grundsätzlich eine bestimmte Beeinträchtigung und nicht ein bestimmtes Verhalten untersagenden Abwehransprüche ist die Fassung von Klageantrag und Urteilstenor, in welchen sich widerspiegeln muss, dass nur ein Erfolg zu verhindern oder zu beseitigen ist und daher in der Regel kein Anspruch auf ein bestimmtes dies erreichendes Verhalten eingeklagt werden kann.

Damit korrespondiert die Problematik der richtigen Auswahl der zur zwangsweisen Durchsetzung des erreichten Titels bestehenden Vollstreckungsmöglichkeiten mittels der jeweils einschlägigen Zwangsvollstreckungsvorschriften der deutschen ZPO und der österreichischen EO.

Schließlich wird in *Abschnitt H.* ein Gesamtrückblick auf die gefundenen Ergebnisse zeigen, in welcher Weise die untersuchten Normen und ihre rechtstatsächliche Anwendung auf die eingangs dargestellte Problemstellung Antworten gefunden haben.

Ob diese – auch in der Gegenwart – sachgerecht und genügend sind oder ob hier – angesichts der gewachsenen Bedeutung von Immissionsbeeinträchtigungen im täglichen Zusammenleben nicht nur von Nachbarn – Regelungsbedarf besteht, wird in einem Ausblick im *Abschnitt I.* in der gebotenen Kürze der schwerpunktmäßig auf den Rechtsvergleich abhebenden Arbeit kommentiert werden.

Klarstellend ist noch darauf hinzuweisen, dass die vertragliche Haftung ebenso wie die nachbarschaftlichen verschuldensunabhängigen Ausgleichsansprüche für Umweltschäden in Österreich und Deutschland nicht Gegenstand der rechtsvergleichenden Untersuchung sind.

B. Grundlagen und Gegenstand des Nachbarrechts

Die nachfolgende Darstellung von Rechtshistorie und heutigem Regelungsbereich des zivilrechtlichen Nachbar- und Umweltrechts in beiden Ländern verdeutlicht, dass es sich bei den hier zu vergleichenden Normen um solche handelt, die auf gemeinsamen historischen Wurzeln beruhen und die dennoch grundlegende unterschiedliche Entwicklungen vollzogen haben. Außerdem wird erkennbar, welche Rolle dem zivilrechtlichen Instrumentarium der Immissionsabwehransprüche bei der Verhinderung von umweltschädlichen Einwirkungen zukommt.

I. Gegenstand des privaten Nachbarrechts

Zunächst soll der gesetzessystematische Kontext, in dem sich die zentralen Normen des zivilen Nachbarrechts in Österreich und Deutschland jeweils befinden, kurz dargestellt werden: Das Recht des Eigentümers, frei über sein Eigentum zu verfügen, ist sowohl in Österreich als auch in Deutschland gewährleistet.

Nach den Regeln des ABGB beinhaltet das Eigentumsrecht gemäß § 354 insbesondere die Befugnis des Eigentümers mit seinem Eigentum »nach Willkür zu schalten und jeden anderen davon auszuschließen«.

Auch im deutschen BGB sind nach § 903 die Befugnisse des Eigentümers einer Sache dahingehend ausgestaltet, dass er »mit der Sache nach Belieben verfahren und andere von jeder Einwirkung ausschließen« kann.

In § 362 ABGB wird formuliert, welche einzelnen Möglichkeiten bestehen, mit dem Eigentum »nach Willkür zu schalten«, wenn dort aufgelistet wird, der Eigentümer könne seine Sache »benützen oder unbenützt lassen; [...] sie vertilgen, ganz der zum Teile auf andere übertragen oder unbedingt sich derselben begeben, das ist, sie verlassen«. All diese Möglichkeiten mit einer Sache rechtlich oder tatsächlich umzugehen, meint auch die deutsche Regelung ohne diese Verfahrensweisen in ähnlicher Wiese aufzuzählen.[1]

Aus dem Eigentum folgen demnach in beiden Rechtssystemen grundsätzlich zwei wesentliche Wirkungen zugunsten des Eigentümers. Zum einen wird eine positive Wirkung der Art normiert, dass der Eigentümer mit dem Eigentum tun kann, was er will, ohne dass es einer Rechtfertigung bedarf. Diese Befugnis folgt aus dem Eigentum selbst. Zum anderen haben die Eigentümerbefugnisse die negative Wirkung, dass von außen kommende Einwirkungen auf das Eigentum nicht hingenommen werden müssen.[2]

Auch die Freiheit des Eigentümers endet also dort, wo die Freiheit des anderen (Eigentümers) beginnt. Die Eigentümerbefugnisse werden in Österreich in den Vorschriften der §§ 362 ff. ABGB eingeschränkt, denn es findet die Ausübung der Eigentumsrechte nach § 364 Abs. 1 »nur insofern statt, als dadurch weder in die Rechte eines Dritten ein Eingriff geschieht, noch die in den Gesetzen zur Erhaltung und Beförderung des allgemeinen Wohles vorgeschriebenen Einschränkungen übertreten werden.«

---

1 Vgl. BVerfGE 24, 400 f.

2 Vgl. für Deutschland: Palandt/Bassenge § 903, Rn. 5 f.; vgl. für Österreich: Jabornegg/Strasser, S. 22

Der Interessenkollision benachbarter Grundstückeigentümer wird durch die Vorschriften der §§ 364 II, 364 a und § 364 b ABGB Rechnung getragen. Vertieft soll vorliegend nur auf die §§ 364 I, II ABGB eingegangen werden.
Nach § 903 BGB kann der Eigentümer seine Rechte insgesamt nur ausüben »soweit nicht das Gesetz oder Rechte anderer entgegenstehen«.
Für den Fall, dass durch grenzüberschreitende Nutzung Grundeigentum betroffen ist, erfährt die allgemeine Nutzungsbeschränkung der §§ 354 ff. ABGB bzw. 903 BGB eine spezialgesetzliche Regelung durch die Vorschriften der §§ 364 I, II ABGB bzw. 906 ff. BGB. Grundsätzlich kommen diese Bestimmungen nur in den Fällen der grenzüberschreitenden Beeinträchtigung von Grundeigentum in Betracht, so dass, soweit die Benutzung auf das eigene Grundstück begrenzt bleibt, es keiner Rechtfertigung bedarf.[3]
Wenn bei Eigentümern benachbarter Grundstücke eine Kollision zwischen des einen Nutzungs- und des anderen Ausschließungsrecht entsteht, entscheiden die Spezialregelungen darüber, welchem Recht im konkreten Fall der Vorrang einzuräumen ist. Nach den Regelungen der §§ 903 ff. BGB z. B. tritt zunächst grundsätzlich das grenzüberschreitende Nutzungsrecht hinter dem Ausschlussrecht des von der Einwirkung betroffenen Eigentümers zurück[4], die Benutzung bedarf eines besonderen Erlaubnistatbestandes. Ob dabei hinzunehmende Einwirkungen schlicht keine Beeinträchtigung des Eigentums darstellen oder aber zwar als solche Beeinträchtigung gelten, nur eben duldungspflichtig sind, wird später im Rahmen der Erörterung der Immission zu zeigen sein.
Diese Beschränkungen sind notwendig, trägt doch eine uneingeschränkte Inanspruchnahme der Nutzungsmöglichkeit durch jeden Nachbarn die Gefahr in sich, dass rücksichtsloses Verhalten eine gegenseitige Blockade der jeweiligen Nutzung zur Folge haben könnte. Dadurch würden die Eigentümer um den eigentlichen Genusswert ihres Eigentums gebracht und die gesetzliche Befugnis *ad absurdum* geführt. Die uneingeschränkte Eigentumsbenutzung trüge als Folge »den Kern ihrer Auflösung in sich«.[5]
Die Konsequenz kann nur darin liegen, die Befugnisse der Eigentümer untereinander zu relativieren, indem die Nutzungsbefugnis eines Nachbarn zugunsten seiner Nachbarn beschränkt wird. Da aber gerade in nachbarschaftlichen Gemeinschaftsverhältnissen das Konfliktpotenzial, etwa bei unterschiedlichen Nutzungsarten oder einfach die Nachbarschaft an sich, besonders hoch ist, ist zur Vermeidung des dem Gewaltmonopol des Staates zuwiderlaufenden Recht des Stärkeren ein ausgeprägtes ergänzendes Normensystem erforderlich, um den Konflikt auflösen zu können. Das Nachbarrecht ist seiner Funktion nach daher Kollisionsrecht und bezweckt, möglichst allen Nachbarn durch ein ausgewogenes Verhältnis von Rechtsgewährung und Rechtsbeschränkung gerecht zu werden. Es geht also um Interessenausgleich. Nur auf dieser Grundlage kann ein Zusammenleben auf begrenztem Raum sozialverträglich gestaltet werden.
Das private Nachbarrecht hat in Österreich wie in Deutschland also zunächst ganz allgemein den Ausgleich der bei grenzüberschreitender Nutzung kollidierenden Eigentumsrechte von Grundstückseigentümern zum Gegenstand.

---

3 BGH NJW 1984, 729; Palandt/Bassenge § 903, Rn. 8; Haag, S. 45
4 Palandt/Bassenge § 903, Rn. 7
5 So Peine, JuS 1987, 169, 170; siehe auch BGHZ 54, 56, 59; 88, 344, 346

II. Rechtshistorische Wurzeln der heutigen Rechtslage

Die gesetzlichen Vorschriften des privaten Nachbarrechts in Österreich und Deutschland haben im Laufe der Zeit eine sich gegenseitig ergänzende Entwicklung genommen, wobei die österreichische Vorschrift maßgeblich durch § 906 BGB beeinflusst worden ist.
Zur Verdeutlichung der gemeinsamen rechtshistorischen Wurzeln wird zunächst grob der Verlauf der Gesetzgebung in Österreich und Deutschland, der zur heutigen Rechtslage geführt hat, nachgezeichnet.

1. Entwicklungsstationen des kodifizierten Privatrechts in Österreich und Deutschland

Die Wurzeln des heutigen *ABGB* und des *BGB* liegen im – im Heiligen Römischen Reich Deutscher Nation (962-1806) als Gemeines Recht geltenden – römischen Recht.

a. Das österreichische ABGB

Die Kodifikation des Zivilrechts wurde in Österreich bereits mit dem Inkrafttreten des Allgemeinen Bürgerlichen Gesetzbuches am 1. Januar 1812 erreicht. Damit trat eine einheitliche Regelung des Zivilrechts für die österreichischen Länder in Kraft. Die Arbeiten begannen mit der Einberufung einer Kommission durch Maria Theresia im Jahre 1753.
Weitere Rechtsquellen des ABGB waren deutsches Gewohnheitsrecht des Mittelalters, insbesondere die im Schwabenspiegel[6] niedergelegten Vorschriften, sowie Landes- und Stadtrecht österreichischer Territorien und Städte.
Maßgeblich geprägt wurde das ABGB jedoch durch das bereits seit 1794 bestehende Preußische Allgemeine Landrecht, dessen Lektüre als Hilfe für ein besseres Verständnis des ABGB empfohlen wurde.[7] Während jedoch durch das PrALR eine umfassende Regelung und Ordnung des Staats- und Soziallebens erfolgte, zeichnete sich das ABGB durch eine Beschränkung auf die wesentlichsten Fragen aus, wodurch eine weitgehende bürgerliche Freiheit erzielt werden sollte. Erst in der Zeit des Liberalismus und dem Erlass der Dezemberverfassung von 1867 trat eine Annäherung zwischen den der Gesetzeslage zugrunde liegenden Freiheitswerten und der politischen Wirklichkeit ein.
Räumliche Geltung erlangte das ABGB nicht nur im 1806 verselbständigten österreichischen Kaiserreich, sondern darüber hinaus auch in den Königreichen Ungarn, Kroatien, Slawonien und in Siebenbürgen. Ebenfalls erstreckte sich die Geltung auf die Mitglieder des Deutschen Ordens. Das Fürstentum Liechtenstein übernahm das ABGB, und vier Kantone der Schweiz legten ihrer gesetzlichen Regelung das ABGB zugrunde.

6 Um 1275; vgl. dazu Gierke, S. 427
7 Vgl. Nachweise bei Lohaus, S. 77

b. Das deutsche BGB

Während Österreich bereits frühzeitig, begünstigt durch die von der Habsburger Monarchie begründete territoriale Integrität des Staates, eine einheitliche Regelung schaffen konnte, war die Lage in den heute deutschen Gebieten des deutschen Bundes entsprechend der territorialen Zersplitterung auch durch eine gesetzliche Zersplitterung gekennzeichnet.
Mit Beendigung der Befreiungskriege gegen Napoleon (1813) erhob sich erstmals die Forderung nach einer einheitlichen nationalen Kodifikation, aus dem Wunsch heraus nach einer staatlichen Vereinigung der deutschen Lande und dem praktischen Interesse an der Verbesserung der zivilrechtlichen Verhältnisse. Die gesetzliche Einheit sollte somit helfen, die staatliche Einheit zu erreichen. Diese Forderung scheiterte jedoch an den zahlreichen Partikularinteressen der einzelnen deutschen Staaten und dem Umstand, dass die zur Vereinheitlichung des Rechts notwendige Aufarbeitung des bisherigen Rechtsmaterials nicht stattfand.
Erst mit der Reichsgründung im Jahre 1871 wurden die Voraussetzungen für eine einheitliche Regelung geschaffen.
Das BGB trat am 1. Januar 1900 und somit rund 100 Jahre nach dem ABGB in Kraft.

2. Entstehung des Nachbar- und Umweltrechts

Das Umweltrecht ist eine junge Rechtsmaterie. In Deutschland kann das Umweltprogramm von 1971[8] als Ausgangsdatum gelten. Schutzzweck des Umweltrechts ist es danach, dem Menschen eine Umwelt zu sichern, die es ihm ermöglicht, ein gesundes Leben und ein menschenwürdiges Dasein zu führen, die Umweltgüter sowie die Pflanzen- und Tierwelt vor nachteiligen Eingriffen zu schützen und bereits eingetretene Schäden oder Nachteile aus Umwelteingriffen weitgehend zu beseitigen.
In Deutschland und Österreich existieren mittlerweile eine Fülle umweltrechtlicher Rechtstexte, wobei mit Umweltrecht im engeren Sinne nur verwaltungsrechtliche Regelungen, insbesondere die speziellen Umweltgesetze wie etwa das deutsche Bundesimmissionsschutzgesetz gemeint sind. Dem weiteren Begriff sind dann z. B. das Umweltstrafrecht und eben das privatrechtliche Nachbarrecht, welches auch der Abwehr störender Umwelteinwirkungen dient, zugehörig.
Die herausragendste Position umweltrechtlicher Vorschriften nehmen selbstverständlich die mit Verfassungsrang ausgestatteten Bestimmungen beider Länder ein, die den Schutz der Umwelt als Staatsziel festlegen.[9] Zwar ist mit einer solchen Staatszielbestimmung kein individuelles einklagbares Recht vom Range eines Grundrechtes geschaffen worden, jedoch sind nunmehr sämtliche staatliche legislative und exekutive Stellen gehalten, im Rahmen ihrer Zuständigkeiten den Belang des Umwelt- und Naturschutzes bei Abwägungsprozessen zu berücksichtigen.
Das private Nachbarrecht war also längst existent, als sich das Umweltrecht i. e. S. entwickelte und der Umweltschutz die rechtliche Bedeutung einer Staatszielbestimmung erlangte.

---

8 BT-Drucks. VI/2710

9 Vgl. für Österreich: B-VG über den umfassenden Umweltschutz vom 27.11.1984(BGBl. Nr. 491/1984); vgl. für Deutschland: Art.20 a GG (eingefügt durch Gesetz v. 27.10.1994, BGBl. I, 3146)

Mit der Kodifikation des Zivilrechts in Österreich wurde die »actio negatoria« nach dem Vorbild des römischen Rechts in das ABGB aufgenommen. Gemäß den Vorschriften der §§ 354, 523 ABGB ist der Eigentümer eines Grundstücks berechtigt, nach Belieben mit seiner Sache zu verfahren und jeden anderen davon auszuschließen. Die Abwehr von Immissionen wird heute als ein Fall dieser Eigentumsfreiheitsklage eingeordnet[10]; die entsprechenden Vorschriften des Umweltnachbarrechts waren in der ursprünglichen Fassung des ABGB vom 1. Januar 1812 jedoch noch nicht enthalten.

Ähnlich verhielt sich die Rechtslage in den deutschen Ländern bis zur Kodifikation des Zivilrechts und dem Inkrafttreten des BGB am 1. Januar 1900. Das PrALR enthielt ebenfalls keine Vorschrift, unter welchen Voraussetzungen vom Nachbargrundstück ausgehende Umweltbelastungen untersagbar sind. Lediglich die Art und Weise des Gebrauchs des Eigentums war geregelt.[11] Danach war jeder Gebrauch des Grundstücks erlaubt, der Dritte nicht in ihren Rechten beeinträchtigt. Aus diesen Vorschriften wurde jedoch die Unzulässigkeit bestimmter nachbarrechtlicher Grundstücksbeeinträchtigungen hergeleitet. Die Bewertungsmaßstäbe entnahm man der »Natur der Sache« oder allgemeinen Prinzipien.[12]

Anders stellte sich die Lage nur in Sachsen dar: Hier wurde mit Gesetzesänderung vom 2. Januar 1863 zum ersten Mal eine immissionsrechtliche Vorschrift in eine Kodifikation aufgenommen. § 358 SächsBGB lautete:

> Dem Eigentümer ist, sofern nicht besondere Gesetze aus Rücksicht auf das allgemeine Beste Ausnahmen bestimmen, nicht erlaubt, auf seinem Grundstück Vorrichtungen anzubringen, durch welche dem benachbarten Grundstücke zu dessen Nachtheile Dampf, Dunst, Rauch, Ruß, Kalk- oder Kohlenstaub in ungewöhnlicher Weise zugeführt wird.

Im Jahre 1869 wurde die Gewerbeordnung für den Norddeutschen Bund erlassen, die als öffentlich-rechtliche Vorschrift maßgeblich auf die Rechtsbeziehungen unter Privaten einwirkte, indem § 26 GewO 1869 die gemeinrechtliche *actio negatoria* im Falle der behördlichen Genehmigung von Anlagen ausschloss und den Betroffenen auf einen Anspruch auf Herstellung von Einrichtungen zur Vermeidung der Einwirkungen verwies. Sollten solche Einrichtungen nicht erfolgsversprechend sein, bestand ein Schadensersatzanspruch. § 26 GewO ist heute durch § 14 BImSchG ersetzt, ohne dass aber inhaltliche Änderungen vorgenommen worden wären.

Erst mit dem Inkrafttreten des BGB am 1. Januar 1900 fand mit § 906 BGB eine das Nachbarrechtsverhältnis unter Immissions- und Umweltgesichtspunkten betrachtende Norm Einzug in eine gesamtdeutsche Kodifikation. Die Begrenzung der grundsätzlich dem beeinträchtigten Nachbarn zuerkannten *actio negatoria* durch eine Duldungspflicht ortsübliche oder unwesentliche Immissionen betreffend war schon vor der Kodifizierung geltendes Richterrecht gewesen.[13]

Mit der Kaiserlichen Verordnung vom 19. März 1916 wurden in Österreich in Anlehnung an die deutschen Vorschriften der §§ 906 BGB, 26 GewO, die §§ 364 ff. ABGB in das ABGB eingefügt. Allein den heutigen § 364 I ABGB hatte es zuvor bereits

10 Rummel/Spielbüchler § 364, Rn. 4
11 Teil 1 Titel 8 §§ 25-28 PrALR
12 RGZ 6, 217 ff.; RGZ 16, 178 ff.; vgl. dazu Mittenzwei, MDR 1977, 99, 100 m w. N.
13 RGZ 16, 178, 180

gegeben. Da sich diese Regelung darin erschöpft, dass die Ausübung des Eigentumsrechts nur insofern stattfindet, als nicht in Rechte Dritter eingegriffen wird, noch die in den Gesetzen zur Erhaltung und Beförderung des allgemeinen Wohls vorgeschriebenen Einschränkungen übertreten werden, war mit der aufkommenden Industrialisierung ihre Unzulänglichkeit offenkundig. Also wurden in § 364 II ABGB nähere Bestimmungen hinsichtlich der Zulässigkeit von Immissionen getroffen, wobei die Abwehrmöglichkeiten dem Gesetzgeber jedoch im Hinblick auf die im öffentlichen Interesse liegende Fortentwicklung von Gewerbe und Industrie zu weitgehend erschienen, sodass er in § 364 a ABGB[14] für Immissionen, die durch behördlich genehmigte Anlagen und Bergwerksanlagen verursacht werden, allein Ausgleichs- und keine Abwehransprüche vorsah.
Im Gegensatz zu § 26 GewO bzw. dem damals noch nicht existierenden § 14 BImSchG erkennt die Vorschrift des § 364 a ABGB keinen Anspruch auf Abhilfemaßnahmen bei genehmigten Anlagen zu, sondern verweist unmittelbar auf einen Ersatzanspruch, der in Deutschland nur subsidiär greifen soll.
Mit der Gesetzesänderung im Jahre 1959[15] wurde die bisherige Rechtsprechung[16] in Deutschland in die Vorschrift des § 906 II BGB als Satz 2 aufgenommen, wonach auch dann Ausgleichsansprüche in Betracht kommen, wenn zwar ortsübliche Emissionen vorliegen, diese aber die ortsübliche Nutzung des betroffenen Grundstücks wesentlich beeinträchtigen und Verhinderungsmaßnahmen nicht in Betracht kommen. Anders als vor der Änderung mussten ortsübliche Emissionen dann, wenn Verhinderungsmaßnahmen Erfolg versprechen konnten, gar nicht mehr hingenommen werden. Ein dem § 906 II 2 BGB ähnlicher »privatrechtlicher Aufopferungsanspruch« wird in Österreich trotz der strukturellen Unterschiede in § 364 a ABGB gesehen.[17]
Die jüngste Gesetzesänderung fand in Deutschland im Jahre 1994 statt und verknüpfte durch die Anfügung einer Bestimmung, wonach bei Einhaltung öffentlich-rechtlicher Grenz- und Richtwerte »in der Regel« keine wesentlichen Einwirkungen anzunehmen sind, das private Nachbarumweltrecht unmittelbar mit den Vorschriften des öffentlichen Rechts. Damit ist das im 19. Jahrhundert allgemeine Dogma der strikten Trennung von privatem und öffentlichem Nachbarrecht an dieser Stelle durchbrochen.
In Österreich wird an einer seit fast einem Jahrhundert unverändert fortgeltenden Regelung festgehalten. Dies stößt allerdings schon seit längerem, spätestens seit dem Bundesverfassungsgesetz über den umfassenden Umweltschutz vom 27. November 1984 auf starke Kritik.[18]

---

14 Die Vorschrift, die im vorliegenden thematischen Rahmen lediglich insoweit angesprochen wird, als sie Bedeutung für einen nach § 364 II ABGB an sich gegebenen Abwehranspruch hat und als eigene Anspruchsnorm weitgehend ausgespart werden muss, genießt heute gelegentlich die Einschätzung, die »umweltfeindlichste Norm des ABGB überhaupt« zu sein, vgl. Kerschner, JBl. 1993, 216; entgegen Wernsdorf, S. 47 Fn. 182 stimmt Jabornegg der Einschätzung nicht zu, sondern sieht – richtigerweise – die umweltschutzrechtliche Bedeutung des § 364 a ABGB in Abhängigkeit von den Vorgaben einer behördlichen Genehmigung

15 Gesetz v. 22.12.1959, BGBl I, 781

16 RGZ 154, 161 »Oberhausener Gutehoffnungshütte«; vgl. auch das ältere, ungleich gewerbefreundlichere Urteil zur Gutehoffnungshütte RGZ 139, 29

17 Rummel/Spielbüchler § 364 a, Rn. 1 m w. N.

18 Vgl. die Übersichten bei Jabornegg GA, S. 10; Weinberger, S. 11

III. Immissionen der öffentlichen Hand

1. Problemstellung

Eine Auseinandersetzung mit dem öffentlichen Recht findet im zivilen Nachbarrecht nicht erst im Zusammenhang mit der Relevanz immissionsschutzrechtlicher Regelungen des besonderen Verwaltungsrechts in diesem Bereich statt, sondern bereits bei der Fragestellung der Reichweite des Anwendungsbereichs des privaten Nachbarrechts im Falle der Beteiligung öffentlicher Hoheitsträger an einer nachbarrechtlichen Konstellation.
Es fragt sich, ob die zivilrechtlichen Vorschriften über Immissionen sich gegen jeden richten, und ob gegen jeden mit der Eigentumsfreiheitsklage gemäß §§ 354, 523 ABGB bzw. § 1004 I BGB, der *actio negatoria* vorgegangen werden kann oder aber diese Berechtigung durch die Differenzierung zwischen privatem und öffentlichem Recht dann eingeschränkt ist, wenn die öffentliche Hand involviert ist.
Eine Einwirkung auf das Eigentum ist dem Staat in noch anderer Weise möglich als dem Privaten: Der Staat als Hoheitsträger ist berechtigt, seine Aufgaben ausschließlich mit hoheitlichen Mitteln umzusetzen, er kann sich die Befugnis zum Eingriff selbst schaffen und die Umsetzung mittels der Vorschriften über die Verwaltungsvollstreckung selbst betreiben. Dieser Bereich ist dem öffentlichen Recht zuzuordnen mit der Folge, dass der Privatmann sich gegen solche Hoheitsakte im Verwaltungsverfahren zur Wehr setzen muss, welches darauf gerichtet ist, diesen Hoheitsakt zu revidieren. Fraglich ist, ob dieses originäre Hoheitshandeln auch mit Mitteln des Zivilrechts und insbesondere mit den Mitteln des Nachbarrechts unterbunden werden kann, oder aber das öffentliche Recht das Zivilrecht verdrängend überlagert.
Daneben ist der Staat für den Betroffenen als Genehmigungsgeber präsent, wenn er einem Dritten die Genehmigung zum Betrieb einer Anlage o. ä. erteilt, die schließlich die Immissionen verursacht. Hier sind zwei Ebenen zu unterscheiden, nämlich zum einen die Erteilung der Genehmigung durch den Staat und zum anderen die vom Privaten oder einer staatlichen Institution aufgrund dieser Genehmigung verursachten Folgen. Auch hier erscheint der Staat als Genehmigungsbehörde dem betroffenen Dritten gegenüber als Hoheitsträger, der aufgrund allein ihn ermächtigender öffentlich-rechtlicher Vorschriften die Rechtsbefugnisse der Genehmigungsempfänger erweitert und dadurch, wenngleich nur mittelbar, in die privaten Rechte der Betroffenen eingreift. Hier stellt sich die Frage, wie sich eine solche Genehmigung auf die nachbarschützenden Rechte der Betroffenen auswirkt, wenn der Begünstigte von dieser Gebrauch macht.
Schließlich kann der Staat dem Betroffenen als zivilrechtlicher Eigentümer von Grundstücken gegenübertreten, sodass die Frage aufgeworfen wird, ob auch der Staat an die Vorschriften des zivilen Nachbarschaftsrechts gebunden ist.

2. Einordnung staatlichen Nachbarhandelns in Österreich und Deutschland

Während die Problematik des als Genehmigungsbehörde handelnden Hoheitsträgers im Rahmen der Arbeit im Bereich der Auswirkung von Genehmigungen auf den

Untersagungs- und Beseitigungsanspruch noch erörtert werden wird[19], sollen die beiden anderen Problembereiche an dieser Stelle für Österreich und Deutschland dargestellt werden.
Das private Nachbarrecht gleicht grundsätzlich Interessenkollisionen zwischen gleichrangigen Eigentumsrechten aus.[20] Anknüpfungspunkt ist daher das privatrechtliche Eigentum an sich, welches Rechte und Pflichten verleiht und auferlegt. Sowohl im österreichischen als auch im deutschen Recht ist anerkannt, dass auch der Staat als Hoheitsträger grundsätzlich Eigentümer von Grundstücken sein kann und als solcher ebenfalls die privatrechtlichen nachbarschützenden Vorschriften zu beachten hat.
Hier stellt sich das oben aufgeworfene Problem, ob und in welchem Umfang staatliches hoheitliches Handeln und daraus resultierende Immissionen nach dem privatrechtlichen Nachbarrecht abgewehrt werden können, wenn diese im Rahmen einer gesetzlichen Ermächtigung zur Erfüllung einer öffentlichen Aufgabe durch den Hoheitsträger erfolgen.
Unterschiede bestehen zwischen beiden Ländern, in welchem Zusammenhang die zivilrechtlichen Vorschriften bei Beteiligung eines Hoheitsträgers zu berücksichtigen sind.

a. Abgrenzung in Österreich

Die Beurteilung in Österreich ist nicht einheitlich. Die verschiedenen Abgrenzungsversuche unterscheiden sich im Wesentlichen danach, ob grundsätzlich von einer Überlagerung des Privatrechts durch das öffentliche Recht ausgegangen wird oder nicht.

aa. Rechtsprechungsansicht

Die Rechtsprechung in Österreich und mit ihr ein Teil der Lehre unterwirft auch die von einem Grundstück ausgehenden Immissionen der öffentlichen Hand weitgehend den Regeln des privaten Nachbarrechts. Ein Rechtssatz, nach dem private Interessen generell hinter öffentlichen Interessen zurücktreten müssten, sei nicht existent. Allein die Widmung eines Grundstücks oder die Erfüllung öffentlicher Aufgaben im Bereich der Daseinsverwaltung schließe die Anwendbarkeit der zivilrechtlichen Vorschriften nicht aus, da neben die öffentlich-rechtlichen Pflichten die des privatrechtlichen Grundstückseigentümers träten.[21] Danach ist der Hoheitsträger als Eigentümer eines Grundstücks den übrigen Eigentümern und Nachbarn gleich geordnet. Gehen von seinem Grundstück Immissionen aus, ist also auf die allgemeinen Regeln des Privatrechts zurückzugreifen. Allein das öffentliche Interesse an der hoheitlichen Tätigkeit oder an der Erfüllung von Aufgaben im Rahmen der allgemeinen Daseinsfürsorge könne nicht bewirken, dass die daraus resultierenden Schäden von den durch diese Tätigkeiten Betroffenen zu tragen seien[22]; hierfür sei eine spezielle gesetzliche Regelung erforderlich.[23]

---

19 Vgl. unten D III. 1. d. und 2. d.

20 Dittrich/Tades § 364 E 5; OGH SZ 56/50; SZ 53/11; Jabornegg GA, S. 85; Palandt/Heinrichs § 903, Rn. 7

21 OGH RdU 1996, 122; OGH SZ 55/105; SZ 55,55

22 Raschauer, ÖZW 1980, 77 ff.; Gimpel-Hinteregger, S. 304; Schwimann/Oberhammer § 364, Rn. 10

23 OGH 51/184; dem zustimmend Raschauer, ÖZW 1980, 72 ff.; Schragel § 1, Rn. 11; 87

Jedoch nimmt der OGH in diesen Fällen regelmäßig das Vorliegen einer behördlich genehmigten Anlage im Sinne des § 364 a ABGB an, sodass ein Unterlassen der Immissionen nicht verlangt werden, wohl aber ein Ausgleichsanspruch unmittelbar oder entsprechend aus § 364 a ABGB, der »nachbarrechtlichen Aufopferung«, gegeben sein kann.
Der Zivilrechtsweg und somit privatrechtliche Nachbaransprüche sind nach der Rechtsprechung jedoch dann ausgeschlossen, wenn die Immission aus dem einer hoheitlichen Verpflichtung entsprechenden Gebrauch des Grundstücks resultiert.[24] In diesem Fall sei nicht die Verhinderung von Immissionen das eigentliche Begehren, sondern die Rücknahme der auf gesetzlicher Grundlage ergangenen hoheitlichen Maßnahmen, mithin in der Regel der Erlass oder die Rücknahme eines Verwaltungsakts; dies falle nicht in den Zuständigkeitsbereich der Zivilgerichte, so dass nur der Verwaltungsrechtsweg beschritten werden könne.[25] Derartige Einwirkungen seien insbesondere bei Immissionen durch den Straßenverkehr[26] und im Rahmen der Landesverteidigung[27] anzunehmen. Anderes gelte nur für den Fall, in dem die Belastungen des Nachbargrundstücks nicht von einem Hoheitsakt mitumfasst seien, die Hoheitsverwaltung gerade nicht mehr im Rahmen der gesetzlichen Ermächtigung tätig geworden sei, wie dies etwa bei Nebenfolgen hoheitlichen Handelns, z. B. überlaufendes Wasser aus einer Kanalisation[28] der Fall sei.

bb. Gegenansicht

Teile der österreichischen Literatur nehmen demgegenüber eine andere Bewertung solcher Immissionen vor, die von einem Hoheitsträger verursacht werden. Sie unterscheiden vornehmlich nach der Art der Rechtsform, in welcher der Staat seinen öffentlichen Verpflichtungen nachkommt. Auch dann, wenn der Staat Träger von Privatrechten sei, könne er seine Aufgaben durch hoheitliches Handeln erfüllen, mit der Folge, dass daraus resultierende Beeinträchtigungen nicht mehr mit den Mitteln des Privatrechts untersagt werden könnten.[29] Immissionen, die aufgrund einer Verordnung bzw. eines Verwaltungsaktes verfügt werden, könnten jedenfalls nicht mit den Mitteln des Zivilrechtswegs untersagt werden, da das öffentliche Recht insofern das Privatrecht überlagere, derartige hoheitliche Maßnahmen seien bis zur Grenze der Enteignung entschädigungslos hinzunehmen[30], wobei anzumerken ist, dass die österreichische Rechtsprechung Ansprüchen auf Enteignungsentschädigung äußerst restriktiv gegenübersteht.[31] Eine andere Folge sei nur dann gerechtfertigt, wenn sich der Staat der privatrechtlichen Handlungsform bediene, diese demnach nicht dem Bereich der hoheitlichen Verwaltung zuzuordnen sei, da in diesem Fall die anfallenden Immissionen ebenfalls dem privatrechtlichen Bereich und somit dem zivilrechtlichen Nachbarrecht unterworfen seien.

---

24 OGH SZ 59/5
25 OGH JBl. 1988, 594
26 OGH SZ 55/55
27 OGH SZ ZVR 1989, 94; JBl. 1988, 594; SZ 59/5
28 OGH SZ 59/5
29 Vgl. Rummel/Spielbüchler § 364, Rn. 6; Jabornegg GA, S. 84
30 Adamovich/Funk, Verfassungsrecht, S. 419 ff.; Walter/Mayer, Rn. 1368 ff.
31 Vgl. Gimpel-Hinteregger, S. 307

Die Frage, wann der Staat hoheitlich oder als Träger von Privatrechten gegenüber Dritten in Erscheinung tritt, ist hiernach mittels der auch im deutschen Recht üblichen Frage nach der Rechtsform, welcher sich der Staat bedient, zu beantworten.[32]

b. Abgrenzung in Deutschland

In Deutschland wird ein anderer Ansatz verfolgt. Immissionen der öffentlichen Hand, die zwar auf öffentlicher, jedoch mit zivilrechtlichen Mitteln umgesetzter Aufgabenzuweisung an den Staat beruhen, werden ausnahmslos nach §§ 906; 1004 BGB behandelt, mithin dem Zivilrecht unterworfen.

Hingegen werden bei öffentlichrechtlich betriebenen Emissionsquellen allein Abwehransprüche aus dem öffentlichen Recht zugesprochen. In diesem Fall ist ein öffentlich-rechtlicher Unterlassungs- und Folgenbeseitigungsanspruch, der vor den Verwaltungsgerichten zu verfolgen ist, anerkannt, der trotz umstrittener dogmatischer Grundlage *de facto* die Voraussetzungen des § 1004 I BGB hat[33] und bei unwesentlichen Immissionen bereits aufgrund der entsprechenden Anwendung des § 906 BGB ausgeschlossen ist.[34]

Darüber hinaus sind im Gegensatz zum österreichischen Recht auch bei wesentlichen Immissionen weitestgehend Duldungspflichten anerkannt, wenn die (hoheitliche) Tätigkeit im überwiegenden Gemeinwohlinteresse liegt. In diesem Fall kann auch bei Emissionen durch Private eine Unterlassung nicht verlangt werden.[35] Insbesondere der allgemeinen Daseinsvorsorge dienende und gemeinnützige Betriebe, die von der öffentlichen Hand betrieben werden, schließen danach privatrechtliche Abwehr- und Beseitigungsansprüche aus und begründen eine Duldungspflicht.[36]

Der Bürger ist berechtigt, Schutzvorkehrungen bzw. eine Verminderung der Einwirkungen zu verlangen. Ist dies aber technisch oder aus wirtschaftlichen Gesichtspunkten nicht möglich bzw. zumutbar, kommt nur ein öffentlich-rechtlicher Entschädigungsanspruch entsprechend § 906 II 2 BGB als Parallele zum privatrechtlichen Aufopferungsanspruch in Betracht, der aufgrund der Besonderheit des § 40 II VwGO, nach dem für die Entscheidung über Entschädigungsansprüche die Zivilgerichte zuständig sind, im Zivilrechtsweg zu verfolgen sind. Ein solcher wird dann anzunehmen sein, wenn die Zumutbarkeitsgrenze des § 906 BGB überschritten ist und Abwehransprüche aufgrund einer Duldungspflicht ausgeschlossen sind.[37]

Erfolgt die Immission aufgrund einer behördlichen Bewilligung oder eines Planfeststellungsverfahrens, so schließt dies grundsätzlich einen nachbarrechtlichen Abwehranspruch nicht aus. Anderes gilt nur dann, wenn in den entsprechenden gesetzlichen Vorschriften eine anders lautende Regelung enthalten ist.[38] Niederschlag hat dies insbesondere in §§ 14 BImSchG, 7 AtG, 11 WHG und 11 LuftVG gefunden, die verhindern, dass bei Bestandskraft der jeweiligen Genehmigung Ansprüche aus §§ 1004 I, 906 BGB zur Abwehr der Immissionen geltend gemacht werden können, die auf Beseitigung oder Einstellung gerichtet sind.

---

32 Adamovich/Funk, Verwaltungsrecht, S. 144 ff.; Antoniolli/Koja, S. 28; Walter/Mayer, Rn. 560
33 Seidel, Rn. 987
34 Vgl. Papier, NJW 1974, 1797, 1799 ff.; Seidel, Rn. 988
35 Seidel, Rn. 929
36 Vgl. Horst, Rn. 291; Alheit, S. 258 m w. N.; Seidel, Rn. 929
37 BGHZ 48, 98, 101 ff.; Seidel, Rn. 956; Horst, Rn. 379 ff.
38 Horst, Rn. 288

c. Zusammenfassung

Insgesamt ist für Österreich festzustellen, dass die Beteiligung der öffentlichen Hand an nachbarrechtlichen Konfliktlagen bisher wenig diskutiert wurde und daher auch keine befriedigenden Abgrenzungskriterien für diese Immissionen von privatrechtlichen Immissionen gefunden worden sind.[39]
Demgegenüber hat sich in Deutschland durch die entsprechende Anwendung der §§ 1004, 906 BGB im Rahmen des verwaltungsrechtlichen Folgenbeseitigungsanspruchs ein insgesamt überschaubares und umfänglich Rechtsfrieden schaffendes System entwickelt. Auf diese Weise wird erreicht, dass die mit Hilfe der so genannten Zwei-Stufen-Theorie mögliche Einordnung als privat- oder verwaltungsrechtliches Handeln sich in der Trennung des Zivil- vom Verwaltungsrechtsweg fortsetzt, ohne dass dem Betroffenen dadurch Nachteile widerfahren. Außerdem wird die gesetzlich vorgegebene Trennung des Verwaltungsweges vom Zivilrechtsweg eingehalten und die Besonderheit berücksichtigt, dass bei Immissionen der öffentlichen Hand grundsätzlich gerade nicht die dem bürgerlichen Recht zugrunde liegende Gleichordnung der Parteien gegeben ist, sondern im Zweifel anzunehmen ist, dass der Staat öffentliche Aufgaben auch mit hoheitlichen Mitteln erfüllen will. Anderes kann nur dann gelten, wenn der Staat sich ausdrücklich zivilrechtlicher Mittel bedient.
Aufgrund dessen bietet das deutsche System den übersichtlicheren und dogmatisch einheitlicheren Lösungsweg. Zuzugeben ist jedoch, dass dieser Weg in Österreich so lange nicht gangbar sein wird, wie die öffentlich-rechtliche Folgenbeseitigung nicht in dem Maße – zumindest richterrechtlich – anerkannt wird wie in Deutschland.

IV. Grundausrichtung des öffentlichen und des privaten Nachbarrechts

Die Gesamtheit der zur Auflösung von Nachbarkonflikten und zum Ausgleich von Nachbarinteressen vorhandenen gesetzlichen Regelungen, insbesondere solche auf Abwehr, Schutz, Folgenbeseitigung, Entschädigung und Schadensersatz gerichteten Ansprüche, aber auch solche, die die Befugnisse Einzelner festlegen, stellen den Gegenstand des Nachbarrechts dar. Hier kommen sowohl öffentlich-rechtliche als auch privatrechtliche Vorschriften in Betracht. Von Bedeutung ist, dass diese Vorschriften gerade im Interesse der Nachbarn erlassen wurden und nicht dem Schutz der Allgemeinheit dienen, da die rein objektive Rechtsverletzung durch den Einzelnen nicht gerichtlich geltend gemacht werden kann. Voraussetzung ist daher die Verletzung eines subjektiven Rechts.
Für den Bereich des öffentlichen Nachbarrechts ist zum einen festzustellen, dass die Durchsetzung in der Regel dem Staat selbst obliegt, sodass sich der Betroffene auch an staatliche Stellen wenden muss, will er seine subjektiv öffentliche Rechte verwirklicht wissen. Auf dem Rechtsweg kann die öffentliche Verwaltung zum Eingreifen gegenüber dem Störer durch einen Betroffenen verpflichtet werden. Festzuhalten ist, dass das öffentliche Nachbarrecht daher grundsätzlich mindestens drei-, oft auch mehrpolig (Betroffener, Störer, Verwaltung, andere Genehmigungsbehörden u. a.) ausgestaltet ist.
Zum anderen ist eine Entwicklung hin zur Ausdehnung des Anwendungsbereiches des Nachbarrechts im öffentlich-rechtlichen Bereich festzustellen. Dies ist dadurch

39 Zu diesem Ergebnis gelangt auch Jabornegg GA, S. 85

bedingt, dass immer größere und vom Störungspotenzial her zunehmend gefährlichere Anlagen immer mehr potenzielle Gefahren von immer größerem Ausmaß in sich bergen; Kernenergieanlagen sind ein besonders eindrucksvolles Beispiel. Hier den Schutz des öffentlichen Rechts trotz Betroffenheit nur aufgrund einer fehlenden Grundstücksbindung zu versagen, erscheint sachwidrig. Die Nachbareigenschaft wird daher nicht immobiliarbezogen bestimmt, sondern über das qualifizierte Betroffensein, das über die Risiken der Allgemeinheit dann hinausgeht, wenn aufgrund einer besonderen, nicht bloß vorübergehenden, räumlichen und zeitlichen Nähebeziehung zum Genehmigungsgegenstand des BImSchG der Betroffene sich nicht in zumutbarer Weise den Gefahren entziehen kann. Diese mit der Ausweitung der Gefahr verbundene räumliche Ausweitung des Nachbarbegriffs bewirkt jedoch zugleich, dass sich die Unterscheidung der anspruchsberechtigten Nachbarschaft von der Allgemeinheit immer diffiziler gestaltet, was im Ergebnis dazu führt, dass das Nachbarrecht als Schutz vor nachbarlichen Einwirkungen durch ein Umweltrecht als Schutz vor Einwirkungen auf die Umwelt ersetzt wird. Das Erfordernis der subjektiven Rechtsverletzung als Nachbar wird dadurch für erfüllt gehalten, dass jedem Betroffenen die Qualifikation als Nachbar zuzuerkennen ist, der gerade jener Gefahr ausgesetzt ist, der die Vorschrift vorbeugen will. Dadurch können auch Arbeitnehmer und Gewerbetreibende in den Schutzbereich der Norm fallen. Spezialgesetzliche Vorschriften in diesem Sinne sind etwa die §§ 26 öWRG, 47 ff. öForstG, 21 öStarkstromwegeG und 19 II öEisenbahnG bzw. §§ 5 II dGastG, 17, 24, 25 dBImSchG.
Demgegenüber ist das private Nachbarrecht durchgehend weiterhin dadurch gekennzeichnet, dass die ursprüngliche räumliche und qualitative Beschränkung der Nachbarschaft beibehalten worden ist. Zwar ist auch hier die zunächst eng verstandene Interpretation als unmittelbar angrenzende Grundstücksnachbarn aufgegeben worden, aber die Bindung an das Grundeigentum ist dem privaten Nachbarrecht als wesenstypisches Merkmal erhalten geblieben. Ferner ist dem privatrechtlichen Nachbarrecht wesensimmanent, dass es auf ein zweipoliges Verhältnis zwischen dem Störer und dem Gestörten beschränkt ist. Der Beeinträchtigte wird mit den Mitteln des Privatrechts in die Lage der unmittelbaren Rechtsdurchsetzung gegenüber dem Störer versetzt; einer mittelbaren Verwirklichung durch einen Hoheitsträger bedarf es nicht. Im Mittelpunkt stehen hier die Ziele der Konfliktprävention und Lösung durch Ausgleich der widerstreitenden Nutzungsinteressen. Von daher ist die umweltrechtliche Bedeutung des öffentlichen Nachbarrechts von vornherein auf eine breitere Grundlage gestellt als im zivilen Nachbarrecht. Dennoch, und dies wird oft verkannt, erlangt das private Nachbarrecht auch und gerade dadurch Bedeutung im Bereich des Umweltrechts, dass durch die wiederholte Geltendmachung des Rechtsgüterschutzes aus dem Eigentum zugleich eine Summierung von Einzelmaßnahmen stattfindet, die der Allgemeinheit als Umweltschutzmaßnahmen zugute kommen. Im Unterschied zum öffentlichen Recht kann dieser Beitrag zum Umweltschutz aufgrund seiner Verortung im Sachenrecht zunächst nur im kleinnachbarlichen Raum bei individualisierbaren Immissionen zur Geltung kommen. Ob darüber hinaus eine Ausweitung auch der zivilrechtlichen Anspruchsinhaber über eine Ausweitung der Definition des Nachbarn im Sinne des im BImSchG vorherrschenden Nachbarbegriffs erfolgen kann, wird an späterer Stelle zu erörtern sein.[40]

40 Vgl. hierzu D. IV. 2. d.

An welche einzelnen Voraussetzungen dieser nachbarrechtliche Schutz in Österreich und Deutschland geknüpft ist und wie sich die gegebenenfalls auftretenden Unterschiede auf die Rechtsverfolgung in den beiden Ländern auswirkt, wird im Rahmen der folgenden Untersuchung dargestellt und ausgewertet werden.

C. Systematik

Die Möglichkeit, Immissionen mittels einer zivilrechtlichen Eigentumsfreiheitsklage *(»actio negatoria«)* untersagen zu lassen, ist trotz einer in Österreich und Deutschland auf den ersten Blick nahezu gleich lautenden Vorschrift bei näherer Betrachtung nicht nur hinsichtlich der Voraussetzungen in einem wesentlichen Punkt unterschiedlich. Die einschlägigen Regelungen weichen bereits rechtssystematisch erheblich voneinander ab.

I. Systematik der nachbarrechtlichen Abwehransprüche in Österreich und Deutschland

Ein zivilrechtlicher Abwehranspruch gegen grundstücksbezogene Störungen ist in Österreich in § 364 II ABGB vorgesehen; in Deutschland bilden §§ 1004, 906 BGB die Anspruchsgrundlage für Unterlassungs- und Beseitigungsansprüche in diesen Fällen.

1. Österreich – § 364 II ABGB

Die Kollision der Interessen benachbarter Grundstückseigentümern regelt in Österreich ein in § 364 II 1 ABGB normierter Untersagungsanspruch, der bestimmt, dass

> der Eigentümer eines Grundstücks dem Nachbarn die von dessen Grund ausgehenden Einwirkungen durch Abwässer, Rauch, Gase, Wärme, Geruch, Geräusche, Erschütterungen und ähnliche insoweit untersagen [kann], als sie das nach den den örtlichen Verhältnissen gewöhnliche Maß überschreiten und die ortsübliche Benutzung des Grundstückes wesentlich beeinträchtigen.

Unmittelbare Zuleitungen sind nach § 364 II 2 ABGB ohne besonderen Rechtstitel unter allen Umständen unzulässig.
Durch diese Regelung wird also unter bestimmten Umständen dem Ausschlussrecht des betroffenen Grundeigentümers Vorrang eingeräumt vor dem bestehenden Nutzungsrecht des anderen Grundstückseigentümers, seine Sache »willkürlich« zu benutzen.
Damit besteht in Österreich für den konkreten Fall, dass widerstreitende Interessen von benachbarten Grundstückseigentümern kollidieren, eine speziell diese Konstellation regelnde eigene Anspruchsnorm zugunsten des von der Nutzung des anderen Grundstücks betroffenen Grundstücksinhabers.
Unabhängig vom Vorliegen der Voraussetzungen gemäß § 364 II ABGB, ist ein Untersagungsanspruch immer ausgeschlossen, wenn eine emittierende Anlage behördlich genehmigt worden ist. Als Ausgleich für die über das Maß des § 364 II ABGB hinausgehende Duldungspflicht gegenüber Immissionen durch behördlich genehmigte Anlagen gewährt dann § 364 a ABGB einen verschuldensunabhängigen Ersatzanspruch.

2. Deutschland – § 1004 I i. V. m. § 906 BGB

Das System in Deutschland unterscheidet sich dadurch von dem österreichischen, dass eine spezielle Anspruchsgrundlage im Sinne des § 364 II ABGB gerade und allein für die Konstellation widerstreitender Interessen von benachbarten Grundstückseigentümern bzw. Nutzern nicht existiert.
In Deutschland ist in diesem Fall der allgemeine Abwehranspruch eines Eigentümers, sei es einer Mobilie oder Immobilie, aus § 1004 I BGB heranzuziehen. Dieser regelt lediglich, dass in dem Fall, dass das Eigentum

> in anderer Weise als durch Entziehung oder Vorenthaltung des Besitzes beeinträchtigt [wird], [...] der Eigentümer von dem Störer die Beseitigung der Beeinträchtigung verlangen [kann].

Für den Fall, dass weitere Beeinträchtigungen zu besorgen sind, »kann der Eigentümer auf Unterlassung klagen«.
Nicht die als Anspruchsgrundlage ausgestaltete Norm des § 1004 I BGB, sondern § 906 I 1 BGB ist die auf den ersten Blick mit § 364 II ABGB gleichlautende und im engeren Sinn zu vergleichende Vorschrift im deutschen Recht. Diese besagt, dass

> der Eigentümer eines Grundstücks die Zuführung von Gasen, Dämpfen, Gerüchen, Rauch, Ruß, Wärme, Geräusch, Erschütterungen und ähnliche von einem anderen Grundstück ausgehende Einwirkungen insoweit nicht verbieten [kann], als die Einwirkung die Benutzung seines Grundstücks nicht oder nur unwesentlich beeinträchtigt.

Gemäß § 906 II 1 BGB gilt das gleiche insoweit, als eine

> wesentliche Beeinträchtigung durch eine ortsübliche Benutzung des anderen Grundstücks herbeigeführt wird und nicht durch Maßnahmen verhindert werden kann, die Benutzern dieser Art wirtschaftlich zumutbar sind.

Gemäß § 906 III BGB ist die Zuführung durch eine besondere Leitung unzulässig.

3. Systematik der beiden Anspruchsnormen im Vergleich

Im Vergleich zur Gesetzeslage in Österreich fällt also auf, dass in Deutschland in dem dem österreichischen § 364 ABGB sehr ähnelnden § 906 BGB gar kein Anspruch des betroffenen Grundstücksinhabers normiert ist, sondern hier ein anderweitig, nämlich in § 1004 I BGB, zuerkannter Anspruch wieder ausgeschlossen wird. § 906 BGB ist daher nach überwiegender Meinung in Rechtsprechung und Literatur als zivilrechtlicher Rechtfertigungsgrund für Störungen des Nachbargrundstücks, die durch die Nutzung eines anderen Grundstücks verursacht werden, ausgestaltet, der im Sinne des § 1004 II BGB eine Duldungsverpflichtung dem Betroffenen auferlegt, mithin eine rechtsvernichtende Einwendung darstellt.[1]
In dieser Systematik liegt es demnach begründet, dass die Anforderungen an einen Abwehranspruch als solchem nach dem BGB hinsichtlich des normativen Primär-

---

1 Staudinger/Gursky § 1004, Rn. 165; Soergel/Baur § 906, Rn. 6; Baur/Stürner § 12 II 2, jeweils m w. N.

ansatzes geringer sind, als dies nach dem ABGB der Fall ist. Während § 1004 I BGB lediglich voraussetzt, dass das Eigentum durch eine vom Störer verursachte Störung beeinträchtigt wird, die Einwirkungsstärke für die Begründung des Anspruchs mithin zunächst unerheblich ist und nach dem Grundsatz der Störungsfreiheit jede Eigentumsbeeinträchtigung in Betracht kommt[2], beinhaltet die Anspruchsnorm in Österreich bereits positiv die Voraussetzung eines bestimmten Maßes der abwehrfähigen Immission. Wie sich dies auf die Ansprüche des Betroffenen im Einzelnen, innerhalb der Beweislast und der Rechtsfolgen auswirkt, wird noch zu zeigen sein.

Die systematischen Unterschiede zwischen den beiden Anspruchsgrundlagen des § 364 II ABGB und § 1004 I BGB setzen sich bei der Betrachtung der einzelnen Voraussetzungen eines Abwehranspruchs fort.

Innerhalb der Prüfungssystematik steht die Auseinandersetzung mit dem Begriff der »Einwirkung« bei der Prüfung der Voraussetzungen der österreichischen Norm an vorderer Stelle, während in Deutschland zu beachten ist, dass § 1004 BGB zunächst die Auseinandersetzung mit dem Begriff der »Beeinträchtigung« des Eigentums verlangt. Hier stellt sich die systematische Frage, ob die Prüfung der abwehrfähigen »Einwirkung« im Sinne des § 906 BGB in die Prüfung der Eigentumsbeeinträchtigung mit einzubeziehen ist oder nicht. Ob nach § 906 I BGB abwehrfähige Immissionen zu duldende Beeinträchtigungen im Sinne von § 1004 BGB oder dann schon keine Beeinträchtigungen mehr sind, ist streitig.[3] Für das Ergebnis einer Anspruchsprüfung hat dies keine Auswirkung, jedoch ist die hinter den Auffassungen stehende unterschiedliche Auffassung über das System der Eigentumsordnung insofern beachtlich, als sich daraus Argumente auch in Bezug auf andere Tatbestandsmerkmale und deren Auslegung und Weiterentwicklung ergeben. Richtigerweise ist § 906 I BGB zwar inhaltliche Begrenzung des Eigentumsrechts (auch) insoweit, als es den Abwehranspruch aus § 1004 I BGB für Grundstücksnachbarn unter bestimmten Voraussetzungen ausschließt.[4] Damit drückt sich die Eigentumsbegrenzung aber erst in der Duldungspflicht, nicht in der fehlenden Beeinträchtigung aus. Es erscheint schon sprachlich paradox, die gleiche Störung des Eigentums im nachbarrechtlichen Kontext als keine, in anderer Konstellation aber durchaus als Beeinträchtigung zu qualifizieren. Der durch § 906 BGB geschaffene Interessenausgleich der Nachbarn bewirkt einen anderen rechtlichen Umgang mit einer Beeinträchtigung zwischen Grundstücksnachbarn im Sinne der Vorschrift, aber er schafft keinen neuen Beeinträchtigungsbegriff. Die Regelung kennt – im Gegenteil – ausdrücklich auch nicht tatbestandsmäßige, nämlich unwesentliche, Beeinträchtigungen. Es bleibt daher richtig[5], die »Beeinträchtigung« i. S. v. § 1004 BGB extensiv auszulegen und z. B. – anders als vielleicht zu vermuten wäre – nicht einmal eine Wertung im Sinne eines vorteilhaften (wie z. B. wertsteigernde Maßnahmen) oder nachteiligen Eingriffs hineinzulesen, sondern allgemein zunächst auch unter diesem Aspekt »jede Einwirkung« auf das Eigentumsrecht zu definieren.[6] Systematisch ist es demnach nicht vorgegeben, die komplette Prüfung von § 906 BGB innerhalb der Prüfung des Beeinträchtigungsbegriffs von § 1004 I BGB vorzunehmen.

---

2 So Gerlach, S. 152
3 Dazu zusammenfassend Staudinger/Gursky § 1004, Rn. 25 m w. N. und, Rn. 165
4 Palandt/Bassenge § 906, Rn. 1; dagegen Staudinger/Gursky § 1004, Rn. 25 ff.
5 Im Ergebnis ebenso Balensiefen, S. 114
6 Vgl. Palandt/Bassenge § 1004, Rn. 4; Balensiefen, S. 114

Systematisch große Bedeutung kommt dem kumulativen Nebeneinander der Ortsüblichkeit und Wesentlichkeit in der österreichischen Regelung zu. So ist eine *actio negatoria* des Grundstückseigentümers nach § 364 II 1 ABGB nur dann erfolgversprechend, wenn feststeht, dass die Einwirkung, d. h. die zu untersagende Immission, eine Intensität aufweist, die das nach den örtlichen Verhältnissen gewöhnliche Maß übersteigt. Die österreichische Anspruchsnorm setzt somit schon tatbestandlich eine Immission auf das Grundstück des Anspruchstellers voraus, die im Vergleich zu einer näher zu bestimmenden Umgebung eine quantitativ und/oder qualitativ belastendere darstellt, da sie das örtlich gewöhnliche Maß übersteigt. Ohne hier auf die nähere Bestimmung der Ortsüblichkeit weiter einzugehen, kann bereits festgehalten werden, dass ein Abwehranspruch nach § 364 II ABGB nur dann gegeben sein kann, wenn das betroffene Grundstück im Vergleich zu seiner Umgebung intensiver belastet wird. Schon wenn dies nicht zutrifft, ist der Anspruch nicht gegeben, und es kommt auf die weitere Frage der wesentlichen Beeinträchtigung der ortsüblichen Nutzung nicht mehr an.
Hier ist ein wesentlicher Unterschied der Art zu erkennen, dass in Österreich bereits Voraussetzung eines Untersagungsanspruchs ist, dass ein – in der Terminologie des deutschen Rechts – Sonderopfer abverlangt wird. Damit ist die österreichische Norm strenggenommen noch auf einem Stand, den die deutsche Regelung mit der Neufassung 1959 überwunden hat[7], und sieht sich der Problematik ausgesetzt, dass ein Abwehranspruch nach dem Wortlaut schon dann nicht gegeben ist, wenn die in der Nachbarschaft innerhalb des beurteilungsrelevanten Raumes gelegenen Grundstücke gleichmäßig, d. h. unterschiedslos, belastet werden. Der Ausschluss des Anspruchs wäre selbst für den Fall der wesentlichen Belastung aller vergleichbaren Grundstücke anzunehmen, auch dann also, wenn diese in einem Umfang belastet würden, der Gesundheits- und Sachschäden verursacht, d. h. die zweite Anspruchsvoraussetzung unzweifelhaft gegeben ist. Dies müsste sogar dann gelten, wenn die Immissionen nach öffentlich- rechtlichen Vorschriften verboten wären. Der Schluss von einer wesentlichen auf eine ortsunübliche Beeinträchtigung wäre aufgrund des ausdrücklichen Nebeneinanders beider Tatbestandmerkmale systematisch fragwürdig. Es bleibt der Ansatz am Gesetzeswortlaut für die Beschreibung des Ortsüblichkeitskriteriums, dem »Gewöhnlichen«.
Die allgemeine Bedeutung des Adjektivs »gewöhnlich« wird dahingehend anzunehmen sein, dass etwas üblich, hergebracht, alltäglich ist[8], mithin bereits vorhanden und etabliert ist. Ist eine Immission in diesem Sinne vorhanden, so wäre ein Anspruch auch bei schwersten Belastungen der Nachbarschaft stets ausgeschlossen. Die Frage der Belastung der Nachbarschaft wäre unerheblich.
Um dieses Ergebnis, das dem Sinn und Zweck der nachbarrechtlichen Vorschriften auf einen interessengerechten Ausgleich der widerstreitenden Nachbarinteressen entgegensteht[9], zu vermeiden, belässt es die allgemeine Meinung in Österreich nicht bei der bloßen Feststellung der tatsächlichen Verhältnisse, sondern interpretiert den Begriff »gewöhnlich« nicht nur nach dem objektiven Wortlautsinn, sondern normativ, d. h. sie geht davon aus, dass der Begriff einer wertenden Betrachtung für den

7 Dazu oben B II. 2.
8 Vgl. Pfeifer, Stichwort »gewöhnlich«
9 Vgl. OGH JBl. 1995, 107; Raschauer, Umweltschutzrecht, S. 29; Janovsky, S. 284 f. m w. N.; Schwimann/Oberhammer § 364, Rn. 11

jeweiligen Einzelfall zu unterziehen ist. In diesem Zusammenhang wird von einigen Autoren insbesondere darauf hingewiesen, dass nur solche Immissionen »gewöhnlich« sein sollen, an die man sich überhaupt gewöhnen könne.[10] Daraus wird sodann gefolgert, dass gemäß § 364 II ABGB nur solche Immissionen hingenommen werden müssen, an die man sich gewöhnen könne, sodass von vornherein solche Einwirkungen auf ein Grundstück, die Gesundheits- und schwere Sachbeschädigungen verursachten, keinesfalls zu dulden seien, da man sich an diese nicht gewöhnen könne.[11] Gleichzeitig soll deshalb auch die Frage von öffentlich-rechtlichen Grenz- und Richtwerten nicht erst für die Beeinträchtigung des Grundstücks Bedeutung haben, sondern sie wird bereits im Rahmen der »Ortsüblichkeit« der Immission selbst erörtert, mit der Folge, dass für eine Immission, die einen Grenzwert überschreitet, nicht nur in der Regel vermutet wird, dass sie eine wesentliche Beeinträchtigung der Nutzung (2. Anspruchsvoraussetzung) darstellt, sondern auch, dass sie ortsunüblich ist, also über das gewöhnliche Maß hinausgeht.

Soweit die Frage der Bedeutung von Grenzwerten im Einzelnen auch umstritten ist[12], ist hier festzuhalten, dass letztlich die Gesetzessystematik Ursache dafür ist, dass die Frage der Ausstrahlungswirkung des öffentlichen Rechts auf das Nachbarrecht in Österreich stets im Zusammenhang mit der Ortsüblichkeit der Immission im Rahmen einer Einzelfallprüfung erörtert wird, während die Frage der wesentlichen Beeinträchtigung dann nicht mehr ausschlaggebender Anknüpfungspunkt sein kann.

Demgegenüber stellt sich diese Problematik im deutschen Nachbarrecht anders dar, da hier zunächst nur die Wesentlichkeit der Beeinträchtigung der Nutzung relevant ist, und dies auch erst im Rahmen der Duldungsprüfung nach § 906 BGB. Die Frage nach der Bedeutung öffentlich-rechtlicher Grenz- und Richtwerte stellt sich folglich in Deutschland in einem anderen Zusammenhang. Hier müssen öffentlich-rechtliche Grenzwerte bei der Beurteilung der Schwere der Belastung des gestörten Grundstück relevant werden. Ob übermäßige Immissionen gewöhnlich sein können, ist hier deshalb nicht die Frage, sondern die Intensität der Immission wird – ausgehend von der Bewertung ihrer nutzungsbeeinträchtigenden Wirkung – zunächst unabhängig vom »Gewöhnlichen« bestimmt, weshalb sich die dargestellten Probleme, die die österreichische Systematik hervorruft, nicht stellen.

Systematisch fällt schließlich noch auf, dass die österreichische Vorschrift in der Rechtsfolge nur von einem Untersagungsrecht des beeinträchtigten Eigentümers spricht, während diesem nach der deutschen Anspruchsnorm ein Beseitigungsanspruch und bei der Besorgung weiterer Störungen ein Unterlassungsanspruch gegeben ist. Dies wird im Bereich der Rechtsfolgen bei der Bestimmung des Inhalts eines Abwehrrechts relevant werden.

II. Bedeutung der systematischen Unterschiede für den weiteren Gang der Untersuchung

Wie die soeben dargestellte Betrachtung der Grund-Systematik ergeben hat, sind die wortlautähnlichen Vorschriften § 364 II ABGB einerseits und § 906 I BGB andererer-

---

10 Schwimann/Oberhammer § 364, Rn. 11; Gimpel-Hinteregger, S. 279; Rummel/Spielbüchler § 364, Rn. 13; Jabornegg/Strasser, in Strasser, S. 95 f.; Jabornegg GA, 31 f.

11 Schwimann/Oberhammer § 364, Rn. 11; Gimpel-Hinteregger, S. 279

12 Dazu näher unten D. III. 2. d. und e.

seits jeweils in unterschiedliche Regelungssystematiken beider Länder eingebettet. Die einzelnen Merkmale dieser beiden Normen sind in Österreich Teil des Tatbestandes einer Anspruchsgrundlage für einen Untersagungsanspruch, im deutschen Recht Teil des Tatbestandes einer als Duldungsnorm ausgestalteten rechtshindernden Einwendung. Ferner stehen die einzelnen Tatbestandkriterien untereinander in einem systematisch unterschiedlichen Verhältnis zueinander.
Der unterschiedliche rechtssystematische Kontext beider Normen im Regelungssystem und der Einzelmerkmale im jeweiligen Tatbestand verbietet jedoch nicht, den Vergleich in der Weise vorzunehmen, dass der sich aus Gründen der Übersichtlichkeit und Verständlichkeit anbietende Weg einer direkten Gegenüberstellung der einzelnen Tatbestandsmerkmale der in Wortlaut und Entstehungsgeschichte deutlich verwandten Vorschriften § 364 Abs. 2 ABGB und § 906 BGB gewählt wird, um Schritt für Schritt die jeweilige Bedeutung und Auslegung der wortlautgleichen und -ähnlichen Kriterien wie vor allem »Einwirkung«, »Ortsüblichkeit« und »Wesentlichkeit« in beiden Ländern herauszuarbeiten. Für die Prüfung des Einwirkungsbegriffs in beiden Vorschriften ist systematisch vorauszuschicken, dass bei dem direkten Vergleich sicherlich nicht außer Beachtung gelassen wird, dass in Deutschland von § 1004 BGB nicht erfasste Beeinträchtigungen schon nicht in den Einwirkungsbegriff von § 906 BGB einbezogen sein können.[13] Im Übrigen wird die Rechtssystematik in die Deutung und Bedeutung auch der übrigen Tatbestandsmerkmale immer wieder einfließen.

---

13 Zu dieser Systematik vgl. Staudinger/Roth § 906, Rn. 125 unter Hinweis auf Gursky, Jura 1970, 407, 408

D. Die einzelnen Tatbestandsmerkmale im Vergleich

I. Begriff der »Einwirkung«

Nach § 364 II ABGB kann der Grundeigentümer seinem Nachbarn bestimmte »Einwirkungen« auf sein Grundstück untersagen; umgekehrt muss der deutsche Grundeigentümer nach § 906 BGB bestimmte »Einwirkungen« seines Nachbarn dulden.

1. Legaldefinition

Auffallend ist, dass weder in Österreich noch in Deutschland der Begriff der Einwirkung bzw. Beeinträchtigung von Gesetzes wegen für das private Nachbarrecht definiert ist.
Lediglich im deutschen öffentlichen Recht wird in § 3 II BImSchG eine Definition geliefert, wenn dort Immissionen als »auf Menschen, Tiere und Pflanzen, den Boden, das Wasser, die Atmosphäre sowie Kultur- und sonstige Sachgüter einwirkende Luftverunreinigungen, Geräusche, Erschütterungen, Licht, Wärme, Strahlen und ähnliche Umwelteinwirkungen« beschrieben werden. Demnach besteht eine Immission im Sinne dieses Gesetzes aus zwei Bestandteilen: dem Einwirkungsgegenstand – Beispiele werden aufgezählt – und der Einwirkung auf den Menschen oder den Naturhaushalt. Dadurch wird eine Abgrenzung von Emissionen (§ 3 III BImSchG) erzielt, die sich von Immissionen durch den Betrachtungsort unterscheiden, der bei Emissionen der Ausgangsort der Störung ist. Ist die Immission damit zielbezogen, ist die Emission dagegen quellen- bzw. anlagenbezogen.[1]
Der Betrachtungsort ist schon insofern von Bedeutung, als dass Immissionswirkungen aufgrund der Möglichkeit der Konzentration gleicher oder der Reaktion mit anderen Immissionen im Laufe des Verbreitungsvorgangs zunehmen können und nicht mehr mit dem zuvor Emittierten vergleichbar sind. Obschon selbstverständlich der öffentlich-rechtliche Immissionsbegriff normative Wirkung nur im Bereich des BImSchG selbst[2] entfaltet, kann er unter Beachtung der Besonderheiten im Vergleich zu der auf das verwaltungsrechtliche Spezialgesetz zugeschnittenen Definition für die Deutung des Einwirkungsbegriffs im Zivilrecht ohne weiteres herangezogen werden. Gerade unter Berücksichtigung der Harmonisierungsbestrebungen zwischen dem öffentlichen und dem privaten Umwelt- und Nachbarschaftsrecht erscheint dies sogar geboten und manifestiert gleichzeitig eine ohnehin weitgehende Übereinstimmung in der Sache.[3] Demnach soll sowohl der Terminus der Immission als auch der der Emission grundsätzlich ebenfalls im Privatrecht gelten, und zwar für jede Form der Einwirkung.[4]
Da in Österreich eine Legaldefinition auch im öffentlichen Recht nicht vorhanden ist, kann hier eine Definition nur aus dem Zusammenhang des zivilen Nachbarschaftsrechts heraus erfolgen. Meist wird hier der Immissionsbegriff zunächst weitgefasst

---

1 Vgl. Staudinger/Kohler, Einl. 14 f. zum UmweltHG
2 Vgl. den insofern eindeutigen Wortlaut: »Immissionen im Sinne dieses Gesetzes«
3 In diesem Sinne wohl auch Kimminich/von Lersner/Storm, Bd.I, Spalte 990
4 Bender/Sparwasser/Engel, Rn. 259; Staudinger/Kohler, Einl. 11 zum UmweltHG

als alle nachteiligen Einwirkungen auf Nachbargrundstücke im weitesten Sinne betreffend verstanden.[5] Dabei ist die Verwendung der Begriffspaares Immission und Emission nicht immer einheitlich. Zwar werden diese Begriffe auch in Österreich insbesondere im Zusammenhang mit Grenzwerten (die immissions- oder emissionsbezogen vorliegen können[6]) unterschieden und dann auch mit der dargestellten Bedeutung belegt, jedoch wird gerade der Begriff der Immission oft auch quellenbezogen verwendet, weshalb Irritationen unvermeidlich sind.[7] Aufgrund dessen ist die Begriffsverwendung hier immer wieder der Prüfung zu unterziehen, ob sie den genannten Kriterien folgt.

2. Gegenstand der Einwirkung im Sinne der §§ 364 II ABGB und 1004 I, 906 BGB

Ausgangspunkt der Überlegungen ist der Gesetzestext der jeweiligen Normen, die aufgrund einer beispielhaften Aufzählung von tatbestandsrelevanten Einwirkungen einen Anhaltspunkt für die Beantwortung der Frage nach dem Gegenstand der Einwirkung geben. So bestimmt § 364 II ABGB, dass »Einwirkungen durch Abwässer, Rauch, Gase, Wärme, Geruch, Geräusch, Erschütterung und ähnliche« untersagbar sind, während gemäß § 906 I BGB die Zuführung von »Gasen, Dämpfen, Gerüchen, Rauch, Ruß, Wärme, Geräusch, Erschütterungen und ähnlichen Einwirkungen« unter bestimmten Umständen zu dulden ist.
Aus der beispielhaften Aufzählung wird überwiegend[8] gefolgert, dass als »ähnliche Einwirkungen« im Sinne der Normen neben den benannten Immissionen nur solche in Betracht kommen, die den genannten der Natur nach vergleichbar sind.
Die Rechtsprechung in Deutschland und Österreich definiert den tatbestandlichen Begriff der Einwirkung annähernd übereinstimmend als »sinnlich wahrnehmbare, wenn auch unwägbare Einwirkungen, die entweder auf das Grundstück und die dort befindlichen Sachen schädigend einwirken oder auf dem Grundstück sich aufhaltende Personen derart belästigen, dass ihr gesundheitliches Wohlbefinden gestört oder ein körperliches Unbehagen bei ihnen hervorgerufen wird«[9] und die »auf natürlichem Wege zugeleitet werden«[10] bzw. als »Einwirkungen aufgrund von sinnlich wahrnehmbaren Stoffen auf mechanischem oder physikalischem Weg«.[11]

a. Grobkörperliche Immissionen

Die Beeinträchtigung durch unkörperliche oder leicht körperliche Stoffe[12] wird damit von solchen Immissionen abgegrenzt, die feste Körper (so genannte Grobimmissionen) und nicht in der Luft suspendierte Flüssigkeiten sind (d. h. gerade nicht im Fall ihrer Zerstäubung in der Luft). Als vergleichbare Immissionen kommen daher nach nahezu einhelliger Ansicht nur unwägbare Stoffe, sog. Imponderabilien, in Betracht[13],

5 Jabornegg/Strasser, S. 21, 25
6 Siehe z. B. Illedits/Illedits-Lohr, Rn. 326
7 Vgl. Janovsky, S. 270 Fn. 2
8 Näher unten unter D. I. 2. d
9 BGHZ 95, 307; 88, 344, 346; 51, 396, 397; 62, 361, 366
10 BGHZ 90, 255, 258
11 OGH RdU 1997, 40
12 So auch Staudinger/Roth § 906, Rn. 108; Soergel/Baur § 906, Rn. 29
13 Vgl. für Deutschland: BGHZ 28, 225, 227; 58, 149, 159; 111, 158; Soergel/Baur § 906, Rn. 29; Soergel/Mühl § 1004, Rn. 37; MüKo/Medicus § 1004, Rn. 26; Erman/Hagen/Lorenz § 906, Rn.

wobei das Kriterium nicht in strengstem Wortsinne angewandt wird, wenn letztlich wägbare »Kleinstkörper« (Ruß, Staub) hinzugerechnet werden.[14]
Entsprechend wird nicht jeder feste Gegenstand als grobkörperliche Immission gesehen, sondern der Gegenstand muss eine gewisse Größe bzw. einen gewissen Umfang aufweisen, wie dies unproblematisch etwa bei Steinen und Steinsplittern, Kugeln und Bällen vom Fuß- bis zum Golfball der Fall ist.[15] Sehr kleinvolumige Teile hingegen werden den in den gesetzlichen Vorschriften genannten Stoffen gleichgesetzt, z. B. hat der OGH[16] entschieden, dass Hobelspäne nicht als grobkörperliche Immission gelten können.

aa. Einzelfälle
Die Zurechnung zu nicht von den Abwehrtatbeständen erfassten grobkörperlichen Immissionen bleibt vielfach einer Einzelfallentscheidung vorbehalten, sodass sich eine umfangreiche Rechtsprechung und Literatur hierzu herausgebildet hat. Dies gilt für beide Länder.
Übereinstimmend als grobkörperliche Stoffe werden jedenfalls aus Bergsprengungen herübergeschleuderte Steine oder Steinbrocken[17], Schrotkugeln aus einem Schießstand[18], herübergeworfene Bälle[19], Betonstücke[20], angeschwemmtes Geröll oder Schlamm[21] angesehen.
Uneinheitlich ist die Einordnung von Lebewesen. So besteht z. B. Streit darüber, ob die die Nachbargrenze überschreitende Katze eine grobkörperliche Einwirkung darstellen kann. Soweit ein Teil der deutschen Literatur diese Einordnung zwar so vornimmt, soll in diesen Fällen aber dennoch die Regelung des § 906 BGB analog anzuwenden sein, damit es möglich bleibt, diese Einwirkung dann als unwesentlich zu qualifizieren mit der Begründung, dass man sich gegen ungebetene Katzenbesuche nicht wehren könne, da die Nutzung des eigenen Gartens nicht wesentlich erschwert werde.[22] Dem wird entgegengehalten, dass die Wesentlichkeit der Beeinträchtigung eben nur im Rahmen des § 906 BGB relevant werde, jene Vorschrift aber auf grobkörperliche Immissionen gerade nicht anzuwenden sei.[23] Das Ergebnis,

---

5, 8, 10; Palandt/Bassenge § 906, Rn. 4; Staudinger/Gursky § 1004, Rn. 27; Staudinger/Roth § 906, Rn. 109; Erman/Hagen/Lorenz § 906, Rn. 10; a. A. Jauernig/Jauernig § 906, Rn. 2; ders., JZ 1986, 605, 608; vgl. für Österreich: Jabornegg GA, S. 12; Schwimann/Oberhammer § 364, Rn. 3; Janovsky, S. 272; Rummel/Spielbüchler § 364, Rn. 7; Stefula, S. 21; Klang/Klang, Bd. II, S. 170; Gimpel-Hinteregger, S. 267; Kerschner, in Hanreich/Schwarzer, S. 45; Jabornegg, ÖJZ 1983, 367

14 BGHZ 62, 186, 187; LG Ulm NJW 1985, 440, das pflanzliche Immissionen und Ruß als »unwägbare Stoffe« bezeichnet

15 Vgl. für Deutschland: BGHZ 28, 225; Staudinger/Roth § 906, Rn. 109; Soergel/Baur § 906, Rn. 29; vgl. für Österreich: OGH SZ 51/114; Gimpel-Hinteregger, S. 267; Janovsky, S. 272; Schwimann/Oberhammer § 364, Rn. 3; Stefula, S. 21

16 OGH SZ 51/114

17 BGHZ 28, 225, 227;

18 BGHZ 111, 158, 162

19 Vgl. für Österreich: OGH RdU 1996, 94; SZ 14/224; vgl. für Deutschland: VGH Kassel NJW 1993, 3088; OVG Münster DWW 1990, 62

20 OGH MietSlg 33.024

21 Vgl. für Österreich: OGH MietSlg 33.024; vgl. für Deutschland: BGHZ 58, 149, 159

22 Soergel/Baur § 906, Rn. 72, der gleiches auch für Bienen und Möwen annimmt

23 Staudinger/Gursky § 1004, Rn. 27

Störungen durch Kleinlebewesen wie auch Flugenten, Hühnern, Tauben und Kaninchen als nicht abwehrrelevant zu qualifizieren, könne nur durch die Anwendung des in Einzelfällen eine Duldungspflicht begründenden nachbarrechtlichen Gemeinschaftsverhältnisses[24] erreicht werden. Dies sei ausreichendes Regulativ zur Vermeidung unbilliger Ergebnisse, wenn die Einordnung als grobkörperliche Immission nicht umgangen werden könne. Paradox erscheint die Begründung für die Einbeziehung von Ratten, kleineren Vögeln und Tauben in den Immissionsbegriff des § 906 BGB, wenn zunächst feststellt wird, dass unter die Vorschrift nach deren Zweck als Immissionen nur »feste Körper von äußerst geringem Umfang, die den Ruß- und Staubteilchen ähnlich sind« zu subsumieren sind, um sodann auszuführen, dass darunter auch Fliegen, Mäuse, Ratten, kleinere Vögel und auch Tauben fallen.[25] In Österreich werden Katzen nicht den grobkörperlichen Immissionen zugerechnet, sodass auch die weiteren Voraussetzungen des § 364 II ABGB für einen Unterlassungsanspruch vorliegen müssen.[26] Demgegenüber gelten in Österreich allerdings Schweine und Schafe als grobkörperliche Einwirkungen.[27] Dass die Abgrenzung teilweise willkürlich erscheint, wird insbesondere dadurch deutlich, dass bestimmte Tierarten ohne Begründung der einen oder anderen Art von Immissionen zugeordnet werden, so etwa, wenn ausschwärmende Hühner als Immissionen im Sinne des § 364 ABGB eingeordnet werden mit der schlichten Begründung, dass dies so erfolgen könne.[28]

bb. Abwehrfähigkeit grobkörperlicher Immissionen

Die Zuführung grobkörperlicher Immissionen von einiger Größe kann selbst für den Fall untersagt werden, dass die weiteren Voraussetzungen des § 364 II ABGB nicht bzw. die weiteren Ausschlusstatbestandsmerkmale des § 906 BGB gegeben sind[29], d. h. die Immissionen wesentlich/unwesentlich bzw. ortsüblich sind. In Deutschland folgt dies unmittelbar daraus, dass § 906 BGB nicht anwendbar ist und somit der Anspruch aus § 1004 BGB nicht gehindert wird. In Österreich wird eine Einwirkung durch grobkörperliche Immissionen den direkten Immissionen, also den »unmittelbaren Zuleitungen«, gleichgestellt, die unter allen Umständen unzulässig sind.[30]

Da die rigorose Umsetzung dieses Prinzips der umfassenden Untersagbarkeit grobkörperlicher Immissionen im Einzelfall zu untragbaren Ergebnissen führen kann, etwa wenn dadurch die Existenz des Emittenten vernichtet würde, ist anerkannt, dass hier Einschränkungen gemacht werden müssen.

---

24 OLG Köln NJW 1985, 2338; Staudinger/Gursky § 1004, Rn. 27; Staudinger/Roth § 906, Rn. 110, 111, vgl. dazu noch nachfolgend

25 Soergel/Mühl § 1004, Rn. 64

26 Janovsky, S. 272; gleiches soll für Hühner (OGH SZ 22/197), Bienen (OGH EvBl. 1968/21) und Hunde gelten

27 OGH SZ 11/174

28 Vgl. etwa Rummel/Spielbüchler § 364, Rn. 7

29 Vgl. für Deutschland: BGHZ 28, 225, 229; 58, 149, 159; Soergel/Baur § 906, Rn. 29 Fn. 3; Staudinger/Gursky § 1004, Rn. 27; 164; Staudinger/Roth § 906, Rn. 109; Erman/Hagen/Lorenz § 906, Rn. 10, 63 ff.; MüKo/Säcker § 906, Rn. 19; vgl. für Österreich: Gimpel-Hinteregger, S. 268; Janovsky, S. 272; Rummel/Spielbüchler § 364, Rn. 7; Stefula, S. 21; Gamsjäger, S. 17

30 Rummel/Spielbüchler § 364, Rn. 7; Jabornegg, Privatrecht und Umweltschutz III, S. 8; zur »unmittelbaren Zuleitung« siehe näher unten D. I. 2. c

1. Das nachbarschaftliche Gemeinschaftsverhältnis

In Deutschland wird der betroffene Nachbar deshalb ausnahmsweise einer Duldungsverpflichtung aus den Grundsätzen des nachbarschaftlichen Gemeinschaftsverhältnisses, welches aus dem aus § 242 BGB resultierenden Grundsatz von Treu und Glauben abgeleitet wird[31], unterworfen. Auf dieses Prinzip gründet sich im Nachbarrecht eine über das normale Maß hinausgehende Pflicht zu gesteigerter gegenseitiger Rücksichtnahme, was im Einzelfall dazu führen kann, dass die Ausübung der aus dem Grundeigentum fließenden gesetzlichen Ansprüche unzulässig bzw. entschädigungspflichtig wird.[32] Da das Verhältnis der Rechte der Grundstückseigner und Nutzer im gesetzlichen Nachbarrecht generell geregelt ist, sind an die Annahme einer solchen Verpflichtung strenge Anforderungen zu stellen. Sie soll lediglich aufgrund einer Atypizität im Einzelfall eine zwingend gebotene Ausnahme sein.[33] Nicht etwa dürfen unter dem Deckmantel des nachbarschaftlichen Gemeinschaftsverhältnisses die Maßstäbe des § 906 BGB zur Anwendung gebracht werden. Diese strengeren Anforderungen sind z. B. dann als erfüllt anzusehen, wenn das Beseitigungsverlangen aus § 1004 I BGB verglichen mit der in der Vergleichsgegend herrschenden Praxis und der damit verbundenen Duldungsbereitschaft der anderen Nachbarn »geradezu unvernünftig wehleidig« oder »exzessiv egoistisch« erscheint.[34] Kann der das Beseitigungsverlangen geltend machende Nachbar daher nachvollziehbare Motive für sein Begehren anführen, scheitert eine gesteigerte Verpflichtung zur Duldung aus dem nachbarrechtlichen Gemeinschaftsverhältnis jedenfalls aus. Etwas anderes kann nur für den Fall der drohenden Existenzvernichtung bei Durchsetzung des Anspruchs, wie dies etwa im Fall der Betriebseinstellung gegeben wäre, angenommen werden.[35] Die Folgen des Rechtsverlustes werden jedoch durch die gleichzeitige Begründung einer verschuldensunabhängigen Ausgleichsverpflichtung des Störers zugunsten des Inhabers des Rechts kompensiert, der aus dem zivilrechtlichen Aufopferungsanspruch hergeleitet wird und mit der besonderen, über die aus § 906 BGB resultierenden Verpflichtungen – folglich auch über das einen angemessenen Ausgleich im Sinne des § 906 II 2 BGB vorsehende Maß – hinausgehenden[36], Inanspruchnahme begründet wird.

2. Rechtsmissbrauchs-/Schikaneverbot

Die österreichische Rechtslage wird im Ergebnis über das Rechtsmissbrauchs-/ Schikaneverbot des § 1295 II ABGB ähnlich der deutschen Vorgehensweise der besonderen Situation im Einzelfall angepasst.[37] Danach kann die Ausübung eines Rechts dann unzulässig sein, wenn dies »offenbar den Zweck hatte, den anderen zu

---

31 Vgl. eingehend Erman/Hagen/Lorenz § 906, Rn. 63 ff.; Soergel/Baur § 903, Rn. 51 ff.; Staudinger/Gursky § 1004, Rn. 27, 164 m w. N.; Seidel, Rn. 892

32 BGHZ 16, 366, 372 f.; 28, 110, 114

33 So BGH NJW 1995, 2633

34 So Staudinger/Gursky § 1004, Rn. 27

35 So im Fall BGHZ 28, 225, 229

36 BGHZ 28, 225, 232; 28, 110, 114; NJW 1995, 714; Erman/Hagen/Lorenz § 906, Rn. 26, 29, 66; Staudinger/Gursky § 1004, Rn. 164; Staudinger/Roth § 906, Rn. 109; 239 ff.; Palandt/Bassenge § 906, Rn. 42; näher zum bürgerlichen Aufopferungsanspruch Larenz/Canaris, S. 664

37 OGH 8 Ob 635/92, dazu Kerschner, JAP 1993, 30 ff.; Janovsky, S. 272; Gimpel-Hinteregger, S. 268; Weinberger, S. 17

schädigen«. Gemäß der Rechtsprechung des OGH[38] ist eine Rechtsausübung dann Schikane im Sinne der Norm, wenn zwischen den vom Handelnden verfolgten Interesse und den beeinträchtigten Interessen des anderen ein krasses Missverhältnis besteht.

cc. Zwischenergebnis

Zur Vermeidung willkürlicher Abgrenzungen sind grundsätzlich alle Tiere als grobkörperliche Immissionen anzusehen.[39] Eine Ähnlichkeit zu den in § 906 BGB oder § 364 II ABGB aufgezählten Beispielsfällen lässt sich hinsichtlich der Störung durch Tiere nicht feststellen, vielmehr sind sie im vorliegenden Kontext Steinen oder Bällen vergleichbar, auf die die Normen aber unstreitig nicht anzuwenden sind. Gleiches gilt ebenso für Kleintiere wie Bienen und Fliegen. Ein angemessenes Ergebnis kann dadurch erreicht werden, dass z. B. dem vereinzelten Bienen- und Fliegenflug vergleichbare Fälle schon nicht als die Nutzung des Grundstücks irgendwie beeinträchtigende, also nicht einmal unwesentliche Störung angesehen werden. Im Übrigen erzielt die Anwendung der Grundsätze zum nachbarrechtlichen Gemeinschaftsverhältnis vertretbare Ergebnisse. Durch beides nicht erfasste Fallgruppen sollten als Beeinträchtigung untersagbar sein, die eben nicht zusätzlich an den Grundsätzen der §§ 364 II ABGB bzw. 906 I BGB zu messen sind.

b. Natürliche Einwirkungen

Ebenfalls nicht als Immissionen im Sinne der zivilrechtlichen Nachbarschaftsansprüche kommen solche Einwirkungen in Betracht, die ihre Ursache nicht im menschlichen Verhalten, sondern im natürlichen Lauf der Dinge haben. Im Gegensatz zu den oben behandelten grobkörperlichen Immissionen sind solche natürlichen Einwirkungen aber nicht generell und ohne weitere Voraussetzung untersagbar, sondern überhaupt nicht. In Abgrenzung zu den soeben behandelten Einwirkungen durch natürliche Gegenstände und Lebewesen handelt es sich hier um solche Einwirkungen, deren Ursache in keinem zurechenbaren Zusammenhang mit menschlichem Verhalten steht, wie dies zum Beispiel bei der Anpflanzungen von Bäumen und Sträuchern oder durch die Tierhaltung trotz der zunächst »natürlichen« Einwirkung eben doch der Fall wäre.

Da für natürliche Vorgänge grundsätzlich niemand einzustehen braucht, ist auch wesentliches Merkmal der Immissionen im Sinne der §§ 364 II ABGB bzw. 1004, 906 I BGB der Umstand der zumindest mittelbaren Verantwortlichkeit des Eigentümers.[40] Es muss eine verantwortliche Person, die haftbar gemacht werden kann, vorhanden sein[41], wobei aber die Aufrechterhaltung eines Störungszustandes ausreichend sein soll.

Hat also eine von einem anderen Grundstück ausgehende Beeinträchtigung ihre alleinige Ursache in einem bloßen natürlichen Zustand dieser Sache selbst, kommt eine Inanspruchnahme des Eigentümers nicht in Betracht.[42] Aufgrund dessen wurde

---

38 OGH SZ 62/169; EvBl. 1993/101; MietSlg 47.145

39 So insbesondere Staudinger/Gursky § 1004, Rn. 27

40 BGHZ 19, 126, 129; 28, 111; 90, 255, 266; NJW 1995, 2633

41 MüKo/Medicus § 1004, Rn. 21; Stefula, S. 22

42 Vgl. für Deutschland: Soergel/Mühl § 1004, Rn. 89, 105; Staudinger/Gursky § 1004, Rn. 52; MüKo/Medicus § 1004, Rn. 21; Erman/Hefermehl § 1004, Rn. 18; Baur/Stürner § 12 II 2, 3;

es von der Rechtsprechung abgelehnt, den Eigentümer für von einem Sturm entwurzelten Baum zur Verantwortung zu ziehen[43], oder ihn zu verpflichten, den natürlichen Ablauf von Niederschlagwasser[44] oder einen Felssturz[45] zu verhindern. Dies gilt eben dann nicht, wenn der Felssturz auf eine Sprengung zurückzuführen ist.
Einen besonderen Problemkreis stellt in diesem Zusammenhang die Behandlung der von Privatgrundstücken ausgehenden Belastungen durch bereits natürlich vorhandene oder künstlich angelegte Pflanzen wie Sträucher und Bäume dar. Je nachdem, ob man diese Belastungen dem Nachbarn als hinzunehmen zumutet oder aber ein Untersagungsrecht eingeräumt wird, könnte dies dazu führen, dass bestehende Grünflächen oder Baumbestände, die gerade in größeren Städten zur Ausnahme zu werden drohen, ganz aus dem Stadtbild verbannt werden.
Nahezu einheitlich wird ein Untersagungs- bzw. Beseitigungsanspruch hier abgelehnt. Die Gründe für den Ausschluss sind jedoch unterschiedlich.

aa. Österreich
In Österreich wird die Annahme von Immissionen zumeist mit dem Hinweis darauf abgelehnt, dass in § 422 ABGB eine abschließende Sonderregelung auch für das Eindringen von Ästen, Laub und Wurzeln auf die Nachbarliegenschaft vorhanden sei, die die Unanwendbarkeit der nachbarrechtlichen Abwehransprüche zur Folge habe.[46] Gemäß § 422 ABGB könne die Anpflanzung von Bäumen und Sträuchern an der Nachbargrenze nicht unterbunden werden, sodass dem Nachbarn nur die Möglichkeit der Entfernung von Wurzelwerk und über dem Luftraum des eigenen Grundstücks hängenden Ästen verbleibe.
Eine andere Auffassung[47] sieht in § 422 ABGB allerdings nur eine Regelung des Verhältnisses eines Eigentumserwerbs an Ästen und Wurzeln bei unmittelbar aneinandergrenzenden Grundstücken, was aber über einen Unterlassungsanspruch nichts aussage.
Die Regelungen zu auf dem Nachbargrund wachsenden Bäumen und Pflanzen werden in Österreich insgesamt als unausgewogen angesehen.[48] Diese Einschätzung erfährt durch neuere Entscheidungen durchaus Bestätigung. So bemüht sich der OGH immer wieder um die Abgrenzung des Selbsthilferechts aus § 422 ABGB zum negatorischen Unterlassungsanspruch, ohne jedoch dogmatisch zu überzeugen. Zum Beispiel gibt der OGH in einer der neueren Entscheidungen[49] einem Nachbarn das Abwehr- und nicht nur das Selbsthilferecht bezüglich einer auf das Nachbargrundstück rankenden Pflanze, weil diese die Nachbarmauer mit bewachsen hatte. Hätte ihr Wurzelwerk das Nachbargrundstück unter der Mauer hindurchkriechend erreicht, hätte der OGH eine im Sinne des § 422 ABGB einschlägige Inanspruchnahme – nämlich des Boden- oder Luftraums – des Nachbargrundstücks, annehmen müssen. Im ersteren Fall hat immerhin der Störer, im Selbsthilfefall der Gestörte die Be-

---

Seidel, Rn. 891; vgl. für Österreich: Stefula, S. 22; Rummel/Spielbüchler § 364, Rn. 11; Schwimann/Oberhammer § 364, Rn. 5; Gimpel-Hinteregger, S. 269; Janovsky, S. 276
43 BGHZ 122, 283
44 BGHZ 90, 255, 266; 114, 183; OGH SZ 41/74
45 BGH NJW 1985, 1773; OGH ZVR 1998/47; SZ 57/187
46 OGH SZ 58/121; Rummel/Spielbüchler § 364, Rn. 11
47 Janovsky, S. 275
48 Vgl. hierzu zusammenfassend E. Wagner, RdU 2001,157
49 OGH RdU 2001, 155

seitigungskosten zu tragen, ohne dass dies nachvollziehbar erscheint. Es laufen daher entsprechende Gesetzesvorhaben, die z. B. eine korrespondierende Kostenregelung zum Selbsthilferecht bezüglich überhängender Äste u. ä. zum Inhalt haben. Mitte des Jahres 2002 existierte jedoch noch kein offizieller Ministerentwurf hierzu.[50]

bb. Deutschland

In Deutschland wird herabgefallenes Laub überwiegend den Immissionen im Sinne des § 906 I BGB zugerechnet. Dass Naturkräfte walten, sei nicht ausschlaggebend, da der Laubfall auf menschliches Verhalten, nämlich die Anpflanzung, zurückzuführen sei. Untersagbar sind derartige Immissionen dann aber auch nur bei Wesentlichkeit sowie mangelnder Ortsüblichkeit, woran der Anspruch regelmäßig scheitert.[51] Auch ein Entschädigungsanspruch wird für wesentliche aber ortsübliche Einwirkungen durch Samenflug und herunterfallende Äste nur in Ausnahmefällen zugesprochen, da dergleichen nur die Kehrseite der Annehmlichkeit und Nützlichkeit einer grünen Landschaft sei, dem allgemeinen Umweltbewusstsein der Bevölkerung entsprächen und als solche als Teil des menschlichen Lebens hingenommen werden müssten.[52]

Demgegenüber will eine andere Ansicht unter Hinweis auf die Unmöglichkeit der Bestimmung, ob ein Baum oder Strauch aufgrund menschlicher Handlung gepflanzt worden sei, die Frage der Untersagbarkeit bzw. der Einschätzung als Beeinträchtigung im Sinne des § 1004 I BGB danach vornehmen, ob eine solche Anpflanzung einem von der Rechtsordnung vorgesehenen Sollzustand widerspricht.[53] Solche Vorschriften seien in den landesgesetzlichen Nachbarschaftsvorschriften enthalten. Widerspreche eine Anpflanzung solchen Bestimmungen, liege eine Beeinträchtigung vor, mit der Folge, dass die Beseitigung des Baumes oder Strauches selbst verlangt werden könne, ohne dass es auf eine Beeinträchtigung durch Laubfall noch ankomme.[54] Dieser Anspruch soll aber dann wieder entfallen, wenn Naturschutzvorschriften oder kommunale Baumschutzsatzungen die Entfernung verbieten.

c. Verbot von unmittelbaren Zuleitungen

Sowohl in Österreich als auch in Deutschland ist das grundsätzliche Verbot von unmittelbaren Zuleitungen normiert. Dadurch wird die unmittelbare Zuleitung von solchen Stoffen, die im Regelfall nur unter der Voraussetzung einer weiteren gesetzlichen Regelung untersagbar sind (§ 364 II ABGB) bzw. unter diesen Umständen hingenommen werden müssen (§§ 1004 I, 906 BGB), den grobkörperlichen Immissionen in der Rechtsfolge gleichgestellt. Der österreichische Gesetzgeber hat in § 364 II 2 ABGB normiert, dass »unmittelbare Zuleitungen ohne besonderen Rechtstitel unter allen Umständen unzulässig (sind)«; entsprechend ist in Deutschland gemäß § 906

---

50 Vgl. zum aktuellen Stand die Mitteilungen des Bundesministeriums für Justiz zu Gesetzesvorhaben im Internet unter www.justiz.gv.at

51 Vgl. OLG Frankfurt NJW 1988, 2618, 2619; OLG Karlsruhe NJW 1983, 2886; Soergel/Baur § 906, Rn. 74; Soergel/Mühl § 906, Rn. 69; Palandt/Bassenge § 906, Rn. 13; Staudinger/Roth § 906, Rn. 153; wohl auch MüKo/Medicus § 1004, Rn. 21, der auf OLG Frankfurt NJW 1988, 2618 verweist

52 Vgl. OLG Frankfurt NJW 1988, 2618, 2620

53 Staudinger/Gursky § 1004, Rn. 57 f.

54 So auch OLG Düsseldorf NJW-RR 1990, 144, 145

III BGB »die Zuführung durch eine besondere Leitung unzulässig«. Unter diesen Voraussetzungen können auch Imponderabilien ohne weiteres, d. h. ohne weitere Prüfung der sonstigen Voraussetzungen, untersagt werden. Auf die Wesentlichkeit oder Ortsüblichkeit der Einwirkung bzw. Nutzung kommt es dann nicht mehr an.[55]
Der Unterschied der deutschen und der österreichischen Regelung zeigt sich in der Einbeziehung des Begriffs »Leitung« in der deutschen Vorschrift. Dadurch werden in Deutschland nach allgemeiner Meinung von der Gleichstellung nur solche Einwirkungen erfasst, die aufgrund einer solchen Vorrichtung in Richtung auf das belastete Grundstück verbracht werden.[56]
Anders verhält es sich aufgrund der offeneren Formulierung in Österreich, wo eine unmittelbare Zuleitung unter der Voraussetzung einer Tätigkeit bzw. Veranstaltung des Störers vorliegen soll, die »geradezu auf den eingerichteten Schaden gerichtet« und somit »für eine Einwirkung gerade in Richtung auf das betroffene Grundstück hin ursächlich« ist.[57] Eine Leitung ist nicht erforderlich, sodass auch unmittelbare Zuleitungen auf andere Art und Weise von § 364 II 2 ABGB erfasst werden. So wird etwa auch der bewusst kontrolliert ausgelöste Lawinenabgang, der auf das Nachbargrundstück niedergeht, von dieser Vorschrift erfasst.[58]
Dieses finale zielgesteuerte Verhalten ist in neuerer Zeit noch abschwächend dahingehend verändert worden, dass der OGH[59] nunmehr die bloße Ursächlichkeit genügen lässt, wenn der Störer jedenfalls eine »mitursächliche Vorkehrung« geschaffen hat.
Die beiden Normen werden aber gemeinsam dahingehend ausgelegt, dass die Zuführung nicht bis unmittelbar an die Grundstücksgrenze erfolgen muss, um vom Regelungsgehalt der Vorschriften erfasst zu werden. Vielmehr kommt die jeweilige Vorschrift bereits dann zur Anwendung, wenn die Einwirkung auf dem belasteten Grundstück durch eine Vorrichtung des störenden Nachbarn in die Nähe der Grundstücksgrenze verbracht wird, von wo aus sie sich über die Grundstücksgrenze verbreitet.[60]
Ebenfalls unerheblich ist, ob der Störer die unmittelbare Zuleitung und damit die Störung bezweckt hat; entscheidend ist allein der Eintritt der Störung selbst.[61] Für Deutschland folgt dies bereits aus der Anspruchsnorm des § 1004 I BGB, wonach der Störer auch ohne Verschulden eine rechtswidrige Einwirkung auf ein fremdes Grundstück zu beseitigen hat.[62] Gefordert wird jedoch auch hier, dass der Störer auf die Ursache der Störung Einfluss besitzt oder besaß und diesen nicht ausgeübt hat,

---

55 Vgl. für Deutschland: Soergel/Baur § 906, Rn. 35; vgl. für Österreich: OGH RdU 2002, 76; Janovsky, S. 270; Schwimann/Oberhammer § 364, Rn. 2

56 Soergel/Baur § 906, Rn. 35; Schwab/Prütting § 28 II 2); Staudinger/Roth § 906, Rn. 247; Erman/Hagen/Lorenz § 906, Rn. 12

57 OGH SZ 35/28; 48/4; 55/30; RdU 1996, 146; Janovsky, S. 270; Schwimann/Oberhammer § 364, Rn. 2; Weinberger, S. 16

58 OGH JBl. 1993, 387

59 OGH RdU 2002, 76

60 Vgl. für Deutschland: Staudinger/Roth § 906, Rn. 247; Soergel/Baur § 906, Rn. 35; vgl. für Österreich: OGH MietSlg. 34.036.; Weinberger, S. 15; Gimpel-Hinteregger, S. 267

61 Weinberger, S. 16; Janovsky, S. 271

62 Erman/Hefermehl § 1004, Rn. 1; Staudinger/Gursky § 1004, Rn. 34; Soergel/Mühl, Rn. 83

um die Störung zu unterbinden; bis zur zuvor zitierten OGH-Entscheidung wurde dies auch in Österreich als Erfordernis eines »finalen Verhaltens« umschrieben.[63]

d. Zwischenergebnis

Übereinstimmung besteht somit in beiden Ländern hinsichtlich der grundsätzlichen Einschätzung, dass nur solche Immissionen untersagbar sind, die den gesetzlichen Beispielen vergleichbar sind.

Was unter »ähnlichen Einwirkungen« zu verstehen ist, ist bislang in keine verlässliche Definition gefasst worden[64], weshalb widersprüchliche Ergebnisse nicht ausgeblieben sind. Die grundsätzliche Unterscheidung in von den Vorschriften erfasste Imponderabilien und aus dem Anwendungsbereich herausfallenden grobkörperlichen Immissionen wird der geforderten »Ähnlichkeit« am ehesten gerecht. Die Wägbarkeit von Kleinstteilen, wie sie in Ruß und Rauch auftreten, macht die Angriffe auf den eingebürgerten Begriff der Imponderabilien nachvollziehbar; ob sich daraus aber eine an einem ganz anderen Ähnlichkeitsbegriff ansetzender Immissionsbegriff rechtfertigt[65], ist zweifelhaft. Die Einzelfallbetrachtung wird immer wieder zu widersprüchlichen Entscheidungen führen; ein neuer Begriff, der vorgibt Einwirkungen in als von Natur aus nie oder potentiell auch wesentlich beeinträchtigend einordnen zu können[66], wird mit dem selben Problem konfrontiert sein.

Grundsätzlich kommen also nur so genannte Imponderabilien in Betracht. Grobkörperliche Immissionen können im allgemeinen, ohne dass es auf die weiteren Voraussetzungen der Vorschriften der §§ 364 II ABGB bzw. 1004 I BGB ankommt, untersagt werden. Zur Vermeidung unbilliger Ergebnisse wird in Fällen, in denen die Einordnung als grobkörperliche Immission zwingend, die Rechtsfolge aber lebensfern oder unzumutbar wäre, in Deutschland auf die Grundsätze des nachbarrechtlichen Gemeinschaftsverhältnisses und in Österreich auf das Schikaneverbot bei drohenden schwerwiegenden Folgen für den Störer zurückgegriffen.

Nicht in den Anwendungsbereich der Normen fallen solche Immissionen, die auch nicht mittelbar auf menschliches Verhalten, sondern allein auf natürliche Geschehnisse zurückzuführen sind. Dabei wird Laubfall in Österreich abschließend durch die Sondervorschrift des § 422 ABGB ausgeschlossen, während in Deutschland dieser zwar als Beeinträchtigung angesehen wird, aber eine Untersagbarkeit regelmäßig an der Ortsüblichkeit bzw. fehlenden Wesentlichkeit scheitert.

3. Imponderabilien

Herkömmlicherweise wird eine weitere Unterteilung der Art vorgenommen, dass zwischen positiven, negativen und ideellen Immissionen unterschieden wird.

---

63 Vgl. für Österreich: Kerschner, Anm. zu OGH JBl.1993, 387; ders., RdU 1996, 146; vgl. für Deutschland: MüKo/Medicus § 1004, Rn. 36 a ff.; Erman/Hefermehl § 1004, Rn. 14

64 Jauernig, JZ 1986, 605, 608

65 So Jauernig, JZ 1986, 605, 608

66 Zum entsprechenden Vorschlag von Jauernig, JZ 1986, 605, 608 und der in diese Richtung gehenden Entscheidung BGHZ 117, 110, 112 vgl. Staudinger/Roth § 906, Rn. 116

a. Positive Einwirkungen

Positive Einwirkungen auf das benachbarte Grundstück unterfallen den Vorschriften der §§ 364 II ABGB und 1004, 906 BGB. Sie zeichnen sich dadurch aus, dass sie auf das belastete Grundstück physisch, d. h. messbar, einwirken.
Es fällt auf, dass die in § 364 II ABGB beispielhaft aufgeführten Immissionen deckungsgleich auch in der entsprechenden deutschen Vorschrift des § 906 I BGB enthalten sind, diese Vorschrift jedoch darüber hinaus als weitere Beispiele »Dämpfe« und »Ruß« aufführt. In der Sache wird dadurch jedoch kein Unterschied begründet, da »Dämpfe« in Deutschland zusammen mit den Beispielen »Gase« und »Gerüchen« und das Merkmal »Ruß« zusammen mit »Rauch« zu einheitlichen Bewertungsgruppen zusammengeführt werden.[67]

b. Negative Einwirkungen

Von den positiven Immissionen werden entsprechend die negativen Immissionen[68] abgegrenzt. Im Gegensatz zur aktiven Ausbreitung positiver Immissionen nehmen sie dem belasteten Grundstück dessen natürlich vorhandene Vorteile, wie z. B. Licht und Frischluft oder auch die Erreichbarkeit des Grundstücks für Funk- und Radiowellen, während die Nutzung des belastenden Grundstücks aber im Rahmen der Grenzen dieses Grundstücks verbleibt.[69] Über die Bewertung solcher Einflüsse bestehen innerhalb Österreichs und Deutschlands erhebliche Meinungsunterschiede, insbesondere im jeweiligen Schrifttum. Die Diskussion in beiden Ländern beeinflusst sich zwar gegenseitig stark, eine zusammenfassende Darstellung würde jedoch vernachlässigen, dass die jeweiligen Positionen von einem unterschiedlichen Ansatz her zu betrachten sind, da in Deutschland mit einer Nichteinbeziehung negativer Immissionen in den Tatbestand von § 906 BGB noch nicht die Frage beantwortet ist, ob nicht dennoch eine »Beeinträchtigung« im Sinne von § 1004 BGB vorliegt.
In Österreich indes müsste die Ablehnung einer Ausdehnung des Immissionsbegriffs des § 364 II ABGB unmittelbar die Folge haben, dass negative Immissionen nie untersagt werden können, denn »direkte« Einwirkungen, die wie die grobkörperlichen Immissionen wie eine unmittelbare Zuleitung behandelt werden, sind sie offenkundig nicht.

aa. Deutschland

In Deutschland ergibt sich ein mittlerweile sehr vielschichtiges Meinungsgefüge zu negativen Immissionen, welches von dem sich im Zuge zunehmender Bedeutung negativer Immissionen immer mehr ausprägenden Gedanken beherrscht wird, dass neuartige Problematiken ausgefeilterer Lösungen bedürfen als die traditionell hier behandelten Schattenfall/Lichtentzugsfälle.

---

67 Vgl. die Einzelfallaufzählung bei Palandt/Bassenge § 906, Rn. 6-12

68 Kritisch zu dieser Unterscheidung bereits Jabornegg, ÖJZ 1983, 365, 367; Schwimann/Mell, S. 67

69 Dies ist zwischen den widerstreitenden Ansichten unstrittig, vgl. Staudinger/Gursky § 1004, Rn. 64; MüKo/Säcker § 906, Rn. 20; sowie Soergel/Mühl § 1004, Rn. 36; Schwab/Prütting § 28 II 1 d; Baur/Stürner § 25 IV 2 e, ee, β; Rummel, in Strasser, S. 143

Die herrschende und der Rechtsprechung von BGH[70] und RG[71], folgende Ansicht sieht negative Immissionen nicht vom Anwendungsbereich der §§ 1004 und 906 BGB erfasst. Dabei wird größtenteils schon abgelehnt, dass negative Immissionen eine »Beeinträchtigung« im Sinne von § 1004 BGB darstellen.[72] Auch wird argumentiert, es fehle an der von § 906 geforderten »Zuführung« von Stoffen.[73] Es wird außerdem darauf verwiesen – und von der Literatur für entscheidend gehalten –, dass eine Nutzung, die sich im Rahmen der gesetzlichen Regelung und damit im Rahmen der eigenen Grenzen des belastenden Grundstücks halte, von Gesetzes wegen gewährleistet sei und damit keine Einwirkung im Sinne des Gesetzes darstellen könne[74]; der Ausschluss der Abwehrfähigkeit nach § 1004 BGB liege in der Systematik des zivilen Nachbarschaftsrechts begründet.[75] Die Literatur entnimmt damit dem Wortlaut des § 1004 BGB oder gar des § 906 BGB nichts für eine Unterscheidung zwischen positiven und negativen Immissionen. Die Verneinung eines Anspruchs rechtfertige sich allein aus der gesetzlichen Vorgabe, dass nach der Wertung des § 903 BGB eine in den räumlichen Grenzen verbleibende Nutzung eines Grundstücks vom Eigentumsinhalt gedeckt und daher eine solche Nutzung allenfalls im Zusammenhang mit dem Gebot der gegenseitigen Rücksichtnahme zu behandeln sei. Aufgrund dessen fehle es auch an einer Gesetzeslücke mit der Folge, dass auch eine analoge Anwendung der §§ 1004, 906 BGB nicht in Betracht komme.[76]

Die Lösung erfolgt durch die Rechtsprechung weiterhin über die Grundsätze des nachbarrechtlichen Gemeinschaftsverhältnisses und wird über § 1004 BGB nur bei Verletzung von nachbarschützenden Rechtsnormen, wie z. B. landesrechtlicher Nachbarschaftsvorschriften gefunden.[77] Wegen negativer Immissionen könne nur dann ein Anspruch des Nachbarn entstehen, wenn durch diese in geschützte Rechtspositionen eingegriffen werde, deren Sinn und Zweck die Begrenzung der Nutzung des störenden Grundstücks zum Zwecke der Erweiterung der Eigentumssphäre des benachteiligten Nachbarn sei. Solche Vorschriften seien insbesondere in den Landesnachbarschaftsgesetzen enthalten.[78]

Gegen die Aussparung negativer Immissionen aus dem Beeinträchtigungsbegriff haben sich frühzeitig Stimmen[79] mit dem Argument gewandt, schon die Differenzierung in positive und negative Immissionen sei willkürlich, da es nur eine Frage der Formulierung und der Wortwahl sei, aus einer positiven eine negative und umgekehrt aus einer negativen eine positive Immission zu machen. Beispielhaft wird angeführt,

70 Vgl. BGHZ 51, 396, 397; 54, 56, 59; 88, 344, 346; 95, 307, 309; 113, 384, 388; NJW 1991,1671, 1672; NJW 1992, 2568

71 RGZ 55, 225, 228; 57, 239, 240; 76, 130, 131; 155, 159;

72 Schon RGZ 98, 15; vgl. vor allem BGHZ 88, 344, 345 ff. m w. N.

73 MüKo/Säcker § 906, Rn. 29

74 BGHZ 88, 344, 347; Erman/Hefermehl § 1004, Rn. 12; Soergel/Baur § 906, Rn. 33; Ring, Rn. 21; Erman/Hagen/Lorenz § 906, Rn. 9

75 MüKo/Medicus § 1004, Rn. 29; Jauernig, JZ 1986, 605, 609; Staudinger/Gursky § 1004, Rn. 65; Soergel/Mühl § 1004, Rn. 36; Kimminich/von Lersner/Storm, Bd. II, Spalte 688, 699

76 BGHZ 88, 344, 347

77 Vgl. zuletzt etwa BGHZ 113, 384 – Kaltluftsee

78 Vgl. die Zusammenstellung bei Staudinger/Gursky § 1004, Rn. 68

79 Baur/Stürner § 25 IV 2 e, ee; AK/Winter § 906, Rn. 36; AK/Kohl § 1004, Rn. 47; Wolf, Rn. 143; Klindt, ZMR 1993, 204 ff.; Tiedemann, MDR 1978, 272 ff.; Pleyer, JZ 1959, 305, 306

dass etwa der Entzug von Licht nichts anderes als die Zuführung von Schatten sei.[80] Außerdem umfasse der Begriff der »Beeinträchtigung« als eine Art Sammelbegriff eben alle denkbaren Beeinträchtigungen; gleiches gelte für den Begriff der »Einwirkung« des § 903 BGB.[81]
Dass negative Immissionen in den Anwendungsbereich von § 906 BGB fallen, wird auch von dieser Meinung allerdings nicht vertreten[82], sodass sie die Frage beantworten muss, ob damit negative Immissionen sogar uneingeschränkt abwehrfähig sind.
Hier treffen sich letztlich beide Ansichten wieder, da diejenigen, die die negativen Einwirkungen von vorneherein in den Abwehrtatbestand von § 1004 BGB einbeziehen, hier dennoch Begrenzungen annehmen wollen und hierfür auf eine »dogmatisch noch zu entwickelnde Duldungspflicht i. S. d. § 906 BGB« verweisen[83] oder die Maßstäbe des § 906 BGB einfach übertragen wollen[84], während diejenigen, die in negativen Einwirkungen keine Eigentumsbeeinträchtigung sehen, durchaus nicht annehmen, dass eine Abwehr negativer Immissionen – auch außerhalb des Verstoßes gegen Landesnachbarschaftsgesetze – gänzlich unmöglich sein muss.
Letztere Auffassungen sehen die Möglichkeit der Untersagbarkeit von negativen Immissionen im Zusammenhang mit dem Grundsatz des nachbarrechtlichen Gemeinschaftsverhältnisses. Entweder wird ein Anspruch aus diesem Grundsatz unmittelbar hergeleitet[85] oder aber durch diesen Grundsatz die Nutzungsbefugnis des Emittenten begrenzt, wobei dies aber zur Anspruchsherleitung aus § 1004 I BGB zwingt.[86] Unabhängig von der dogmatischen Begründung des Anspruchs soll für einen solchen Anspruch von entscheidender Bedeutung sein, ab welcher Intensität eine relevante Rechtsüberschreitung und damit ein Untersagungsanspruch gegeben sein soll. Teilweise wird die Übertragung des im öffentlichen Baurecht geltenden Rücksichtnahmegebots befürwortet[87], während die Gegenauffassung auch hierin – in den Grundsätzen des § 906 BGB sowieso – eine zu weitgehende Einschränkung der Nutzungsmöglichkeit befürchtet und einen Abwehranspruch nur bei einer grob rücksichtslosen und damit rechtsmissbräuchlichen Ausübung der Eigentumsrechte in Betracht ziehen will.[88]

bb. Österreich

In Österreich ist das Ähnlichkeitskriterium von besonderer Bedeutung, denn hier hängt die Abwehrfähigkeit negativer Immissionen von der Einordnung in § 364 II ABGB ab, während – wie gesehen – in Deutschland die Einordnung in § 1004 BGB die entscheidende ist.

---

80 AK/Winter § 906, Rn. 36 m w. N.; AK/Kohl § 1004, Rn. 47
81 So Tiedemann, MDR 1978, 272, 274; Wolf, Rn. 143
82 Anders nur Rathjen, MDR 1974, 453, 455
83 Klindt, ZMR 1993, 204, 206
84 Pleyer, JZ 1959, 305, 306
85 BGHZ 28, 110, 114; 68, 350, 353; Soergel/Mühl § 1004, Rn. 36, 66; Palandt/Bassenge § 903, Rn. 9; Erman/Hefermehl § 1004, Rn. 12; Ring, Rn. 22
86 So Staudinger/Gursky § 1004, Rn. 67; Picker, S. 111 f.; Staudinger/Roth § 906, Rn. 126
87 Staudinger/Roth § 906, Rn. 127 f.
88 So OLG Düsseldorf NJW 1979, 2618; Staudinger/Gursky § 1004, Rn. 67; Jauernig/Jauernig § 903 Anm. 3

Am deutschen BGH orientiert, lehnt der OGH[89] die Einbeziehung negativer Immissionen in den Tatbestand des § 364 II ABGB ab. Der OGH stützt sich vor allem darauf, dass negative Immissionen den beispielhaft aufgezählten Imponderabilien eben nicht »ähnlich« seien, da sie nicht auf das belastete Grundstück eindringen, diesem nicht zugeführt würden. Vielmehr werde nur etwas entzogen, was aber ersichtlich nicht in den Schutzbereich des zivilen Nachbarrechts falle. Diese Argumentation wird von Teilen der Literatur übernommen.[90]

Dass der Ausschluss negativer Immissionen in den Anwendungsbereich jedoch gelegentlich zu Ergebnissen führt, die für korrekturbedürftig gehalten werden, ist daran zu erkennen, dass es eine Reihe von Entscheidungen[91] gibt, in denen der OGH zumindest so interpretiert wird als habe er negative Immissionen als tatbestandsrelevant anerkannt. Eine Änderung der Rechtsprechung war vom OGH jedoch nicht beabsichtigt, er bemühte sich, in den Entscheidungen das Vorliegen negativer Immissionen jeweils zu verneinen, was insbesondere in einer Entscheidung zur Störung durch den Entzug von Grundwasser als nicht mehr gelungen erachtet wird. Hier führt der OGH aus, dass das Absenken des Grundwasserspiegels keine negative Immission sei, vielmehr der Zuleitung von Wasser und damit eines sinnlich wahrnehmbaren Stoffs auf mechanischem oder physikalischem Weg gleichzuhalten sei und daher begrifflich eine Immission im Sinne des § 364 ABGB darstelle.[92] Spätestens seit dieser Entscheidung sieht ein Großteil der österreichischen Literatur einen Wandel der Rechtsprechung eingeleitet.[93]

Eine im Vordringen befindliche Ansicht will die negativen Immissionen jedenfalls aus teleologischen Gesichtspunkten in den Anwendungsbereich des § 364 II ABGB einbeziehen.[94] Wie in Deutschland wird auch hier vielfach argumentiert, dass es negative Immissionen begrifflich gar nicht gebe.[95]

Darüber hinaus aber folge gerade aus dem Sinn und Zweck des Nachbarschaftsrechts, den Nachbarn vor wesentlichen Beeinträchtigungen zu bewahren und andererseits eine ortsübliche Nutzung zu ermöglichen, dass hinsichtlich der Frage der Ähnlichkeit einer Immission nicht auf die Vergleichbarkeit der Konsistenz der Stoffe abgestellt werden dürfe, sondern allein darauf, ob die Einwirkung in gleicher oder ähnlicher Weise geeignet sei, die Grundstücksnutzung auf der Nachbarliegenschaft zu beeinträchtigen.[96] Zusätzlich wird angemerkt, dass ein sachenrechtlicher Anspruch nicht den Eingriff in eine Sache voraussetze, sondern einen Eingriff in ein dingliches Recht. Da ein solches in § 354 ABGB in der ungestörten Grundstücksnutzung zu sehen sei, werde durch die Beeinträchtigung mit negativen Immissionen die unbeschränkte Nutzung vereitelt, mithin in ein den Untersagungsanspruch auslö-

---

89 OGH SZ 40/116; 44/22; MietSlg. 33.023; 35.025; 35.024; EvBl. 1962/157; 1971/90

90 Rummel/Spielbüchler § 364, Rn. 10; Kerschner, in Hanreich/Schwarzer, S. 46; Janovsky, S. 273 f.; Klang/Klang II, S. 170; Ehrenzweig, S. 131, Feil, Rn. 19, Gamsjäger, S. 118

91 U. a. OGH SZ 57/179; OGH SZ 69/220; OGH JBl 1989, 646 für den Fall eines Windbruchs durch Rodung des Nachbargrundstücks

92 OGH SZ 69/220

93 Stefula, S. 38; Schwimann/Oberhammer § 364, Rn. 6

94 Insbesondere Jabornegg/Strasser, S. 27 f.; Jabornegg, ÖJZ 1983, 367; zustimmend Gimpel-Hinteregger, S. 269; Schwimann/Mell, S. 67; Schwimann/Oberhammer § 364, Rn. 6

95 Jabornegg/Strasser, S. 27

96 Jabornegg/Strasser, S. 27 ff.

sendes dingliches Recht eingegriffen.[97] Es gibt auch Stimmen, die für eine »vorsichtige Analogie«[98] zu § 364 II 1 ABGB für negative Immissionen, jedenfalls für »gravierende Eingriffe«[99] plädieren.

c. Ideelle Einwirkungen

Der zu den negativen Immissionen dargestellte Meinungsstreit setzt sich im Bereich der so genannten »ideellen« Immissionen gewissermaßen fort. Auch hier ist hauptsächlich in der Literatur umstritten, ob diese Art von Immissionen über die §§ 364 II ABGB bzw. 1004 I, 906 BGB abwehrfähig sind.
Unter ideellen Immissionen, die auch als »immaterielle«, »psychische« oder »moralische« bezeichnet werden, versteht man solche Einwirkungen nicht gegenständlicher Art, die durch Vorgänge oder Zustände auf einem Grundstück hervorgerufen werden, indem sie das seelische Empfinden des Nachbarn beeinträchtigen, beispielsweise die Darbietung abstoßender, unästhetischer oder das Schamgefühl verletzender Anblicke.[100] Übereinstimmung besteht zwischen den unterschiedlichen Ansichten darüber, dass es sich bei diesen Immissionen um solche handelt, die auf das subjektive Empfinden des Betroffenen einwirken. In der Regel wird dabei zwischen Einwirkungen, die das ästhetische und solchen, die das sittliche Empfinden beeinträchtigen unterschieden.
Systematisch gilt für den Ansatz der Diskussion nichts anderes als für die zuvor behandelten negativen Immissionen, jedoch zieht sich die argumentative Trennlinie in Österreich und Deutschland hier deutlich unabhängig von dieser Systematik noch weniger zwischen den Ländern, als vielmehr zwischen der Rechtsprechung und älteren Literatur einerseits und dem neueren Schrifttum andererseits, weshalb sich die folgende Darstellung daran orientiert.

aa. Ständige Rechtsprechung und Teile der Literatur

Die ständige Rechtsprechung beider Länder verneint die Einbeziehung ideeller Immissionen in die Abwehransprüche des zivilen Nachbarschaftsrechts.[101] Sie stützt sich vornehmlich auf die fehlende Ähnlichkeit zu den in § 364 II ABGB und § 906 BGB genannten Immissionen[102], wobei sich der Akzent in Deutschland im Hinblick auf die wegen § 1004 BGB systemwidrige Argumentation mittlerweile etwas verschoben hat.[103] Ideelle Immissionen beträfen jedenfalls nur das Empfinden, nicht das gesundheitliche Wohlbefinden der auf dem Grundstück befindlichen Personen und auch nicht das Grundstück und die darauf befindlichen Sachen. Diese Empfindungs-

---

97 So Schwimann/Oberhammer § 364, Rn. 6

98 Gschnitzer, S. 66

99 E. Wagner, bbl 1999, 171,178

100 Vgl. für Österreich: OGH SZ 40/116; Schwimann/Oberhammer § 364, Rn. 6; Jabornegg, ÖJZ 1983, 367; Kerschner, in Hanreich/Schwarzer, S. 46; Rummel/Spielbüchler § 364, Rn. 9; Weinberger, S. 19; vgl. für Deutschland: BGHZ 54, 56, 59; 95, 307; MüKo/Medicus § 1004, Rn. 30; Staudinger/Gursky § 1004, Rn. 74; Palandt/Bassenge § 903, Rn. 10; Staudinger/Roth § 906, Rn. 24; Ring, Rn. 24; Soergel/Mühl § 906, Rn. 33; Erman/Hefermehl § 1004, Rn. 13; Schwab/ Prütting § 28 II 1 c

101 Vgl. für Österreich: OGH SZ 40/116; 51/114; MietSlg 35.024; vgl. für Deutschland: BGHZ 51, 396, 397 f.; 54, 56, 59 ff.; 95, 307, 308 ff.; NJW 1975, 170

102 OGH SZ 44/22, RGZ 76, 130, 131 f.

103 Siehe bei Staudinger/Gursky § 1004, Rn. 76

störungen unterfielen aber nicht dem negatorischen Eigentumsschutz, und zwar selbst dann nicht, wenn sich ein Wertverlust des Grundstücks darauf gründe.[104] Danach fallen die ideellen Immissionen also wie die negativen Immissionen eigentlich schon aus dem Beeinträchtigungsbegriff des § 1004 BGB heraus; entsprechend wird gefolgert, das Eigentum an einem Grundstück werde durch die Einschränkung des Ausschließungsrechts bei negativen und ideellen Immissionen inhaltlich begrenzt.[105]
Der strengen Ablehnung der Qualifikation ideeller Immissionen als Eigentumsbeeinträchtigung folgt das Schrifttum heute nicht mehr.[106]
In Deutschland können sich die Gegner eines aus dem Eigentum folgenden Abwehranspruchs damit helfen, dass das allgemeine Persönlichkeitsrecht einen quasinegatorischen Abwehranspruch begründet; dieser soll in diesen Fällen zur Anwendung von § 1004 BGB verhelfen.[107] In Österreich dagegen setzt sich die Zuerkennung von Unterlassungsansprüchen gestützt auf Persönlichkeitsrechte wie z. B. das Recht der Ehre, erst langsam durch.[108]
Ein Problem wird – insbesondere in der Rechtsprechung[109] – darin gesehen, dass die Einbeziehung ideeller Immissionen zu einer uferlosen Ausweitung der negatorischen Abwehransprüche führen würde, sodass auch der restriktiven Rechtsprechung kritisch gegenüberstehende Literaturstimmen zugestehen, dass die »erwägenswerte Einbeziehung des ideellen Bereichs in den Eigentumsschutz«[110] doch zugunsten anderer Lösungen zurücktreten müsse. Es wird aber bezweifelt, ob es ausreicht, eben nur krasse Fälle sittlicher Beeinträchtigung über das allgemeine Persönlichkeitsrecht direkt zu lösen[111] und gestörtes ästhetisches Empfinden immer erst in einer einen Anspruch aus § 226 BGB rechtfertigenden Dimension als abwehrfähig (Beseitigung nach § 249 BGB)[112] anzuerkennen.

bb. Neuere Ansicht der Lehre

Ein Teil der Literatur in Österreich und Deutschland will deshalb die ideellen Immissionen zunächst allesamt unter die Vorschriften der nachbarrechtlichen Abwehransprüche subsumieren.[113]
Wie bei den negativen Immissionen sei auch hier vom Sinn und Zweck der nachbarrechtlichen Vorschriften auszugehen, nämlich der Nutzungserhaltung des Grundstückseigentums. Dies habe unter Berücksichtigung der Vergleichbarkeit des Ein-

---

104 BGHZ 95, 307, 310

105 Vgl. Palandt/Bassenge § 903, Rn. 8

106 Noch in der Nähe der Rechtsprechungsmeinung: vgl. für Österreich: Rummel/Spielbüchler § 364, Rn. 9, Kerschner, in Hanreich/Schwarzer, S. 45; vgl. für Deutschland: MüKo/Säcker § 906, Rn. 29; MüKo/Medicus § 1004, Rn. 31

107 Soergel/Mühl § 1004, Rn. 33; Staudinger/Roth § 906, Rn. 132

108 OGH SZ 56/63; SZ 56/124

109 BGHZ 51, 396

110 Staudinger/Gursky § 1004, Rn. 78

111 Staudinger/Gursky § 1004, Rn. 78

112 Staudinger/Gursky § 1004, Rn. 78; insoweit übereinstimmend mit MüKo/Medicus § 1004, Rn. 31; Künzl, NJW 1984, 774

113 Vgl. für Österreich: Jabornegg, ÖJZ 1983, 368; Jabornegg/Strasser, S. 27; Gimpel-Hinteregger, S. 269; Schwimann/Oberhammer § 364, Rn. 6; vgl. für Deutschland: Erman/Hefermehl § 1004, Rn. 13; Jauernig/Jauernig § 906 Anm. 1 b allerdings in Abhängigkeit einer schon über die generelle Subsumtion entscheidende Intensitätsprüfung; ders., JZ 1986, 605, 606 ff.; Wolf, Rn. 237; Baur/Stürner § 25 IV 2 b, cc; Soergel/Mühl § 1004, Rn. 33 ff.

flusses von Immissionen wie z. B. dem Anblick oder der Art der Umgebung auf die Grundstücksnutzung mit denen sonstiger anerkannter Einwirkungen, wie z. B. Licht oder Lärm, zur Folge, dass solche als eigentumsbeeinträchtigende Immissionen im Sinne des Nachbarschaftsrechts anzuerkennen und unter den weiteren Voraussetzungen abwehrfähig seien.[114] Dies habe gerade auch unter Berücksichtigung des Umstandes zu erfolgen, dass durch ideelle Immissionen ebenso wie durch negative Immissionen das dingliche Nutzungsrecht an solchen betroffenen Grundstücken beeinträchtigt werden könne.[115] Eine Einwirkung könne auch nicht unter Hinweis auf die auf das störende Grundstück beschränkte Nutzung abgelehnt werden, da die Immissionen immerhin grenzüberschreitend Wirkung entfalten würden.[116]
Unterschiedliche Ergebnisse werden übereinstimmend für ästhetische Belästigungen einerseits und sittliche Belästigungen andererseits erreicht. Während die letzteren sich im Rahmen der weiteren Voraussetzungen vielfach als untersagbar herausstellen, soll dies bei ästhetischen Beeinträchtigungen aufgrund der regelmäßig fehlenden Wesentlichkeit nicht der Fall sein.[117]

d. Zwischenergebnis

Der Problemkreis betreffend negative und ideelle Einwirkungen hat überhaupt erst an Bedeutung gewonnen, weil aufgrund des technischen Fortschritts und auch der zunehmenden Bevölkerungs- wie Bebauungsdichte Situationen bzw. Fälle entstehen, mit denen der Gesetzgeber vor hundert Jahren noch nicht rechnen konnte. Störungen von Fernsehempfang und Solaranlagen sind Beeinträchtigungen, die durchaus schwerwiegend und auch von anderer Qualität als »bloßer« Lichtentzug sind. Für die neueren Ansichten, die die nachbarschützenden Vorschriften vor allem verstanden wissen wollen als umfassenden Schutz vor allen Beeinträchtigungen, die die Nutzung des eigenen Grundstücks mindestens in ähnlicher Weise wie die in § 364 II ABGB oder § 906 BGB genannten Imponderabilien beeinträchtigen, spricht also, dass die Beeinträchtigungsintensität negativer oder ideeller Immissionen ohne weiteres der anderer Imissionen vergleichbar sein kann. An Wortlaut und Systematik der einschlägigen Regelungen zeigt sich aber, dass eine Gesetzeslücke, die eine Ausweitung des Anwendungsbereichs aufgrund vom Gesetzgeber nicht in ausreichendem Maße bedachter geänderter Verhältnisse erst ermöglicht, nicht vorliegt.
Unabhängig von der teilweise systemwidrigen Argumentation mit § 906 BGB statt mit § 1004 BGB geht es eben weder in § 906 BGB noch in § 364 II ABGB um ähnlich beeinträchtigende Einwirkungen, sondern um ähnliche Einwirkungen. Den genannten Immissionen ähnlich sind die umstrittenen Kategorien nicht, auch wenn es auf den ersten Blick nachvollziehbar erscheint, dass eine Unterscheidung zwischen Lichtentzug und Schattenzuführung willkürlich sei. Schatten wird aber eben doch nicht

---

114 Vgl. für Österreich insb. Jauernigg, ÖJZ 1983, 368; Jabornegg/Strasser, S. 27 und der Argumentation folgend Gimpel-Hinteregger, S. 269; Schwimann/Oberhammer § 364, Rn. 6; vgl. für Deutschland: Erman/Hefermehl § 1004, Rn. 13; Jauernig, JZ 1986, 605, 606 ff.

115 Schwimann/Oberhammer § 364, Rn. 6

116 Schwimann/Oberhammer § 364, Rn. 6

117 Vgl. für Deutschland: Erman/Hefermehl § 1004, Rn. 13, Jauernig/Jauernig § 906, Rn. 1; vgl. für Österreich: Schwimann/Oberhammer § 364, Rn. 6

»zugeführt«, er fällt schlichtweg.[118] Und selbstverständlich wird jeder von einströmendem Ruß Gestörte nicht den Entzug von Frischluft, sondern das Herumschwirren der Partikel als Quelle seiner Beeinträchtigung nennen. Nicht die Abgrenzung der Einwirkungen ist hier willkürlich, sondern die angeblich leichte Austauschbarkeit von positiver und negativer Immission wirkt bemüht. Unbefangen würden durchaus die negativen Immissionen eher Aus- denn Einwirkungen zugeordnet werden.
Letztlich entscheidend und erklärend, warum auch unter § 1004 BGB negative und ideelle Immissionen nicht fallen, ist jedoch die Systematik. Denn da sich in den §§ 907 ff. BGB spezielle Vorschriften für solche Beeinträchtigungen finden, die aufgrund einer Nutzung des Nachbargrundstücks entstehen, die sich in dessen Grenzen hält, ist entschieden, dass Abwehransprüche in den übrigen Fälle nicht bestehen, hier vielmehr das Eigentum am betroffenen Grundstück inhaltlich begrenzt ist. Dies entspricht der grundsätzlichen Abwägung zwischen Ausschließungs- und Nutzungsrecht dahin, dass letzteres bei grenzüberschreitender Nutzung zurücktritt und umgekehrt ersteres gegenüber einer sich in den Grundstückgrenzen haltenden Nutzung. In Österreich gilt nichts anderes. Hier kann z. B. auf § 364 b ABGB hingewiesen werden, der eine ausdrückliche Regelung für Bodenvertiefungen, die auf dem Nachbargrundstück zur Bauwerksabsackung führen, trifft.
Die Notwendigkeit der Erstreckung des Anwendungsbereichs ist jedenfalls für das deutsche Recht auch nicht ersichtlich. Die Rechtsinstitute des nachbarschaftlichen Gemeinschaftsverhältnisses und des allgemeinen Persönlichkeitsrechts ermöglichen eine im Einzelfall gebotene oder erforderliche Anerkennung einer Rücksichtnahmeverpflichtung des belastenden Nachbarn bei einer grenzüberschreitenden Nutzung des emittierenden Grundstücks, die jedoch wiederum im Lichte der umfassenden Eigentumsnutzungsfreiheit betrachtet und daher strengeren Anforderungen als denen der §§ 364 II ABGB bzw. 906 I BGB unterworfen sein muss. Hier hat im konkreten Einzelfall eine Abwägung der sich gegenüberstehenden grundgesetzlich geschützter Rechtspositionen der jeweiligen Nachbarn in den genannten Instituten zu erfolgen.
Soweit in Österreich ein »Auffangen« ausgleichsbedürftiger Interessenlagen durch andere Institute nicht im gleichen Maße gewährleistet ist, kann trotzdem nur an Maßnahmen *de lege ferenda* gedacht werden; die Ausdehnung des Anwendungsbereichs von § 364 II ABGB durch teleologische Auslegung findet in der Einbeziehung negativer und ideeller Immissionen eine Grenze, da in Wahrheit nicht die Norm in Richtung auf ihren Schutzzweck hin, sondern der Schutzzweck selbst ausgedehnt wird.

4. Zusammenfassung

Als untersagbare Immissionen im Sinne der §§ 364 II ABGB bzw. 1004, 906 BGB kommen nur solche in Betracht, die den aufgezählten Einwirkungen ihrem Wesen nach vergleichbar und jedenfalls mittelbar auf menschliches Verhalten zurückzuführen sind; diese können am umfassendsten und unter Inkaufnahme einer marginalen sprachlichen Unsicherheit die Wägbarkeit von Kleinstpartikeln betreffend als Imponderabilien bezeichnet werden. Nicht in den Anwendungsbereich fallen im allgemei-

118 »Die Vorstellung, dass Schatten immittiert wird, ist Selbstbetrug«, Rummel/Spielbüchler § 364, Rn. 10

nen immer untersagbare grobkörperliche Immissionen. Umgekehrt gelten als prinzipiell nicht abwehrfähige Immissionen solche, die allein auf Naturzustände zurückzuführen, also unabhängig von menschlichen Wirken entstanden sind.
Untersagbar unter den weiteren Voraussetzungen der §§ 364 II ABGB bzw. 1004, 906 BGB sind nur positive Immissionen. Negative und ideelle Immissionen sind aufgrund der allgemeinen Systematik der Eigentumsordnung beider Länder nicht aufgrund spezifisch nachbarschutzrechtlicher Vorschriften – soweit sie eben Eigentumsbeeinträchtigungen voraussetzen – untersagbar. Aus diesen Eigentumsordnungen ergibt sich, dass nur solche Störungen abwehrfähig sind, die auf Nutzungen zurückzuführen sind, die sich nicht im Rahmen der eigenen Grundstücksgrenzen bewegen. Da die Nutzung bei negativen und ideellen Immissionen jedoch grundstücksbezogen bleiben, kommt eine Untersagung nicht in Betracht. Die Ausdehnung des Nachbarschutzes in diese Richtung ist nicht mehr teleologische Auslegung sondern verlangt nach dem Gesetzgeber.

II. Das Kriterium der Wesentlichkeit

Nach beiden Rechtsordnungen ist, wie dargestellt, Bestandteil eines nachbarrechtlichen Abwehranspruchs, dass eine Eigentumsbeeinträchtigung vorliegt, die von einem anderen Grundstück ausgeht. Welcher Art die Beeinträchtigung sein muss, um nach den einschlägigen Vorschriften abgewehrt werden zu können, ist zwar bereits geklärt worden, jedoch ist nicht jede Einwirkung dieser Art ausreichend. In Österreich wie in Deutschland werden nämlich zusätzlich bestimmte Anforderungen an die Intensität der Immission gestellt.
In § 364 II ABGB ist formuliert:

> der Eigentümer eines Grundstücks kann dem Nachbarn die von dessen Grund ausgehenden Einwirkungen [...] insoweit untersagen, als sie das nach den örtlichen Verhältnissen gewöhnliche Maß überschreiten und die ortsübliche Benutzung des Grundstücks wesentlich beeinträchtigen.

In Deutschland heißt es in § 906 I BGB:

> Der Eigentümer eines Grundstücks kann die Zuführung von [...] Einwirkungen insofern nicht verbieten, als die Einwirkung die Benutzung seines Grundstücks nicht oder nur unwesentlich beeinträchtigt.

Der Begriff »wesentlich« taucht im Tatbestand der österreichischen Anspruchsnorm also im Zusammenhang mit der Beeinträchtigung der ortsüblichen Benutzung des gestörten Grundstücks auf. Diese ortsübliche Benutzung muss nach dem Wortlaut durch die Einwirkung »wesentlich« beeinträchtigt sein, damit letztere abgewehrt werden kann.
Die deutsche Regelung, die ja umgekehrt jene Einwirkungen beschreibt, die zu dulden sind, also nicht abgewehrt werden können, bestimmt entsprechend, dass alle Einwirkungen, die »die Benutzung nicht oder nicht wesentlich beeinträchtigen« geduldet werden müssen.
In beiden Fällen ist somit zu prüfen, ob die Einwirkung eine wesentliche Beeinträchtigung darstellt, wobei die österreichische Norm zusätzlich bereits durch ihren Wortlaut eingrenzt, dass die wesentliche Beeinträchtigung gerade die ortsübliche Nutzung des Grundstücks betreffen muss.

Damit lässt sich vom Wortlaut her, der die Wesentlichkeit – der jeweiligen Systematik entsprechend hier positiv mit der Folge des Vorliegens der Tatbestandsvoraussetzungen der Anspruchsnorm und dort negativ mit der Folge des Vorliegens des Einredetatbestandes – formuliert, inhaltlich noch kein Unterschied bezüglich des Wesentlichkeitskriteriums feststellen, denn alles, was wesentlich ist, ist gleichzeitig nicht nicht wesentlich bzw. unwesentlich. Zu untersuchen ist, inwieweit sich dennoch aufgrund der von der österreichischen Norm ausdrücklich geforderten »ortsüblichen« Nutzung, die wesentlich beeinträchtigt sein muss, der gesetzlichen Systematik sowie der jeweiligen Auslegung und Rechtspraxis Unterschiede zeigen.
Auf die Bedeutung des Tatbestandsmerkmal der Wesentlichkeit der Beeinträchtigung der Nutzungsmöglichkeit in den beiden Rechtsordnungen soll nun im Folgenden eingegangen werden.

1. Die Wesentlichkeit als Tatbestandsmerkmal von § 906 BGB

Die weiteren Anspruchsvoraussetzungen eines Unterlassungs- oder Beseitigungsanspruchs nach §§ 1004 I, 906 BGB sind nur dann zu erörtern, wenn eine wesentliche Beeinträchtigung des betroffenen Grundstücks positiv festgestellt werden konnte; wird das Grundstück demgegenüber nicht oder nur unwesentlich beeinträchtigt, ist dies jedenfalls entschädigungslos gemäß § 906 I 1 BGB hinzunehmen.[119]

a. Gegenstand und Bedeutung der Wesentlichkeitsprüfung

Damit wird das Merkmal der Wesentlichkeit bei der Beeinträchtigung durch Imponderabilien zum »Eingangstor« für den nachbarrechtlichen Abwehranspruch.
Wie bereits festgestellt wurde[120], ist in § 906 BGB als rechtshindernde Einwendung keine dem § 364 II ABGB entsprechende positive Formulierung hinsichtlich der Frage der Wesentlichkeit von Immissionen für das betroffenen Grundstück gewählt worden, sondern eine negative.[121]
Gemäß § 906 I 1 BGB können Immissionen der genannten Art insoweit nicht vom Grundstückseigentümer des belasteten Grundstücks untersagt werden, »als die Einwirkung die Benutzung seines Grundstücks nicht oder nur unwesentlich beeinträchtigt«.
Positiv formuliert bedeutet dies, dass ein Anspruch aus § 1004 I BGB prinzipiell nur dann in Betracht kommen kann, wenn eine wesentliche Immission vorliegt; bei einer nur unwesentlichen scheidet der Anspruch aus, weil Beeinträchtigungen dann immer nach § 906 BGB geduldet werden müssen.
Ist eine wesentliche Immission anzunehmen, so kommt gemäß § 906 II 1 BGB ein Unterlassungsanspruch dennoch dann nicht in Betracht, wenn diese durch eine ortsübliche Benutzung des anderen, d. h. emittierenden Grundstücks herbeigeführt wird und nicht durch wirtschaftlich zumutbare Maßnahmen unterbunden werden kann.
In diesen Fällen ist die Immission hinzunehmen, ohne dass es auch auf die Ortsüblichkeit der Nutzung des belasteten Grundstücks ankäme.

---

119 Staudinger/Roth § 906, Rn. 157; MüKo/Säcker § 906, Rn. 30; Erman/Hagen/Lorenz § 906, Rn. 14; Palandt/Bassenge § 906, Rn. 16; Raeschke-Kessler/Hamm/Grüter, Rn. 4; Versen, S. 19
120 Vgl. oben C. I.
121 Nicht zuletzt aus beweisrechtlichen Gründen, so Seidel, Rn. 893

Während in Österreich also schon zur grundsätzlichen Begründung eines Anspruchs des betroffenen Nachbars die Wesentlichkeit der Beeinträchtigung und die Ortsüblichkeit der Nutzung und der Immission kumulativ vorliegen müssen, kommt es zur Begründung eines Anspruchs des Nachbarn aus § 1004 I BGB in Deutschland auf diese Merkmale zunächst nicht an. Vielmehr sind sie für den emittierenden Nachbarn von Bedeutung, der bei unwesentlichen Immissionen jedenfalls den Anspruch des Klägers (= betroffener Nachbar) hindern kann. Erst wenn die Wesentlichkeitsgrenze der Beeinträchtigung der Nutzung des belasteten Grundstücks überschritten ist, wird das Merkmal der Ortsüblichkeit relevant. Die Ortsüblichkeit wird in Deutschland, anders als in Österreich, jedoch zunächst auf das emittierende Grundstück bezogen (§ 906 II 1 BGB). Erst bei der Frage, ob der Beeinträchtigte aufgrund seiner Duldungsverpflichtung einen Anspruch auf Entschädigung hat, wird die Frage der Ortsüblichkeit seiner eigenen Grundstücksnutzung relevant (§ 906 II 2 BGB).

b. Gesetzliche Regelvermutung

Durch das SachenrechtsänderungsG vom 21. September 1994[122] wurden in § 906 I BGB die Sätze 2 und 3 eingefügt. Danach ist jetzt eine unwesentliche Beeinträchtigung in der Regel anzunehmen, wenn »die in Gesetzen oder Rechtsverordnungen festgelegten Grenz- oder Richtwerte von den nach diesen Vorschriften ermittelten Einwirkungen nicht überschritten werden.« Gleiches gilt für Werte in allgemeinen Verwaltungsvorschriften, die aufgrund des § 48 des Bundes-Immissionsschutzgesetzes erlassen worden sind und dem Stand der Technik entsprechen. Eine derartige Regelung fehlt in Österreich.

Durch diese Unwesentlichkeitsvermutung, die nur im Fall der Unterschreitung greift und die vor allem Bedeutung für die Frage der Beweislast hat[123], wird der Tatrichter jedoch nicht von seiner Aufgabe entbunden, im Einzelfall die Wesentlichkeit bzw. Unwesentlichkeit positiv festzustellen, d. h. die Besonderheiten des Einzelfalls sind zu berücksichtigen, eine schematische Lösung verbietet sich.[124]

Bei unterschrittenen Grenz- und Richtwerten besteht nach dem Wortlaut des Gesetzes »in der Regel« allein aus den Messergebnissen heraus kein hinreichender Anhaltspunkt für die Annahme einer wesentlichen Beeinträchtigung. Dennoch zwingt die Unterschreitung nicht dazu, eine Beeinträchtigung als unwesentlich einzustufen. Sie bietet nur einen Anhalt, der im Rahmen der freien richterlichen Beweiswürdigung im Zusammenhang mit anderen Beweisantritten widerlegt werden kann.[125] So führt auch bei unterschrittenen Grenzwerten eine auf die Immission zurückzuführende erhebliche Sachbeschädigung zu einer wesentlichen Beeinträchtigung.[126] Trotz unterschrittener Grenz- und Richtwerte soll eine wesentliche Beeinträchtigung dann vorliegen, wenn Immissionen gegeben sind, die die Zumutbarkeitsgrenze überschreiten.[127]

---

122 BGBl. I, S. 2457

123 Vgl. unten G. I.

124 BT-Drucks. 12/7425, 87; Erman/Hagen/Lorenz § 906, Rn. 17; Hagen, ZfIR 1999, 413 ff.; Staudinger/Roth § 906, Rn. 167; H.Weber/C.Weber 1995, 20, 21; Horst, Rn. 635; Petersen, NJW 1998, 2099 f.

125 BGH NJW 1995, 132; Erman/Hagen/Lorenz § 906, Rn. 16

126 Vgl. BGH WM 1999, 554; NJW 1999, 1029; Erman/Hagen/Lorenz § 906, Rn. 16

127 So Horst, Rn. 635

Werden Grenz- und Richtwerte hingegen überschritten, so verbleibt es bei den von der Rechtsprechung entwickelten Grundsätzen mit der Annahme einer indiziellen Wirkung; die Wesentlichkeit ist zwar in der Regel anzunehmen, jedoch im Einzelfall zu begründen.[128] Auch hier verbietet sich eine schematische Lösung.[129] Jedoch wird in diesen Fällen eine Erleichterung der Beweisführung für den Betroffenen angenommen.[130]

Eine andere Ansicht nimmt bei anzuwendenden Richtwerten, die den Gebietscharakter des betroffenen Grundstücks bereits mitberücksichtigen (wie dies insbesondere bei Rechtsverordnungen, die aufgrund § 48 BImSchG erlassen wurden, der Fall ist) allerdings an, dass diese Richt- und Grenzwerttabellen eine abschließende Beurteilung der Frage der Ortsüblichkeit und der Wesentlichkeit vornehmen.[131] Aufgrund dessen sei der Immissionswert entscheidend für die Frage, ob ein Nachbar die Immissionen zu dulden habe oder nicht. Bei überschrittenen Grenzwerten soll grundsätzlich eine wesentliche und ortsunübliche Immission gegeben sein, die der Nachbar nicht dulden müsse. Andererseits müsse er grenzwertunterschreitende Immissionen dulden.

Diese Ansicht verkennt jedoch, dass das Gesetz selbst nicht von dieser absoluten Bindungswirkung ausgeht und nur eine »Regelvermutung« begründet. Darüber hinaus liegt solchen Grenz- und Richtwerttabellen nur eine generalisierende Abwägung der widerstreitenden Interessen zugrunde, die im Einzelfall nicht zutreffen muss, sodass eine abweichende Bewertung des Abwägungsergebnisses erforderlich wird. Der Tatrichter wird also weiterhin andere Beweisergebnisse und konkrete Umstände in eine Gesamtbetrachtung einfließen lassen müssen, deren Ergebnis ein von der gesetzlichen Vermutung abweichendes sein kann.[132]

c. Maßstab der Wesentlichkeit

Nachdem die Bedeutung des Tatbestandsmerkmals der Wesentlichkeit im deutschen Nachbarrecht und die relativ neuen gesetzlichen Anhaltspunkte für die Wesentlichkeitsprüfung dargestellt wurden, ist nunmehr darauf einzugehen, auf welche Art und Weise die Wesentlichkeit im Übrigen praktisch bestimmt werden kann.

aa. »Differenziert-objektiver« Maßstab

Lange Zeit wurde die Wesentlichkeit einheitlich nach dem sog. »differenziert-objektiven« Maßstab aus der Sicht des Laien bestimmt.[133] In jüngerer Zeit hat zunächst eine Entwicklung in der Rechtsprechung hin zu einer Subjektivierung des Maßstabes stattgefunden. Zwar ist weiterhin nicht das subjektive Empfinden des betroffenen Grundstückeigners ausschlaggebend (»Überempfindlichkeit ist ein Los, das jeder selbst tragen muss«[134]), sondern es kommt auf das Empfinden eines Durchschnittsmenschen in der Situation des Anspruchsinhabers unter Berücksich-

---

128 Staudinger/Roth § 906, Rn. 167, 176

129 So auch BGHZ 120, 239, 256; 111, 63, 67; a. A. Horst, Rn. 634 a. E.

130 Vgl. unten G. I. 3. b und 4.

131 MüKo/Säcker § 906, Rn. 25

132 So auch Staudinger/Roth § 906, Rn. 170

133 BGHZ 97, 97, 104; 90, 259, 260 f.; 70, 102, 110 f.; Staudinger/Roth § 906, Rn. 159; Lang, AcP 174. Bd. (1974) 381, 391; Raeschke-Kessler/Hamm/Grüter, Rn. 5

134 So Erman/Hagen/Lorenz § 906, Rn. 14

tigung der tatsächlichen Verhältnisse des betroffenen Grundstücks an.[135] Das bedeutet, dass im Einzelfall bei der Bestimmung der Wesentlichkeit nicht allein die messbaren Werte ausschlaggebend sind, sondern auf die Lästigkeit aufgrund der jeweiligen Eigenart der Immission abgestellt werden muss.[136] Platz für Wertungen und Abwägungen war im Begriffsraum des »objektiv-differenzierten« Maßstabs noch nicht vorhanden.[137]

bb. Der »verständige Durchschnittsmensch« als Beurteilungsmaßstab

Der BGH[138] hat zwischenzeitlich seine Rechtsprechung dahingehend gewandelt, dass nicht länger auf einen »normalen«, sondern auf einen »verständigen« Durchschnittsmenschen abzustellen sei, mit der Folge, dass nunmehr auch nicht grundstückbezogene Umstände in die Betrachtung einbezogen werden können, wie z. B. im Fall der sog. Froschlärmentscheidung[139] das »geänderte Umweltbewusstsein«. Diese Wandlung der Rechtsprechung der Zivilgerichte wurde ausgelöst durch die Angleichung der Rechtsprechung von BVerwG und BGH hinsichtlich der Auslegung der Begriffe der »Wesentlichkeit« in § 906 I BGB und der »Erheblichkeit« in §§ 3 I, 5 I, 22 I BImSchG zum Zwecke der Harmonisierung der Rechtsprechung zum privaten und öffentlichen Nachbarrecht.[140] § 3 I BImSchG definiert schädliche Umwelteinwirkungen, die gemäß §§ 5 I Nr. 1; 22 I 1 Nr. 1 BImSchG beim Betrieb sowohl von genehmigungspflichtigen als auch nicht genehmigungspflichtigen Anlagen verhindert werden müssen, als solche, »die nach Art, Ausmaß oder Dauer geeignet sind, Gefahren, erhebliche Nachteile oder erhebliche Belästigungen herbeizuführen«. Nach der Rechtsprechung des BVerwG ist eine »erhebliche Belästigung« unter der Voraussetzung gegeben, dass eine Immission vorliegt, die dem Nachbarn auch unter Würdigung anderer öffentlicher und privater Belange, auch der Belange des Anlagenbetreibers, billigerweise nicht mehr zugemutet werden kann.[141] Diese wertende Abgrenzung durch die Rechtsprechung des BVerwG hat der BGH zum Anlass genommen, seine Rechtsprechung zu ändern und nunmehr auf das Verständnis eines »verständigen Durchschnittsmenschen« abzustellen. Dieser müsse eine umfassende Abwägung sämtlicher privater und öffentlicher Belange im Rahmen der konkreten Gegebenheiten vornehmen.[142] Die Änderung der Rechtsprechung ermöglicht es, auch Interessen der Allgemeinheit und gesetzliche Wertungen zu beachten.[143] Dies beinhaltet die Berücksichtigung von bauplanungsrechtlichen Zweckbestimmungen, einer faktischen Vorbelastung[144] (wie etwa landwirtschaftliche Gerüche in einem typi-

---

135 Erman/Hagen/Lorenz § 906, Rn. 14; Staudinger/Roth § 906, Rn 159; MüKo/Säcker § 906, Rn. 34; Lang, AcP 174. Bd. (1974), 381, 391; Wolf, S. 189; Ring, Rn. 71 f.

136 OLG Köln NJW 1998, 763, 765; LG Schweinfurt NJW-RR 1997, 1104

137 BGHZ 70, 102, 110; 69, 118, 127; Vieweg/Röthel, NJW 1999, 969

138 BGHZ 120, 239, 255; 121, 248, 255

139 BVerwGE 50, 282, 288

140 Seidel, Rn. 898; Erman/Hagen/Lorenz § 906, Rn. 15; MüKo/Säcker § 906, Rn. 34; Vieweg/Röthel, NJW 1999, 970

141 Vgl. BVerwGE 50, 282, 288; NJW 1976, 1987

142 BGHZ 111, 63, 68; 120, 239, 255; OLG Köln NJW 1998, 763, 764

143 BGHZ 120, 239, 255; BGH NJW 1993, 1656, 1658; NJW 1999, 356, 357; NJW 1999, 1029, 1030; OLG Köln NJW 1998, 763, 764; sowie BVerwG NJW 1997, 2509, 2510; MüKo/Säcker § 906, Rn. 34; Erman/Hagen/Lorenz § 906, Rn. 15

144 BGH NJW 1999, 356, 357

schen Dorfgebiet) sowie sozialer Wertigkeiten wie Belange des Umweltschutzes, das öffentliche Interesse an einer kinderfreundlichen Umgebung[145] sowie mit Blick auf das Verfassungsgebot des Art. 3 III 2 GG den Aspekt der Toleranz und Mitmenschlichkeit gegenüber behinderten Menschen.[146] Widerstreitende Grundrechtspositionen können auf diese Art und Weise bei den gebotenen Zumutbarkeitserwägungen des Gerichts im Rahmen der mittelbaren Drittwirkung bedeutsam werden.[147]
Diese Einbeziehung eines normativen Bestandteiles in die Bestimmung der Wesentlichkeit entspricht der bisherigen Rechtsprechung zur vergleichbaren Frage der Sozialbindung eines Grundstücks. Die Sozialbindung gebietet nach der Rechtsprechung des BGH[148] eine Nutzungsunterlassung, wenn ein vernünftiger und einsichtiger Eigentümer mit Rücksicht auf die besondere Situation von sich aus auf eine bestimmte Verwendung des Grundstücks verzichten würde.
Dieser Wandel der höchstrichterlichen Rechtsprechung ist bisher nicht dogmatisch begründet worden, aber überwiegend auf ein positives Echo gestoßen.[149]
Durch die Bestimmung des Merkmals der Wesentlichkeit mittels des Maßstabs des »verständigen Durchschnittsmenschen« kommt es im Rahmen der nun vorzunehmenden Abwägung der Interessen zu einer Abwägung verfassungsrechtlich geschützter, aber einander widerstreitender, Individualrechtsgüter des Emittenten und des betroffenen Grundstückseigentümers einerseits sowie zur Gegenüberstellung dieser Individualrechtsgüter mit gegenläufigen Allgemeininteressen andererseits.[150]
Diese Gegenüberstellung resultiert aus der unmittelbaren Bindung auch des privatrechtlichen Gesetzgebers an die Grundrechte[151] und der mittelbaren Drittwirkung dieser im Zivilrecht soweit ein unbestimmter Rechtsbegriff, wie ihn auch das Tatbestandsmerkmal der »Wesentlichkeit« in § 906 I BGB darstellt, definiert werden muss. Diese Bindung sowohl der Legislative als auch der Judikative an die Grundrechte bewirkt, dass entweder die Normierung von Eingriffsermächtigungen in das Eigentum an den Maßstäben der Verfassung zu messen ist, oder aber, soweit der Gesetzgeber durch unbestimmte Rechtsbegriffe die Entscheidung auf den Richter überträgt, diese bei der Auslegung des Begriffs selbst zu berücksichtigen sind.[152] Dies geschieht im Wege der verfassungskonformen Auslegung, deren Problematik bei der Auslegung zivilrechtlicher unbestimmter Rechtsbegriffe und insbesondere im zivilen Nachbarrecht darin liegt, dass sich beide Grundstücksnutzer auf Grundrechte berufen können, neben der Eigentums- und Eigentumsnutzungsfreiheit aus Art. 14 I GG insbesondere auf das Grundrecht auf berufliche Betätigungsfreiheit aus Art. 12 I GG, sowie – im Bereich der Belästigung durch informationsvermittelnde Geräusche wie die Musik eines zu Hause probenden Künstlers oder laute Gespräche – die negative

145 BGH NJW 1993, 1656, 1658; OLG Düsseldorf NJW-RR 1996, 211
146 OLG Köln NJW 1998, 763, 764
147 Vieweg/Röthel, NJW 1999, 969, 971 f.
148 BGHZ 60, 126, 130
149 Vgl. eher zustimmend: MüKo/Säcker § 906, Rn. 24, 34 f.; Palandt/Bassenge § 906, Rn. 22; Wolf, Rn. 261; Erman/Lorenz/Hagen § 906, Rn. 15; Vieweg, NJW 1993, 2570, 2572; ders./Röthel, NJW 1999, 969 ff.; Staudinger/Kohler, Einl. 298 zum UmweltHG, Abraham, S. 52; eher ablehnend: Staudinger/Roth § 906, Rn. 178, Endres, S. 41 ff.
150 Dazu ausführlich Vieweg/Röthel, NJW 1999, 969, 973
151 Vgl. hierzu BVerfGE 7, 198, 205; NJW 1998, 1475; Stern, S. 1565 ff.
152 Vgl. Stern, S. 1561

Informationsfreiheit des Betroffenen aus Art. 5 I 1GG.[153] Wird eine Gesundheitsgefährdung durch eine Immission hervorgerufen, ist zudem Art. 2 II 1 GG von besonderer Relevanz.[154] Die jeweiligen Grundrechte kommen auf Seiten des Emittenten typischerweise in ihrem abwehrrechtlichen Gehalt zum Tragen, während auf Seiten des Betroffenen die grundrechtlichen Schutzpflichten im Vordergrund stehen. Aufgabe des Richters ist es, einen Ausgleich zwischen diesen nachbarrechtlichen Nutzungsinteressen herbeizuführen.
Auf einer zweiten Stufe ist das gefundene Ergebnis unter Zugrundelegung des allgemein gültigen Verhältnismäßigkeitsprinzips an Allgemeininteressen zu messen, die ebenso Individualrechtsgüter und Nutzungsinteressen beschränken können. Als gegenläufige Allgemeininteressen kommen – wie der BGH bereits entschieden hat – insbesondere das Interesse der Gesellschaft an einer jugendfreundlichen Umgebung[155] sowie der Umweltschutz[156] in Betracht.
Diese Vorgehensweise bedeutet nicht, dass die Eigentumsrechte des Betroffenen in einem weiteren Maß beschränkt werden als dies bisher der Fall gewesen ist, da die Berücksichtigung der Allgemeininteressen nicht nur zulasten des Betroffenen zu erfolgen hat, sondern auch der Nutzung des Grundstücks des Störers entgegengehalten werden kann, wenn auf andere Art und Weise die Belastung mit Emissionen nicht zu verhindern ist.[157]
Der neue Beurteilungsmaßstab wird überwiegend als konsequente Weiterentwicklung der Postulate aufgenommen, die schon aus der Grundrechtsbindung von Gesetzgebung und Rechtsprechung sowie aus dem Gebot verfassungskonformer Auslegung folgen. Er beschränke das zivile Nachbarrecht nicht auf die Durchsetzung der beiderseitigen Freiheitsausübung, sondern erweitere es durch die Berücksichtigung des Verhältnismäßigkeitsprinzips zu einem Gebot der gegenseitigen Rücksichtnahme.[158]

cc. Konsequenzen für die Rechtspraxis

Hinsichtlich des beeinträchtigten Grundstücks ist festzuhalten, dass es auf dessen konkrete Beschaffenheit ankommt, d. h. je nach Lage, tatsächlicher Verwendung und Zwecksetzung unterschiedliche Grenzen für eine wesentliche Beeinträchtigung gelten.[159] Ob die beeinträchtigenden Immissionen durch Maßnahmen des Betroffenen mit dem Ziel der Vermeidung einer wesentlichen Beeinträchtigung der Nutzung verhindert werden können, ist immer gleichgültig.[160] Der Betroffene ist zu solchen Maßnahmen nicht angehalten, soweit er sein Grundstück im rechtlich zulässigen Rahmen nutzt. Er ist folglich nicht zur Modernisierung seines Hauses, etwa zum Einbau einer Doppelverglasung, angehalten[161], er muss sein Schlafzimmer nicht zur rückwärtigen Seite seines Hauses verlegen, wenn auf der straßenzugewandten Seite Immissionen

153 Vieweg/Röthel, NJW 1999, 969, 971
154 Vgl. BVerfG NJW 1997, 2509; NJW 1998, 975
155 BGHZ 121, 248, 255
156 BGHZ 120, 239, 255
157 In diesem Sinne insbesondere OLG Köln NJW 1998, 763, 764
158 Vgl. Vieweg/Röthel, NJW 1999, 969, 974
159 BGHZ 111, 63, 65; Staudinger/Roth § 906, Rn. 159; Raeschke-Kessler/Hamm/Grüter, Rn. 5; Erman/Hagen/Lorenz § 906, Rn. 14; MüKo/Säcker § 906, Rn. 34
160 Erman/Hagen/Lorenz § 906, Rn. 14
161 BGH NJW 1984, 1242

die Nachtruhe im vorderen Teil des Hauses stören, die im hinteren Teil jedoch nicht mehr wahrzunehmen wären.[162] Selbst das bloße Schließen eines Fensters kann vom Betroffenen nicht verlangt werden.[163] Anders verhält es sich jedoch, wenn die wesentliche Beeinträchtigung allein auf unrechtmäßiges Verhalten des Betroffenen selbst zurückzuführen ist, wie z. B. bei einer Unterschreitung der gesetzlich vorgeschriebenen Trennwanddichte oder gar der Errichtung eines Schwarzbaus.[164] In diesen Fällen kann er die Beeinträchtigung nicht verbieten.
Eine Beeinträchtigung kann auch dann wesentlich sein, wenn sie nur deswegen eintritt, weil das betroffene Grundstück in Bezug auf bestimmte Immissionen besonders anfällig ist.[165] Folglich sind hinsichtlich der Bewertung der Wesentlichkeit an solche Immissionen, die ein Villengrundstück – hier kommt es auf das Empfinden eines durchschnittlichen Villenbewohners an – andere Anforderungen zu stellen, als an solche die ein Grundstück in einem Industriegebiet belasten. Da es entscheidend auf die tatsächliche Nutzung des betroffenen Grundstücks ankommt, sind selbst bei landwirtschaftlich genutzten Grundstücken unterschiedliche Maßstäbe anzulegen, wenn es sich z. B. zum einen um einen biologischen Anbau im Vergleich zu einem »normalen«, herkömmlichen Anbau handelt. Werden von einem herkömmlich landwirtschaftlich genutzten Grundstück Pestizide, die allgemein üblich sind und keine Schäden hervorrufen, mittels Regenwasser auf ein biologisch genutztes Grundstück geschwemmt und kommen die dort gezogenen Pflanzen mit diesen Mitteln in Berührung, so stellt dies in bezug auf das biologisch genutzte Grundstück eine wesentliche Beeinträchtigung dar, da sich der Biobauer nicht auf eine Art des Anbaus verweisen lassen muss, die den Einwirkungen von Pestiziden standgehalten hätte.[166]
Eine unwesentliche Beeinträchtigung liegt nach den Grundsätzen der Rechtsprechung, die im allgemeinen an die Annahme einer bloß unwesentlichen Beeinträchtigung strenge Maßstäbe anlegt, nur dann vor, wenn der durchschnittliche Mensch sie praktisch kaum noch empfindet.[167]
Auch in Randlagen zu Grundstücken anderer Qualität und Schutzwürdigkeit liegende Grundstücke müssen Immissionen in Kauf nehmen, die sie innerhalb ihrer Grundstücksgruppe nicht zu dulden hätten[168], sodass es zu einer so genannten, der Rechtslage im öffentlichen Recht vergleichbaren, Berücksichtigung der Vorbelastung kommt, wenngleich es auf eine Nutzungspriorität nicht ankommen soll.[169]

d. Summierte Immissionen

Die Frage der Behandlung von summierten Immissionen stellt sich im Wesentlichkeitszusammenhang immer dann, wenn einzelne Immissionen für sich genommen eine die Grenze der Wesentlichkeit nicht überschreitende Intensität aufweisen, zusammengenommen jedoch jenseits der Grenze liegen. Diese Frage ist bislang nicht

---

162 Vgl. Erman/Hagen/Lorenz § 906, Rn. 14; Staudinger/Roth § 906, Rn. 161
163 BGHZ 111, 63, 71
164 VGH Mannheim NVwZ 1986, 62; Staudinger/Roth § 906, Rn. 59, Rn. 165
165 BGHZ 90, 255 ff.; 70, 102, 110
166 BGHZ 90, 255, 260 f.
167 BGH NJW 1982, 440; OLG Stuttgart NJW-RR 1986, 1339
168 BGHZ 121, 248, 254
169 Dazu einerseits BGH MDR 1969, 744 und andererseits BGH NJW 2001, 3054 sowie 3119

geregelt worden und mit den Mitteln des Privatrechts schwerlich zu bewältigen.[170] In diesen Fällen scheidet jedenfalls ein Untersagungsanspruch gegen jeden Emittenten aus.[171] Die Problematik liegt hier vordringlich bei den Kausalitätsfragen.[172]

2. Die Wesentlichkeit als Tatbestandsmerkmal von § 364 ABGB

Wie bereits in der Erörterung der Systematik angesprochen wurde[173], ist in Österreich das Kriterium der Wesentlichkeit der Beeinträchtigung neben dem der Ortsüblichkeit der Immission und der Ortsüblichkeit der Nutzung des betroffenen Grundstücks zu prüfen. Sinn und Zweck des Tatbestandsmerkmals wird in Österreich darin gesehen, die Gerichte vor Belastungen mit schikanösen Verfahren zu bewahren.[174] Somit dürfte in Österreich wegen der Unterscheidung zwischen der Prüfung der Ortsüblichkeit der Immission und der Prüfung ihrer Auswirkungen auf die betroffenen Grundstücke nicht jede ortsunübliche Nutzung zugleich auch eine wesentliche Immission zur Folge haben.[175]

a. Bedeutung der Wesentlichkeitsprüfung

Dem Kriterium der Wesentlichkeit der Beeinträchtigung eines Grundstücks ist jedoch bisher kaum eine eigenständige Bedeutung zugekommen. Vielmehr wird die Wesentlichkeit als Bestandteil eines übergeordneten Merkmals der Zumutbarkeit der Einwirkung mit dem Tatbestandsmerkmal der Übersteigung des nach den örtlichen Verhältnissen gewöhnlichen Maßes zusammen und somit inzident geprüft.[176] Eine eigenständige Prüfung wird seitens der Rechtsprechung manchmal vorgenommen und die Annahme dann selten als problematisch angesehen, da es die Gesetzessystematik in Österreich erfordert, zunächst positiv festzustellen, dass das nach den örtlichen Verhältnissen gewöhnliche Maß überschritten ist. Ist das aber der Fall, dann ist ohnehin meist indiziert, dass es sich auch um eine wesentliche Immission handelt. Deshalb hat sich eine Praxis dahingehend herausgebildet, dass bei den das gewöhnliche Maß überschreitenden Immissionen auf die Wesentlichkeit zu schließen sei.

b. Gegenstand der Wesentlichkeit

Eine wesentliche Beeinträchtigung soll dann gegeben sein, wenn die Nutzung des gestörten Grundstücks in nicht unbedeutender Weise erschwert oder teilweise unmöglich gemacht wird.[177] Danach ist die Wesentlichkeit mehr als eine nur unerhebliche, aber auch weniger als eine bereits unerträgliche Beeinträchtigung.[178] Eine wesentliche Nutzungseinschränkung wird danach nicht erst mit ihrem teilweise oder

---

170 So Erman/Hagen/Lorenz § 906, Rn. 18
171 BGHZ 66, 70, 75 f.; Erman/Hagen/Lorenz § 906, Rn. 18
172 Siehe dort: D.V. 2.; zu dieser Einordnung siehe auch Staudinger/Kohler, Einl. 17 zum UmweltHG
173 Vgl. oben C. I.
174 Janovsky, S. 290; Gimpel-Hinteregger, S. 226
175 Janovsky, S. 290
176 Gimpel-Hinteregger, S. 275; Spielbüchler/Oberhammer § 364, Rn. 11
177 Jabornegg GA, S. 25
178 So Weinberger, S. 39

vollständigen Ausschluss der Nutzung oder gar bei gesundheitsschädlichen Einwirkungen anzunehmen sein, sondern bereits im Fall der nicht unbedeutenden Erschwerung der Nutzung, da das geschützte Rechtsgut in § 364 II ABGB nicht die Gesundheit, sondern das Eigentum und dessen Nutzung ist.[179] Die Bestimmung der Wesentlichkeit erfolgt nach dieser Definition aufgrund einer im Einzelfall zu treffenden Entscheidung durch den Richter.[180]

c. Relevanz öffentlich-rechtlicher Vorschriften

Festzustellen ist zunächst, dass im österreichischen zivilen Nachbarrecht eine dem § 906 I 2, 3 BGB entsprechende Vorschrift nicht existiert.
Normierten Einfluss auf das zivile Nachbarrecht gewinnt das öffentliche Recht hier erst mit § 364 a ABGB, wenn ein nach § 364 II ABGB gegebener Unterlassungsanspruch zwingend zu einem »bloßen« Ausgleichsanspruch wird, sofern die emittierende Anlage behördlich genehmigt wurde. Die Wesentlichkeitsprüfung von § 364 II ABGB ist aber vorrangig und entscheidet bei nicht behördlich genehmigten Anlagen über das Bestehen zumindest eines Ausgleichsanspruchs.
Mangels eines vergleichbaren Anknüpfungspunktes im Gesetz ist die Frage der Berücksichtigung von öffentlich-rechtlichen Vorschriften zur Beurteilung der Wesentlichkeit in Österreich weitaus offener ausgestaltet. Folglich ist es in Österreich anders als in Deutschland noch vertretbar, diesen öffentlich-rechtlichen Vorschriften überhaupt keine Bedeutung zukommen zu lassen.
Grundsätzlich wird in Österreich die abstrakte Übertragbarkeit von öffentlich-rechtlichen Grenzwerten zur Problemlösung im zivilen Nachbarrecht und somit eine Bindungswirkung abgelehnt. Abgesehen von dem Spezialfall des § 56 I ForstG, der bestimmt, dass das ortsübliche Maß dann überschritten sein soll, wenn messbare Schäden an Wald oder Bewuchs festgestellt werden können, woraus sodann die Schlussfolgerung gezogen wird, dass solche messbaren Schäden stets als wesentliche Beeinträchtigungen zu beurteilen seien[181], soll der Einhaltung bzw. Nichteinhaltung von Richtlinien keine uneingeschränkte Bedeutung zukommen.[182] Wie im Ergebnis nicht anders als in Deutschland wird auch hier argumentiert, dass aufgrund der im Einzelfall zu beurteilenden Frage der Wesentlichkeit eine alleinige Heranziehung von Richtwerten dem Einzelfall nicht gerecht werden könne. Dementsprechend werden die von der Wissenschaft entwickelten Grenzwerte lediglich als zusätzliche Bewertungskriterien, mithin als Hilfsmittel, herangezogen.[183] Daraus wird gefolgert, dass aus einer öffentlich-rechtlichen Zulässigkeit nicht auf die privatrechtliche geschlossen werden könne, ebenso wenig wie umgekehrt die Überschreitung von Richtwerten die Wesentlichkeit indiziere.[184]
Eine abweichende Ansicht tritt demgegenüber für eine Harmonisierung von öffentlich-rechtlichen Immissionsvorschriften mit der wertungszugänglichen Auslegung des

179 So Weinberger, S. 41; auch OGH SZ 32/88; Janovsky, S. 291
180 OGH SZ 56/50; Janovsky, S. 292; Weinberger, S. 41
181 Weinberger, S. 42; Jabornegg GA, S. 32; Neubauer, S. 57
182 Jabornegg/Strasser, in Strasser, S. 146
183 OGH ImmZ 1985, 397, 398; JBl. 1995, 107; Rummel/Spielbüchler § 364, Rn. 14; Gimpel-Hinteregger, S. 274 f., 281; Schröfl, S. 508; Weinberger, S. 43; Jabornegg, ÖJZ 1983, 370 und Schwimann/Oberhammer § 364, Rn. 14 zur Frage der Ortsüblichkeit
184 Schwimann/Oberhammer § 364, Rn. 14; Rummel/Spielbüchler § 364, Rn. 14

Begriffs der Wesentlichkeit ein.[185] Bei Überschreitung sei eine wesentliche Beeinträchtigungen zu vermuten. Als Beispiel wird die Verunreinigung von Grundwasser angeführt, welches bei grenzwertübersteigender Belastung der ihm zugedachten Verwendung als Trinkwasser, mithin der Nutzungs- und Dispositionsmacht des betroffenen Eigentümers in dieser Richtung vollständig entzogen ist. Für eine exakte Abgrenzung wird die Einführung gesetzlicher Vermutungen vorgeschlagen.[186]
An der Tatsache, dass die Beurteilung der Wesentlichkeit letztlich auf den konkreten Einzelfall bezogen bleibt, würde aber auch die Umsetzung des vorgenannten Vorschlages nichts ändern. Die Wesentlichkeit wird ausschließlich anhand des betroffenen Grundstücks geprüft, die Belastung anderer Grundstück hat hier anders als bei der Beurteilung der Ortsüblichkeit der Immission außer Betracht zu bleiben.[187] Jedoch kommt es nicht auf die gleichmäßige Belastung der gesamten Fläche des betroffenen Grundstücks an. Ausreichend ist, wenn auf einem Teil das nach den örtlichen Verhältnissen gewöhnliche Maß überschritten wurde.[188]

d. Der Beurteilungsmaßstab

Nach ständiger Rechtsprechung des OGH[189] ist zur Bestimmung der Wesentlichkeit auf das objektive Empfinden eines Durchschnittsbewohners in der Situation des Beeinträchtigten abzustellen, sodass individuelle Empfindlichkeiten des konkret Betroffenen auszuschließen sind. Dem hat sich ein Großteil der Lehre angeschlossen.[190] Dieser Ansicht zufolge wird trotz Verweisung auf den Gesetzeswortlaut nicht eine vorhergehende Bestimmung der ortsüblichen Nutzung des betroffenen Grundstücks vorgenommen. Vielmehr hat das Abstellen auf das Empfinden eines in der Lage des Betroffenen lebenden Durchschnittsmenschen zur Folge, dass zwar die örtlichen Verhältnisse nicht vollständig außer Betracht bleiben, aber das Empfinden nur mit dem betroffenen Grundstück in seiner konkreten Beschaffenheit berücksichtigt werden soll.[191]
Die Auswahl des zur Beurteilung heranzuziehenden Vergleichsbewohners ist folglich anhand der die Umgebung prägenden Verhältnisse der Art zu bestimmen, dass zunächst die Bestimmung der ortsüblichen Nutzung im Vergleichsraum zu erfolgen hat und sodann aufgrund dieser Festlegung das Empfinden eines Durchschnittsnutzers heranzuziehen ist. Dabei wird zum Teil zur Stützung der Annahme dieses Maßstabes auf die Rechtsprechung des BGH[192] verwiesen[193], wobei jedoch verkannt wird, dass gemäß der deutschen Regelung in § 906 I BGB nicht die ortsübliche Nutzung und deren Beeinträchtigung ausschlaggebend ist, sondern vielmehr aus § 1004 I BGB folgt, dass jedwede Nutzungsbeeinträchtigung, die wesentlich im Sinne des Geset-

185 Janovsky, S. 293
186 Janovsky, S. 293
187 OGH JBl. 1990, 786, 788; Jabornegg/Strasser, in Strasser, S. 100; Koziol, Haftpflichtrecht II, S. 323; Schröfl, S. 508; Weinberger, S. 41
188 Neubauer, S. 56
189 OGH SZ JBl. 1990, 786, 788; ImmZ 1985, 398, 399 f.; LGZ Wien MietSlg 31.032.
190 Koziol, Haftpflichtrecht II, S. 324; Jabornegg GA, S. 27; Jabornegg/Strasser, in Strasser, S. 145 f.; Reischauer, JBl. 1990, 217, 220; Schröfl, S. 508
191 OGH SZ JBl. 1990, 786, 788; ImmZ 1985, 398, 399 f.; Reischauer, JBl. 1990, 217, 220
192 BGH LM Nr.6 zu § 906 BGB
193 Reischauer, JBl. 1990, 217, 220

zes ist, losgelöst von der Nutzung der anderen Grundstücke in der Umgebung, relevant ist.

Dementsprechend ist nach einer anderen Ansicht die Bestimmung der Wesentlichkeit über die Maßstäbe der Rechtsprechung hinaus weiter zu objektivieren.[194] Die Bestimmung der Wesentlichkeit habe sich nicht an der individuellen Nutzung, sondern an der ortsüblichen Nutzung zu orientieren, mit der Folge, dass nur eine solche Einwirkung ausschlaggebend sein könne, die eine »ortsübliche, d. h. nach der Verkehrsauffassung übliche, Nutzung auf dem konkreten Grundstück nach dem Empfinden eines Durchschnittsmenschen wesentlich beeinträchtigt«.

Einen weitergehenden Ansatz verfolgt eine andere Ansicht, die neben dem Maßstab des von Rechtsprechung herangezogenen Durschschnittsmenschen auch das Empfinden eines durchschnittlich empfindlichen Kindes berücksichtigt wissen will.[195]

Darüber hinaus wird festgestellt, dass die einmalige Beurteilung einer Beeinträchtigung als wesentlich oder unwesentlich nicht statisch sei.[196] Aufgrund der sich wandelnden Einstellung der Bevölkerung zum ökonomischen Fortschritt und dessen nunmehr offensichtlich werdenden Folgen im Bereich der Umwelt könne eine weitere kontinuierliche Steigerung der hinzunehmenden Immissionen nicht mehr akzeptiert werden, sodass auch bisher geduldete, da als unwesentlich eingestufte, Immissionen, nunmehr einer kritischeren Bewertung durch die Allgemeinheit unterzogen werden müssten. Damit scheint sich auch in Österreich eine Meinung zu etablieren, die die von der deutschen Rechtsprechung[197] eingeführte verstärkte Berücksichtigung auch wertender Momente und allgemeingesellschaftlicher Entwicklungen nachvollzieht.

Mittlerweile hat der OGH seine Rechtsprechung in Richtung auf die gewandelte Ansicht in Deutschland konkretisiert und in einer neueren Entscheidung zur Bestimmung der Wesentlichkeit unter Bezugnahme auf die deutsche Rechtsprechung ausdrücklich auf das Empfinden eines »verständigen Durchschnittsmenschen« abgestellt.[198] In seiner Begründung führt der OGH aus, dass der Maßstab eines verständigen Durchschnittsmenschen auch im österreichischen Nachbarrecht fruchtbargemacht werden könne, da der durch § 364 II ABGB konkretisierte § 364 I ABGB die Ausübung des Eigentumsrechtes nicht nur zur Sicherung der Rechte Dritter einschränke, sondern darüber hinaus auch die Wahrung des öffentlichen Wohles bezweckt sei. Der somit vorzunehmende sozialrelevante Interessenausgleich könne aber nur unter Zugrundelegung eines verständigen Durchschnittsmenschen erfolgen.[199]

---

194 Janovsky, S. 290

195 Gimpel-Hinteregger, S. 333

196 Vgl. Weinberger, S. 41; so wohl auch Janovsky, S. 290 Fn. 2, der zu BGH JZ 1993, 1112 und den darin begründeten Maßstab eines »verständigen Durchschnittsmenschen« anmerkt, dass die damit verbundene vermehrte Berücksichtigung wertender Momente nicht ersichtlich sei; Schwimann/Oberhammer § 364 ABGB, Rn. 11 stellt generell fest, dass die Normen des Nachbarrechts dem Interessenausgleich dienen und daher in hohen Maße einer wertenden Auslegung zugänglich seien; wohl auch Gimpel-Hinteregger, S. 278

197 Vgl. BGHZ 120, 239, 255 (Froschteichentscheidung)

198 OGH RdU 2000, 110, 112

199 OGH RdU 2000, 110, 112

Dieser Wandel der Rechtsprechung ist in Österreich durchaus auf Kritik gestoßen.[200] Ein weiteres Hilfsmittel bei der Bestimmung der Wesentlichkeit einer Immission ist ihre Dauer und Intensität.[201] Zwar soll eine besondere Häufigkeit und Intensität keine Anspruchsvoraussetzung sein, wohl aber wird für den Fall einer einmaligen Beeinträchtigung ohne »länger währender Folge« und ohne »Wiederholungsgefahr« eine Grundlage für einen Unterlassungs- bzw. Beseitigungsanspruchs nicht gegeben sein.[202] Ist dem Betroffenen jedoch durch die einmalige Immission bereits ein Schaden entstanden, so soll ein Anspruch grundsätzlich in Betracht kommen, der sowohl auf Schadensersatz als auch auf Unterlassung gerichtet ist.[203]

3. Zusammenfassung

Festzuhalten bleibt, dass in Österreich und Deutschland hinsichtlich der Frage des Ausmaßes der Beeinträchtigung durch die zu beurteilende Immission dem Merkmal der Wesentlichkeit in beiden Ländern aufgrund der jeweils zugrundeliegenden Systematik unterschiedliche Bedeutung zukommt.

Die Gemeinsamkeit im Vergleich des österreichischen und deutschen Nachbarschaftsrechts besteht in bezug auf die Wesentlichkeit jedenfalls insofern, als dass in beiden Rechtsordnungen Bezugspunkt die Beeinträchtigung der Nutzung des Grundstücks des Betroffenen ist.

In Österreich muss das Merkmal der Wesentlichkeit der Beeinträchtigung darüber hinaus jedoch auch kumulativ mit dem der Ortsüblichkeit der Nutzung des betroffenen Grundstücks und der – fehlenden – Ortsüblichkeit der Immission (bezogen auf das Grundstück des Betroffenen) vorliegen, um einen Anspruch aus § 364 II ABGB begründen zu können. Da aber eine wesentliche Immission denklogisch eigentlich auch eine ortsübliche Immission sein kann, die einen Anspruch von vornherein ausschließen würde, hat sich die Rechtsanwendung in Österreich dahingehend entwickelt, das Merkmal der Wesentlichkeit einer Immission mit dem der Ortsüblichkeit zu verknüpfen, sodass im Ergebnis die Prüfung der Wesentlichkeit in der der Ortsüblichkeit der Immission aufgeht. Eigene Bedeutung kommt dem Merkmal der Wesentlichkeit daher nur insofern zu, als dass bei einer wesentlichen – im Sinne von unzumutbaren – Beeinträchtigung des belasteten Grundstücks die Ortsüblichkeit einer Immission nicht mehr vorliegen soll. Die von der deutschen Rechtsprechung bei der Wesentlichkeit berücksichtigte Abwägung der widerstreitenden Individualinteressen unter Einbeziehung derjenigen der Allgemeinheit erfolgt in Österreich folgerichtig im Bereich der Prüfung des Tatbestandsmerkmals der »Ortsüblichkeit der Immission«.[204]

Im Rahmen der Prüfung des § 906 I 1 BGB ist zunächst allein ausschlaggebend, ob eine wesentliche Beeinträchtigung der Nutzung des belasteten Grundstücks vorliegt. Erst in einem weiteren Schritt und bei Bejahung dieser Frage erfolgt die Prüfung der Ortsüblichkeit der Nutzung im Rahmen des § 906 II 1 BGB, im Unterschied zu Österreich jedoch bezogen auf das emittierende Grundstück des Störers. Da in Deutschland tatbestandlich die Prüfung der Ortsüblichkeit der Immission nicht erforderlich ist,

200 Vgl. die Kritik von Kerschner, RdU 2000, 112
201 Neubauer, S. 57; Schröfl, S. 508; Janovsky, S. 291
202 OGH SZ 32/88; Janovsky, S. 291; Weinberger, S. 41
203 OGH EvBl. 1972/257
204 D. III. 2.

kommt dem Merkmal der Wesentlichkeit in Deutschland immer eine völlig eigenständige Bedeutung zu.
Der in beiden Ländern vollzogene Wandel der Rechtsprechung hin zur Wesentlichkeitsbeurteilung durch den »verständigen Durchschnittsmenschen« ist nicht bedenkenfrei zu begrüßen. In einer sich wandelnden Gesellschaft müssen zwar Veränderungen des Wertekonsenses auch Grundrechtsinhalte und diese über die Drittwirkung sicher auch privaten Interessenausgleich beeinflussen dürfen. Gerade Nachbarrecht ist Interessenausgleichsrecht, das sich allgemeinen Interessen und gesellschaftlichen Gesichtspunkten nicht vollends verschließen kann. Wird z. B. die Sozialpflichtigkeit des Eigentums als inhaltlich dynamisch bestimmt, dann wäre es widersinnig, im Rahmen des Nachbarrechts zu schützen, was im Übrigen nach gesellschaftlichem Konsens als nicht schützenswert erachtet wird und umgekehrt. Dabei sind jedoch folgende Gefahren nicht zu verkennen: die richterliche Abwägung darf weder als Möglichkeit zur Bewertung von Motiven einer Nutzung noch als Einfallstor für die Orientierung nicht am Wertekonsens »verständiger Durchschnittsmenschen«, sondern eines vermeintlich progressiven »idealtypischen Gutmenschen« fehlinterpretiert werden. Die Beachtung auch sozialer Interessen, die hinter dem Störerhandeln stehen[205], geht aber in diese falsche Richtung.[206]

III. Das Kriterium der Ortsüblichkeit

Der Begriff der Ortsüblichkeit wird sowohl in Österreich als auch in Deutschland nicht statisch betrachtet. Er ist als unbestimmter Rechtsbegriff »dynamisch« und Wertungen zugänglich. Er unterliegt auch dann, wenn eine Ortsüblichkeit einmal positiv festgestellt wurde, ständigen Wandlungen, sodass als Folge die Ortsüblichkeit einerseits entfallen und andererseits erst im Laufe der Zeit »heranwachsen« kann, wodurch eine Anpassung an veränderte Verhältnisse ermöglicht wird.[207] Dem entsprechend ist bereits in den Motiven zum BGB formuliert worden, dass es sich um einen »einigermaßen beweglichen Regulator« handele.[208]
In Deutschland wurde das Ortsüblichkeitskriterium in der einschlägigen BGB-Vorschrift zunächst mit den Worten »die nach den örtlichen Verhältnissen bei Grundstücken dieser Lage gewöhnlich ist« umschrieben und der Begriff selbst erst aufgrund einer Gesetzesänderung vom 22. Dezember 1959[209] in das BGB eingefügt, wodurch jedoch nur eine sprachliche Vereinfachung und keine sachliche Änderung herbeigeführt wurde.[210]
In Österreich finden sich noch beide Begriffe im geltenden Tatbestand, wenn es zum einen bei der Erörterung des Maßes einer Immission heißt: »das nach den örtlichen

205 Vgl. OLG Köln NJW-RR 1991, 1425 »kirchliche Sozialarbeit«; für eine Auslegung in diese Richtung spricht sich Abraham, S. 52 und, S. 109, aus
206 Gegen eine Auslegung des Wesentlichkeitsbegriffs in diesem Sinne auch Staudinger/Roth § 906, Rn. 178
207 Vgl. für Deutschland: BGHZ 48, 31, 32; Staudinger/Roth § 906, Rn. 181; Raeschke-Kessler/Hamm/Grüter, Rn. 17; vgl. für Österreich: Gimpel-Hinteregger, S. 276; Jabornegg ÖJZ 1983, 365, 370; Steiner, JBl. 1978,133, 137; Weinberger, S. 26
208 Mot. III, 267
209 BGBl. I, S. 781
210 Vgl. Staudinger/Roth § 906, Rn. 180 m. w. N.

Verhältnissen gewöhnliche Maß« und zum anderen – mit Bezug auf die Art der Nutzung des beeinträchtigten Grundstücks – von der »örtliche[n] Benutzung des Grundstückes« die Rede ist, womit sich auch die doppelte Bedeutung des Ortsüblichkeitskriteriums schon andeutet.[211]

1. Die Ortsüblichkeit als Tatbestandsmerkmal von § 906 BGB

Im deutschen Nachbarschaftsrecht wird die Frage der Ortsüblichkeit zunächst im Bereich der Begründung des Abwehranspruchs aus § 1004 I BGB nicht relevant. Erst auf der sekundären Ebene bei der Prüfung der Duldungspflicht des Anspruchsinhabers gemäß § 1004 II BGB i. V. m. § 906 BGB spielt die Ortsüblichkeit eine Rolle und auch hier allerdings erst im Rahmen der Prüfung des Ausnahmetatbestandes zur in § 906 I BGB normierten Regel, dass wesentliche Immissionen grundsätzlich nicht geduldet werden müssen. Ausnahmsweise geduldet werden müssen aber auch wesentliche Immissionen nach § 906 II 1 BGB dann, wenn sie durch ortsübliche Benutzung des emittierenden Grundstücks herbeigeführt worden sind. Ist eine ortsuntypische Nutzung des anderen Grundstücks die Ursache der Einwirkung, bleibt der Abwehranspruch auf jeden Fall erhalten, wohingegen eine ortsübliche Emission nur noch abgewehrt werden kann, wenn eine wesentliche Beeinträchtigung eigentlich durch zumutbare Maßnahmen zu verhindern wäre. Erst im Rahmen der Ausgleichspflicht gegenüber einem zur Duldung verpflichteten Nachbarn wird relevant, ob dieser selbst sein Grundstück in ortsüblicher Weise nutzt und gerade in dieser Nutzung beeinträchtigt wird. Nur hier kann es überhaupt zu einer Ausgleichspflicht des Störers kommen.
Danach muss die Ortsüblichkeit nur im Fall einer zuvor als wesentlich eingestuften Immission erörtert werden.[212] Kann die Frage der Ortsüblichkeit bei Annahme einer wesentlichen Beeinträchtigung jedoch nicht positiv beantwortet werden, so ist diese Einwirkung nicht zu dulden, es ist dann Sache des Emittenten, die Störung abzustellen.[213] Soweit der Begriff der Ortsüblichkeit außerdem noch eine Rolle im Rahmen des in § 906 II 2 BGB normierten Ausgleichsanspruches spielt, ist dies hier nicht Gegenstand der Untersuchung, da es allein um den Abwehranspruch gehen soll, zu dem der Ausgleichanspruch im Übrigen auch gesetzessystematisch subsidiär ist.

a. Maßgebliches Grundstück

Ob die Nutzung des emittierenden Grundstücks ortsüblich ist, kann nur durch den Vergleich mit anderen emittierenden Grundstücken überprüft werden. Ausgangspunkt für die Bestimmung des heranzuziehenden Vergleichsraumes ist nicht – wie bei der Frage der Wesentlichkeit[214] –, das belastete, sondern das die Immissionen verursachende Grundstück.[215] Eine andere Einordnung würde nicht nur dem insofern eindeutigen Wortlaut der Vorschrift des § 906 II 1 BGB widersprechen, sondern auch

---

211 Dies gilt auch für den in § 364 a ABGB vorgenommenen Verweis auf § 364 II ABGB
212 Soergel/Baur § 906, Rn. 75; Staudinger/Roth § 906, Rn. 180; Seidel, Rn. 903
213 BGH WM 1969, 1042, 1045
214 Vgl. oben unter D. II.
215 Allgemeine Meinung: BGH NJW 1958, 1393; OLG Zweibrücken DWW 1991, 305, 306; Seidel, Rn. 904; Staudinger/Roth § 906, Rn. 208; Soergel/Baur § 906, Rn. 76; Palandt/Bassenge § 906, Rn. 24; MüKo/Säcker § 906, Rn. 86

zu einer unzulässigen Vermengung der Prüfung der Ortsüblichkeit der Benutzung mit der Frage der Zumutbarkeit der Beeinträchtigung führen und somit auch dem Sinn und Zweck der gesetzlichen Regelung zuwiderlaufen.[216] Als Ausgangspunkt gelten insofern nicht die beim betroffenen Grundstück zu messenden Einwirkungen, sondern ausschlaggebend sind Art und Umfang der sich aus der Benutzung des emittierenden Grundstücks ergebenden Immissionen.[217]

b. Vergleichsmaßstab

Somit stellt sich unmittelbar die Frage, unter welcher Voraussetzung eine ortsübliche Nutzung des belastenden Grundstücks gegeben ist. Sie wird mit folgender Formel beantwortet: Eine Nutzung ist dann als ortsüblich anzusehen, wenn diese Art der Ausnutzung des Grundstücks nach den örtlichen Verhältnissen bei anderen Grundstücken dieser Lage – der so genannte Vergleichsbereich – eine gewöhnliche der Art ist, dass von diesen eine nach Art und Umfang annähernd gleich beeinträchtigende Wirkung auf andere Grundstücke ausgeht.[218]

Daraus folgt, dass ein Vergleich der Auswirkungen der Emissionen des belastenden Grundstücks mit denen anderer Vergleichsgrundstücke, die in ihrer Mehrheit von diesen ausgehen, zu erfolgen hat; nur eine solche Nutzung kann demnach ortsüblich sein, die in dem betroffenen Vergleichsgebiet keine lästigeren Immissionen verursacht, als dort üblich ist.[219]

c. Vergleichsbereich

Damit kann festgestellt werden, dass es entscheidend auf die Bestimmung eines Vergleichsraumes ankommt. Wie aus der überragenden Bedeutung der Bestimmung des Vergleichsgebiets für die Annahme der Ortsüblichkeit deutlich wird, darf diese im Einzelfall zu bestimmende Vergleichsgröße nicht beliebig, d. h. willkürlich, durch den erkennenden Richter festgestellt werden.[220]

Ausgangspunkt ist die Betrachtung der gleichartigen Benutzung einer Mehrheit von Grundstücken derselben örtlichen Lage.[221] Hierbei ist zunächst auf das gesamte Gemeindegebiet abzustellen, welches jedoch aufgrund der im Einzelfall gebotenen Abgrenzung nicht zwangsläufig für den Gebietscharakter prägend sein muss.[222] Im Einzelfall kann eine Verengung der Sichtweise dann geboten sein, wenn die Immission innerhalb eines Raumes stattfindet, der ein besonderes Gepräge aufweist, indem er sich von anderen Ortsteilen durch eine einheitliche Bebauung, gleichartige Benutzung oder der besonderen Art des Wirtschaftslebens erkennbar unterschei-

---

216 So zutreffend Staudinger/Roth § 906, Rn. 208; Westermann/Pinger § 79 II 3 a

217 BGHZ 15, 146, 149

218 Vgl. BGH Z 120, 239, 260; BGHZ 117, 110, 113 f.; NJW 1983, 751; Staudinger/Roth § 906, Rn. 208; Palandt/Bassenge § 906, Rn. 25; Soergel/Baur § 906, Rn. 86; Erman/Hagen/Lorenz § 906, Rn. 19; MüKo/Säcker § 906, Rn. 86; Raeschke-Kessler, Rn. 15; Seidel, Rn. 904

219 BGHZ 38, 61, 62; Soergel/Baur § 906, Rn. 86; Erman/Hagen/Lorenz § 906, Rn. 19

220 Staudinger/Roth § 906, Rn. 206

221 BGHZ 54, 384; Staudinger/Roth § 906, Rn. 208; Soergel/Baur § 906, Rn. 81

222 BGH NJW 1959, 1632, 1633; Soergel/Baur § 906, Rn. 81; Seidel, Rn. 905; Palandt/Bassenge § 906, Rn. 26

det.[223] So kann es z. B. geboten sein, innerhalb einer Industriestadt auf einzelne Stadtteile, Zonen und dergleichen abzustellen, die reine Wohngebiete oder gar Villengebiete darstellen.
Dagegen kommt eine Erweiterung des maßgeblichen Raumes bei gebietsprägenden einzelnen Anlagen oder Einrichtungen in Betracht, wenn sie ein bestimmender Faktor für den Charakter einer Landschaft geworden sind, wie dies etwa bei Großindustrieanlagen oder Flughäfen der Fall sein kann.[224] Da bei solchen gebietsprägenden Einrichtungen die Gefahr besteht, dass sie allein durch ihren Betrieb bereits die Ortsüblichkeit der von ihnen ausgehenden Immissionen bestimmen, wird bei solchen Einrichtungen über den Unternehmenssitz hinaus ein Vergleich zu den von anderen Grundstücken in weiteren Räumen ausgehenden Einwirkungen gezogen, die in gleicher Weise genutzt werden.[225] Dies gilt insbesondere auch für die Beurteilung von überörtlichen Verkehrsanlagen.[226] In diesem Fall erweitert sich die Feststellung der Ortsüblichkeit zur Feststellung einer Raumüblichkeit.[227]
Ist ein Vergleichsgebiet festgestellt, ist die von dem emittierenden Grundstück ausgehende Wirkung auf das betroffene Grundstück mit den Wirkungen der Emissionen der Vergleichsgrundstücke zu vergleichen. Eine ortsübliche Nutzung des belastenden Grundstücks wird dabei regelmäßig für den Fall der annähernd gleichen Weise der Benutzung der Vergleichsgrundstücke mit einer von diesen ausgehenden, annähernd gleichen Belastung für fremde Grundstücke gegeben sein.
Stellt sich hierbei heraus, dass die in Frage kommenden Immissionen zwar gewöhnlich sind, d. h. in der Regel in dem Vergleichsraum vorkommen, so ist damit die Frage der Ortsüblichkeit nicht abschließend beantwortet, da auch zu berücksichtigen ist, ob durch die zu beurteilende Einrichtung eine vergleichsweise ungewöhnliche Steigerung oder gar Schädigung verursacht wird; in diesem Fall kann die gewöhnliche Immission als ortsunüblich untersagt werden.[228]

d. Relevanz des Verwaltungsrechts und Harmonisierungstendenzen

Ein weitere Problematik bei der Feststellung der Ortsüblichkeit einer Nutzung bereitet die Frage, ob – und wenn ja in welchem Umfang – bereits erfolgte öffentlich-rechtliche Planungen und daraufhin ergangene Verwaltungsentscheidungen, wie z. B. Feststellungen aufgrund eines Planfeststellungsverfahrens und darauf beruhende Verwaltungsakte, im Rahmen der Prüfung durch das Zivilgericht zu berücksichtigen sind.
Nachdem zunächst umstritten war, welchem Recht an sich der Vorrang einzuräumen war – die Meinungen tendierten vom absoluten Vorrang des öffentlichen Rechts[229] bis zum Vorrang des Zivilrechts[230] vor dem jeweils anderen Rechtsgebiet – scheint

---

223 BGHZ 15, 146, 148 f.; NJW 1976, 1204, 1205; MüKo/Säcker § 906, Rn. 87; Staudinger/Roth § 906, Rn. 210; Soergel/Baur § 906, Rn. 80; Seidel, Rn. 905
224 BGHZ 30, 273, 277; 59, 378, 381
225 BGHZ 54, 384, 390; 69, 105, 111; NJW 1995, 1823, 1825; Staudinger/Roth § 906, Rn. 210; Soergel/Baur § 906, Rn. 84; Seidel, Rn. 906; Erman/Hagen/Lorenz § 906, Rn. 20
226 BGHZ 54, 384, 389
227 Dazu Staudinger/Roth § 906, Rn. 211
228 BGHZ 30, 273 (279); Soergel/Baur § 906, Rn. 88; Staudinger/Roth § 906, Rn. 226
229 Z. B. Peine, JZ 1987, 169, 172 ff.; Papier, NVwZ 1986, 624, 626; Salzwedel, UPR 1985, 210
230 BGH NJW 1958, 1776; 1962, 2341

nunmehr aufgrund einer Entscheidung des BVerfG[231] festzustehen, dass keines dieser Rechtsgebiete den Vorrang vor dem anderen für sich beanspruchen kann, dass vielmehr beide Rechtsgebiete nebeneinander stehen und angewandt werden können (sog. Zweigleisigkeitstheorie).[232] Allein dort, wo das öffentliche Recht das Privateigentum beschränkt, ist ein zivilrechtlicher Anspruch generell ausgeschlossen. Ob dies der Fall ist, ist durch eine Funktionsanalyse der jeweiligen Norm zu ermitteln.[233]
Durch diese verfassungsgerichtliche Klarstellung ist aber nicht darüber entschieden, ob öffentlich-rechtliche Wertungen und Verwaltungsentscheidungen, wenn ihnen schon nicht als Eigentumsbestimmung unmittelbare Wirkung im Sinne des § 1004 II BGB zukommt, nicht mittelbar in die Betrachtung durch die Zivilgerichte einbezogen werden müssen.
An dieser Stelle stellt sich insbesondere die Frage, wie sich die gegenwärtige Tendenz der Annäherung von öffentlichem Nachbarrecht und Privatrecht auf die Auslegung des Ortsüblichkeitskriteriums auswirkt.
Wie bereits oben im Zusammenhang mit der Erörterung der Wesentlichkeit einer Immission dargestellt wurde[234], ist in der Zivilrechtsprechung[235] die Tendenz des BVerwG[236] aufgegriffen worden, die eine Harmonisierung der Vorschriften der §§ 906, 1004 BGB und §§ 3 I, 22 BImSchG zum Ziel hat. Damit soll möglichst vermieden werden, dass es – wie bei strikt getrennter Anwendung der jeweils einschlägigen Gesetze nicht ausgeschlossen – zu Ungereimtheiten und Diskrepanzen betreffend die Beurteilung einer genehmigungsfähige Anlage einmal nach dem öffentlichrechtlichen Bundesimmissionsschutzgesetz und dann im Rahmen eines zivilrechtlichen Anspruch des Nachbarn auf Unterlassen des Betriebes in der nach dem BImSchG genehmigungsfähigen Art und Weise kommt. Es wurde sichergestellt, dass die Auslegung des Begriffs der Wesentlichkeit im § 906 BGB identisch mit der des Begriffs der Erheblichkeit im Sinne des § 3 I BImSchG ist. Die Bedeutung des Tatbestandsmerkmals der Ortsüblichkeit wird dadurch unmittelbar nicht beeinflusst.

aa. Überwiegende Ansicht

Die bislang ständige Rechtsprechung und vorherrschende Literatur stellt zur Bestimmung des relevanten Vergleichsraumes im Wesentlichen auf die tatsächlichen Verhältnisse im Einzelfall vor Ort ab und hält die Heranziehung von Feststellungen eines Bebauungsplanes nur als Anhalt für die Ermittlung dieser für zulässig.[237] Maßgeblich sei der tatsächliche Gebietscharakter, nicht dagegen die von der Verwaltung geplante zukünftige Zweckbestimmung des Gebietes.[238] Ausschlaggebend sei, dass die im Rahmen des § 906 BGB im Vordergrund stehenden umwelt- und immissionsrechtlichen Seiten des Nachbarschaftsrechtes im gesamten Bauplanungsrecht nur

---

231 Vgl. Erman/Hagen/Lorenz Vor § 903, Rn. 5
232 Erman/Hagen/Lorenz § 906, Rn. 24 m w. N.; MüKo/Säcker § 906, Rn. 17 für das öffentliche Baurecht
233 Hagen, UPR 1985, 192, 197
234 Vgl. oben unter D. II. 1. b.
235 Insb. seit BGHZ 111, 63; 120, 239 ff.
236 BVerwGE 1979, 259
237 BGH DVBl. 1971, 744 (745); NJW 1976, 1204 (1205); NJW 1983, 751 (752); Seidel, Rn. 907; Palandt/Bassenge § 906, Rn. 28; Staudinger/Roth § 906, Rn. 214 ff.; Soergel/Baur § 906, Rn. 11; Baumann, JuS 1989, 433
238 BGH NJW 1992, 2569; Staudinger/Roth § 906, Rn. 214; Soergel/Mühl § 906, Rn. 81

unzureichend berücksichtigt seien, nämlich nur als ein abzuwägender Belang unter vielen. So hat das BVerwG etwa entschieden, dass der Immissionsschutz im Rahmen der fernstraßenrechtlichen Planung zwar ein gewichtiger Belang sei, aber nicht als Leitsatz das Ziel der Straßenplanung bestimme.[239] Grenz- und Richtwerte könnten im Einzelfall Anhalt für die Ortsüblichkeitsprüfung sein, die aber ihre Eigenständigkeit auch bei einschlägigen Richtwerten bewahre.[240]

bb. Weitergehende Sonderansicht

In der Literatur finden sich hiervon abweichend Stimmen, die die sich im Bereich der Auslegung des Begriffs der Wesentlichkeit abzeichnende Tendenz der Harmonisierung des öffentlichen Nachbarschafts- und Umweltrechts in die Auslegung des Begriffs der Ortsüblichkeit übertragen wollen. Dies wird damit begründet, dass aufgrund des grundgesetzlich verankerten Rechtsstaatsprinzips derjenige, der eine positive verwaltungsrechtliche Entscheidung für sich erlangen konnte, umfassende Rechtssicherheit genießen können soll.[241] Der methodische Ansatz wird in der Fortentwicklung des Begriffs der »Ortsüblichkeit« in § 906 II BGB gesehen.[242] Ziel ist es danach, dass ein nach dem Bauplanungsrecht genehmigungsfähiges Vorhaben mit Mitteln des Zivilrechts nicht mehr untersagt werden können soll. Es ist ortsüblich im Sinne des § 906 II BGB.[243] Zwar wird von dieser Ansicht eingeräumt, dass ein wirksamer Bebauungsplan grundsätzlich privatrechtliche Ansprüche nicht präkludiere und auch eine sich darauf stützende Baugenehmigung unabhängig der Rechte Dritter[244] ergehe. Sei jedoch ein rechtswirksamer Bebauungsplan und eine rechtmäßige, d. h. nicht nichtige, Baugenehmigung vorhanden, was eine nachprüfbare und zutreffende Immissionsprognose mit einschließe, könne das Zivilrecht nur noch dann im Einzelfall zur Geltung kommen, wenn das öffentliche Immissionsrecht keinen Rechtsschutz vorsehe.[245]

Nach dieser Ansicht ist aufgrund der Tendenz zur Harmonisierung des zivilrechtlichen Nachbarrechts mit dem öffentlichen Umweltrecht nicht nur die Wesentlichkeit mit der Erheblichkeit gleichzusetzen, sondern darüber hinaus ist auch die Ortsüblichkeit von den bei dieser Betrachtung gefundenen Ergebnissen betroffen.[246]

Begründet wird diese weitergehende Überlegung auch mit der Erwägung, dass die Erheblichkeit einer Immission jenes Kriterium im öffentlich-rechtlichen Umweltrecht (BImSchG) ist, welches über die Genehmigungsfähigkeit von Anlagen gemäß §§ 3 I, 4 I BImSchG entscheidet, mithin die materielle Zulässigkeit gewährt, soweit eine Immission nicht erheblich ist. Ziel der Harmonisierung müsse es sein, danach genehmigungsfähige Anlagen auch zivilrechtlich dulden zu müssen. Soweit eine Duldungsverpflichtung gemäß § 906 II 1 BGB auch dann bestehe, wenn zwar eine wesentliche Immission gegeben, diese aber im Sinne der Vorschrift ortsüblich sei[247], könne Uner-

---

239 BVerwG NJW 1975, 1373
240 BGHZ 70, 102, 111; OLG Köln DWW 1991, 187, 188
241 Erman/Hagen/Lorenz § 906, Rn. 24 ff.; MüKo/Säcker § 906, Rn. 17 ff., 22
242 Vieweg, NJW 1993, 2570, 2572 f.; Erman/Hagen/Lorenz § 906, Rn. 26
243 Hagen, ZfBR 1995, 61, 64; Birk, NVwZ 1985, 689, 697; Erman/Hagen/Lorenz § 906, Rn. 26; MüKo/Säcker § 906, Rn. 21
244 Vgl. z. B. § 75 III 1 BauO nw
245 Erman/Hagen/Lorenz § 906, Rn. 26
246 MüKo/Säcker § 906, Rn. 12 ff.; 23 f.
247 MüKo/Säcker § 906, Rn. 12

heblichkeit eben nicht nur Unwesentlichkeit bedeuten, sondern auch wesentliche, aber ortsübliche Immissionen mit einbeziehen. Die im Öffentlichen wie im Privatrecht einzig entscheidende Erheblichkeit könne also nur im Fall der kumulativ festgestellten Wesentlichkeit und Ortsunüblichkeit der Beeinträchtigung angenommen werden.
Die bei der Beurteilung der Erheblichkeit erforderliche Güterabwägung umfasse auch die Ortsüblichkeit; werde eine Beeinträchtigung etwa aufgrund der zum BImSchG ergangenen Verordnungen als wesentlich beurteilt, so könne sie nicht mehr ortsüblich sein, »da der Gebietscharakter des Grundstücks schon berücksichtigt wurde«.[248] Da seit der Abstellung auf den »verständigen Durchschnittsmenschen« bereits die Wesentlichkeitsprüfung objektiv-normative Kriterien berücksichtige, stelle sich ohnehin die Frage, inwieweit noch Raum für die Prüfung der Ortsüblichkeit bleibe.[249] Letztlich entschieden die gesetzlichen Grenzwerte über Wesentlichkeit und Ortsüblichkeit. Da die Harmonisierung aber nicht so weit gehen könne, dass eine Konstellation, wie sie § 906 II 2 BGB vorsieht, nicht mehr denkbar sei, müsse die Wesentlichkeit, die über die Ausgleichspflicht entscheide, eine solche sein, die die Ortsüblichkeit nicht bereits nicht bereits in sich trage.[250] Hier sei situationsunabhängig nur all das unwesentlich, was als sozialadäquate Belästigung hinzunehmen und bei normaler Empfindlichkeit kaum mehr wahrnehmbar sei.[251]

cc. Stellungnahme

Mit der Entwicklung hin zur objektiv-normativen Betrachtung der Wesentlichkeit hat tatsächlich eine Annäherung der Kriterien Ortsüblichkeit und Wesentlichkeit stattgefunden. Nach der für eine Verwaltungsakzessorietät plädierenden Ansicht verlieren die Kriterien ihre Eigenständigkeit. Hier geschieht die Betrachtung des Merkmals der Ortsüblichkeit jedoch im Regelungszusammenhang des § 906 BGB in einer Art und Weise, die dem Kriterium nach dem Wortlaut und dem Sinn und Zweck der Norm nicht zukommt. Dies gilt in doppelter Hinsicht. Denn anders als beim Wesentlichkeitskriterium geht es beim Merkmal der Ortsüblichkeit in § 906 II 1 BGB nicht um die Immission, sondern um die Nutzung des emittierenden Grundstücks. Die Heranziehung immissionsschutzrechtlicher Vorschriften zur Bestimmung des Gebietscharakters ist schon deshalb problematisch. Insofern ist der befürworteten Gleichsetzung von Erheblichkeit mit Wesentlichkeit zuzüglich Ortsüblichkeit zu widersprechen, da es auf die Ortsüblichkeit der Beeinträchtigung gerade nicht ankommt. Vielmehr ist der Rechtsprechung zuzustimmen, die allein die Wesentlichkeit für die Erheblichkeitsbestimmung für relevant hält. Da diese beiden Tatbestandsmerkmale auf die Einwirkungen bezogen sind, während das Merkmal der Ortsüblichkeit im Rahmen des § 906 II 1 BGB mit dem emittierenden Grundstück einen abweichenden Bezugsgegenstand hat, kann nur dies richtig sein.
Die eigenständige und einzelfallbezogene Prüfung der Ortsüblichkeit ist für das erkennende Gericht auch mit Blick auf die Harmonisierung von Öffentlichem und privatem Recht nicht obsolet. Geht es um einen Ausgleichsanspruch, ist die Ortsüblichkeit, nicht die Wesentlichkeit, sogar zweimal – und wegen des unterschiedlichen Bezugspunktes des Merkmals in § 906 II 1 BGB einerseits und § 906 II 2 BGB

---

248 MüKo/Säcker § 906, Rn. 25
249 MüKo/Säcker § 906, Rn. 24
250 MüKo/Säcker § 906, Rn. 25
251 MüKo/Säcker § 906, Rn. 26

andererseits auch hier jeweils völlig eigenständig – zu prüfen.
Nicht zuletzt führt die Rechtsprechungsansicht auch rein tatsächlich zu einzelfallorientierten und daher besser nachvollziehbaren Ergebnissen. Die nur eingeschränkte Bedeutung, die sie bauplanungs- und bauordnungsrechtlichen Entscheidungen beimisst, vermeidet eine letztlich bedenkliche Rechtsverkürzung des Einzelnen. So spricht für diese Meinung auch, dass der Anwendungsbereich der Baugenehmigung durch die Ausweitung des Bereichs der genehmigungsfreien und im vereinfachten Verfahren zu genehmigenden Vorhaben durch die Landesbauordnungen in letzter Zeit zwecks Entlastung der Genehmigungsbehörden ausgeweitet wurde. Dies hat aber zur Folge, dass die im zivilen Nachbarrecht entscheidende Frage der Ortsüblichkeit der Nutzung von den Baubehörden gerade nicht mehr geprüft wird.
Zu beachten ist ebenfalls, dass eine Präklusion zivilrechtlicher Ansprüche den betroffenen Nachbarn zwecks Vermeidung von Belastungen auf den Verwaltungsrechtsweg verweist, der dem Nachbarn aber bekanntermaßen gerade im Bereich der Frage planfestsetzender Entscheidungen der Verwaltung und der Anfechtung baugenehmigender Verwaltungsakte einen nur beschränkten Rechtschutz der Art gewährt, dass drittschützende (d. h. gerade den betroffenen Nachbarn schützende) Rechtsnormen verletzt worden sein müssen; somit bleibt der Nachbar auch dann schutzlos, wenn eine Eigentumsbeeinträchtigung gegeben ist, die nicht durch das öffentliche Recht gedeckt ist, diese Normen aber nicht drittschützenden Charakter haben, sondern nur zugunsten der Allgemeinheit erlassen worden sind.
Hinzu kommt, dass nicht jede Verwaltungsabwägung frei von Abwägungsfehlern ist, sodass die Gefahr besteht, dass solche (fehlerhaften) Abwägungen eine Kontrolle durch die Gerichte verhindern, wenn der Betroffene angesichts einer Verwaltungsentscheidung von einer verwaltungsrechtlichen Überprüfung absieht, der zunächst die Vermutung der Rechtmäßigkeit immanent ist. Dies führt im Bereich des Zivilrechts jedoch zu einer nicht hinnehmbaren Verkürzung der Rechte des Nachbarn.
Festzuhalten bleibt somit, dass die Befürchtungen eines Bedeutungsverlustes des Merkmals der Ortsüblichkeit bei gesetzeskonformer Anwendung unbegründet sind. Sie beruhen darauf, dass die Ortsüblichkeit in bezug auf die Immission und nicht, wie das Gesetz es für den Abwehranspruch in § 906 II 1 BGB vorsieht, in bezug auf die Nutzung des emittierenden Grundstücks gesetzt wird. Sofern Grenz- und Richtwerte als generelle Zulässigkeitsschwellen[252] diskutiert werden, jenseits derer eine Ortsüblichkeit schlechterdings nicht mehr vorliegen kann, ist dies – jedoch nur unter der zusätzlichen Prüfung, ob gebietsspezifische Belange berücksichtigt wurden[253] – sicherlich ein zustimmungsfähiger Ansatz, der gerade nicht zu einem Bedeutungsverlust des Ortsüblichkeitskriterium führt.

e. Maßgeblicher Zeitpunkt

Die Ortsüblichkeit der Nutzung des emittierenden Grundstücks wird im Streitfall – wie im Zivilprozess üblich – zum Zeitpunkt der letzten mündlichen Tatsachenverhandlung bestimmt.[254]

---

252 Dazu bei Bitzer, S. 195
253 Weitergehend Mittenzwei, MDR 1977, 99, 101
254 BGH NJW 1976, 1204, 1205; Soergel/Baur § 906, Rn. 92; Staudinger/Roth § 906, Rn. 220; Palandt/Bassenge § 906, Rn. 28

Der BGH[255] hat das Prioritätsprinzip im Bereich der Bestimmung der Ortsüblichkeit der Nutzung nicht anerkannt. Dies hat zur Folge, dass die Frage der zeitlich früheren Nutzung des schädigenden Grundstücks grundsätzlich unerheblich ist.[256]
Demnach kann z. B. bei einer eingetretenen Veränderung der Verhältnisse die einmal bestandene Ortsüblichkeit wieder entfallen, sodass die zeitlich ältere Anlage sogar zu weichen hat. Zwar dürften alte Industriestandorte nach wie vor privilegiert sein, da sich in diesen eine Änderung der zu vergleichenden Nutzung nur selten vollzieht. Dass eine solche Änderung dennoch in alten Industriestandorten nicht völlig ausgeschlossen ist, wird am Beispiel des Wandels des Ruhrgebiets vom Kohle- und Stahlstandort zum Chemiestandort deutlich, mit dem auch ein Wandel der ortsüblichen Nutzungen einherging. Ob heute innerhalb des beschriebenen Gebietes noch eine Kohleabbaugrube genehmigt werden würde, erscheint fraglich.
Die Rechtsprechung hat die Ablehnung des Prioritätsgrundsatzes in der Sache durch Entscheidungen zur sog. heranrückenden Wohnbebauung ein Stück weit durchbrochen, wenn sie im Fall des Herannahens von Wohnbebauung an Industriestandorte eine so genannte Immissionsvorbelastung anerkennt, sodass im Grenzbereich zwischen einem Gewerbe- und einem Wohngebiet für die Frage der Wesentlichkeit für Mischgebiete geltende Richtwerte heranzuziehen sind.[257] Überschreitet Industrielärm die einschlägigen Immissionsgrenzwerte nicht, dann müsse später entstandene Wohnbebauung jedenfalls Lärmbeeinträchtigungen dulden.[258]

2. Die Ortsüblichkeit als Tatbestandsmerkmal von § 364 II ABGB

Nach dem Wortlaut der entscheidenden Norm im österreichischen Nachbarschaftsrecht (§ 364 II ABGB) können mittelbare Immissionen nur dann untersagt werden, wenn sie »das nach den örtlichen Verhältnissen gewöhnliche Maß überschreiten und die ortsübliche Benutzung des Grundstückes wesentlich beeinträchtigen«.
Das Merkmal der Ortsüblichkeit wird demnach – anders als in Deutschland – unmittelbar kumulativ mit der Wesentlichkeit als Übermaßkriterium und zugleich in zweifacher Hinsicht relevant. Zum einen hinsichtlich der Frage des Maßes der Immissionen und zum anderen bezüglich des Maßes der Beeinträchtigung.
Hier ist zunächst darauf einzugehen, wie der Begriff der Ortsüblichkeit im Regelungszusammenhang der Norm zu bestimmen ist. Vorauszuschicken ist, dass in Österreich unter ausdrücklicher Berufung auf die »Ähnlichkeit der Gesetzeslage« bei der Auslegung des Begriffs der Ortsüblichkeit auch auf die deutsche Rechtsprechung und Literatur Bezug genommen[259] wird.

a. Maßgebliches Grundstück

Die Frage, welches Grundstück Bezugsgegenstand der Ortsüblichkeitsprüfung ist, ist in Österreich schwieriger zu beantworten als in Deutschland. Der Wortlaut der Vorschrift gibt kein so eindeutiges Ergebnis vor wie die deutsche Regelung. Es werden

---

255 BGH NJW 1976, 1204, 1205
256 BGH NJW 1976, 1204, 1205; Seidel, Rn. 906; Soergel/Bauer § 906, Rn. 92; Palandt/Bassenge § 906, Rn. 28; Staudinger/Roth § 906, Rn. 220; Raeschke-Kessler/Hamm/Grüter, Rn. 17
257 BGHZ NJW 2001, 3054, 3055; Erman/Hagen/Lorenz § 906, Rn. 22
258 BGH NJW 2001, 3119, 3121
259 Vgl. etwa Steiner, JBl. 1978, 133; Weinberger, S. 27 ff.

hierzu daher anders als in Deutschland unterschiedliche Ansichten zur gesetzlichen Regelung in § 364 II ABGB vertreten.

aa. Ständige Rechtsprechung

Die ständige Rechtsprechung[260] und einige Stimmen in der Literatur[261] stellen nicht allein auf das von den Immissionen betroffene Grundstück ab, sondern bestimmen die Ortsüblichkeit einer Immission anhand eines Bündels von Vergleichen mit durchaus unterschiedlichen Bezugspunkten. Zwar wird primär auf die Umgebung des gestörten Grundstücks abgestellt, zusätzlich werden aber auch aus weiterer Entfernung einwirkende Störungen in die Betrachtung einbezogen, sodass entscheidend das Verhältnis der Lage des beeinträchtigten zum beeinträchtigenden Grundstück sowie die Verhältnisse in der Umgebung beider Grundstücke sind.[262] Damit wird immer auch das Grundstück des Emittenten in die Überlegungen einbezogen.

bb. Wortlautorientierte Ansicht

Demgegenüber vertritt ein Großteil der Literatur die Ansicht, der Wortlaut des § 364 II ABGB sei eindeutig, und auch aus Sinn und Zweck der Norm lasse sich ableiten, dass ausschließlich auf das Grundstück des Betroffenen abzustellen sei, wenn die Ortsüblichkeit von Immissionen und die Art der Nutzung bestimmt werden soll.[263] Dogmatisch wird diese Ansicht damit begründet, dass es auf das emittierende Grundstück deswegen nicht ankommen könne, weil es um einen Eingriff in das Eigentum und den Schutz der jeweils gefährdeten Liegenschaft gehe. Nur diese Auslegung sei mit dem Wortlaut der Vorschrift zu vereinbaren, nach der allein auf »Einwirkungen« und nicht auf Emissionen abgestellt werde.

cc. Stellungnahme

Die geäußerte Kritik an der ständigen Rechtsprechung ist unter Berücksichtigung des Wortlautes des § 364 II ABGB überzeugend. Das Gesetz verlangt es, festzustellen, ob die Grundstücksnutzung des Betroffenen stärker eingeschränkt wird als es in seiner Umgebung üblich ist. Dieses Ergebnis wird nicht genauer, sondern verfälscht, wenn die Verhältnisse in der Umgebung des Emittenten eine Rolle spielen. Der Wortlaut des § 364 II ABGB gibt keinen Anhalt dafür, dass im Rahmen der Bestimmung des Vergleichsortes eine Abwägung der Interessen an der Nutzung der jeweiligen Grundstücke zu erfolgen hat, die aber unweigerlich stattfindet, wenn die Ortsüblichkeit der Einwirkung unter Hinweis auf die Zustände in der Umgebung des Emittenten bestimmt wird. Die die Umgebung des Störers mit in die Betrachtung einbeziehende Ansicht ist anscheinend mitgeprägt von der Überzeugung, dass es im Einzelfall unbillig erscheinen müsse, wenn eine Immission an ggf. weit entfernten Verhältnissen zu messen ist, die sich ganz und gar unterscheiden von denen am Ort ihrer Entstehung. Dem ist aber entgegenzuhalten, dass der Emittent die Folgen

---

260 OGH SZ 45/98; 50/107; 54/158

261 Vor allem Steiner, JBl 1978, 133, 137; Koziol, Haftpflichtrecht II, S. 322; Reischauer, JBl. 1990, 217, 219

262 OGH SZ 45/98; 50/107; 54/158; RdU 1998, 92; Koziol, Haftpflichtrecht II, S. 322; Dittrich/Tades, Bd. II, § 364 E 45

263 Jabornegg, ÖJZ 1983, 369; Gimpel-Hinteregger, S. 270, 276; Schwimann/Oberhammer § 364 Rn 12; Kleewein, RdU 1995, 55, 57; Neubauer, S. 44; Janovsky, S. 278 f.; widersprüchlich Weinberger: vgl., S. 30 einerseits, S. 34 f. andererseits

seiner Nutzung umfassend zu betrachten hat und daher nicht dabei stehen bleiben kann, nur die Beeinträchtigungen in seiner unmittelbaren Umgebung besondere Aufmerksamkeit zu schenken. Sicherlich ist bei einem Großbetrieb auch der Vergleichsraum so zu wählen, dass dies wichtiges Korrektiv sein kann, wenn das örtliche Gepräge eben letztlich im gesamten Einzugesgebiet des Betriebs einheitlich angenommen werden muss.[264]

b. Vergleichsmaßstab

Hier stellt sich nun die Frage, was zur Bestimmung der Ortsüblichkeit in der Umgebung des maßgeblichen – in Österreich also des belasteten – Grundstücks in die Betrachtung mit einbezogen werden kann und muss.

In Rechtsprechung und Literatur ist anerkannt und unstrittig, dass jedenfalls die tatsächlichen örtlichen Verhältnisse in der maßgeblichen Umgebung in die Betrachtung mit einzubeziehen sind.[265] Dies gilt für die Bestimmung der Ortsüblichkeit der Immission wie der Nutzung.

Danach ist die Ortsüblichkeit wie in Deutschland durch einen Vergleich der tatsächlichen Verhältnisse in dem zuvor festgestellten Vergleichsbereich zu bestimmen.

In diesem Punkt wird dann die in Österreich existierende Unterscheidung zwischen der Ortsüblichkeit der Immission einerseits und der Ortsüblichkeit der Nutzung des belasteten Grundstucks relevant. Nach herkömmlicher Sichtweise werden an das gleichlautende Tatbestandsmerkmal je nach Bezugsgegenstand andere Anforderungen gestellt.

aa. Ortsüblichkeit der Immission

An die Ortsüblichkeit der Immission werden insofern strenge Maßstäbe angelegt, als diese erst dann angenommen wird, wenn eine überwiegende Anzahl der in dem Vergleichsraum gelegenen Grundstücke von der fraglichen Immission betroffen ist.[266] Ist dies aber festzustellen, dann kann auch ein einzelner Emittent den Charakter eines ganzen Gebiets prägen, und zwar unabhängig davon, ob seine Nutzung sich im ortsüblichen Rahmen hält.[267] Erst recht ist eine bestimmte Immission ortsüblich, wenn im fraglichen Gebiet die größere Anzahl von Grundstücken so genutzt wird, dass es zu dieser Immission kommt.[268] Auf mögliche Immissionen, die von der gestörten Liegenschaft selbst ausgehen, kommt es dagegen nicht an.

---

264 Dazu sogleich unter D. III. 2. c.

265 OGH SZ 25/221; 28/222; 45/98; 56/158; RdU 1998, 92; Gimpel-Hinteregger, S. 270; Schwimann/Oberhammer § 364 Rn 13; Jabornegg, ÖJZ 1989, 369; Janovsky, S. 279 f.; Steiner JBl. 1979, 138; Koziol, Haftpflichtrecht II, S. 321; Weinberger, S. 31; Neubauer, S. 47

266 Jabornegg GA, S. 17 ff.; ders., ÖJZ 1983, 369; Gimpel-Hinteregger, S. 271, 276; Koziol, Haftpflichtrecht II, S. 322; Weinberger, S. 35

267 Gimpel-Hinteregger, S. 272

268 Etwa Jabornegg/Strasser, S. 31

bb. Ortsüblichkeit der Nutzung

An die Bestimmung der Ortsüblichkeit der Nutzung wird hingegen ein weniger strenges Maß insoweit angelegt, als nicht die Mehrheit der in dem Vergleichsraum gelegenen Grundstücke in der Art des belasteten Grundstücks genutzt werden muss, sondern es als ausreichend angesehen wird, wenn die konkrete Nutzungsweise in dem Vergleichsraum »nicht völlig unbedeutend« ist.[269]

c. Vergleichsbereich

Übereinstimmung in der österreichischen Literatur und Rechtsprechung besteht darin, dass der Begriff des »Ortes« nicht mit der politischen Gemeinde als solcher gleichgesetzt werden kann.[270] Aufgrund der unterschiedlichen Nutzungsmöglichkeiten in den einzelnen Stadt- bzw. Gemeindeteilen kann auch hier eine unterschiedliche Einordnung je nach gebietsprägender Nutzungsart in Betracht kommen. Auch insofern muss gegebenenfalls zwischen Fabrik- und Villenvierteln unterschieden werden, soweit sie aufgrund ihrer wirtschaftlichen und bautechnischen Besonderheit einen eigenen gebietsprägenden Charakter aufweisen.[271] Jedenfalls erforderlich ist aber auch hier eine gewisse Größe des zu beurteilenden Gebietes, sodass einzelne Häuser oder ein einzelner Straßenzug als Grundlage der Bestimmung der Ortsüblichkeit sowohl der Immission als auch der Nutzung nicht in Betracht kommen sollen.[272] Ein allgemeingültiges Schema für die Bestimmung des Vergleichsraums existiert jedoch nicht. Herkömmlicherweise wird auf die weiteren Grundstücke in der »näheren Umgebung« abgestellt.[273]

d. Relevanz öffentlich – rechtlicher Planungsentscheidungen

In der österreichischen Rechtsprechung und Literatur ist umstritten, ob allein auf die tatsächlichen örtlichen Gegebenheiten abzustellen ist oder ob darüber hinaus weitere Kriterien bei der Bestimmung der Ortsüblichkeit heranzuziehen sind. Insbesondere ist die Frage der Bedeutung von Flächenwidmungsplänen umstritten.

aa. Diskussionsstand

Ein Großteil der Literatur und Teile der Rechtsprechung lehnen die Heranziehung öffentlich-rechtlicher Planfeststellung zur Bestimmung der maßgeblichen Verhältnisse mit der Begründung ab, dass diese Planungen zukunftsgewandt seien und keine Anhaltspunkte über die momentanen örtlichen Verhältnisse enthalten.[274]

Die Gegenmeinung ist der Auffassung, dass, gerade aufgrund der den Flächenwidmungsplänen zugrundeliegenden räumlichen Strukturuntersuchungen der bereits be-

269 Janovsky, S. 280; Gimpel-Hinteregger, S. 272

270 OGH SZ 25/221; 28/222; 54/158; 57/158; Jabornegg/Strasser, in Strasser, S. 16; Jabornegg ÖJZ 1983, 365, 369; Rummel/Spielbüchler § 364, Rn. 14; Steiner, JBl. 1978, 133, 134; Klang/Klang II, S. 172; Schwimann/Oberhammer § 364 Rn 12; Neubauer, S. 45

271 Weinberger, S. 28; Koziol, Haftpflichtrecht II, S. 321; Jabornegg, ÖJZ 1983, 365, 369

272 OGH SZ 25/221; 45/98; 61/273; EvBl. 1982/50; Rummel/Spielbüchler § 364, Rn. 14; Reischauer, JBl. 1990, 217, 218; Weinberger, S. 28

273 So OGH SZ 25/221; 28/222; Janovsky, S. 279; Gimpel-Hinteregger, S. 271, 276; Jabornegg, ÖJZ 1983, 365, 369

274 OGH SZ 52/53; MietSlg. 34.033; RdU 1997, 140; Rummel/Spielbüchler § 364, Rn. 13; Steiner, JBl. 1978, 133, 138

stehenden Nutzungen, diesen Plänen ein Indizcharakter für die tatsächliche Nutzung und damit schließlich für die damit verbundenen Immissionsverhältnisse in dem fraglichen Raum zukommen müsse.[275] Dies habe die zusätzliche Folge, dass dadurch ein interessengerechtes Ineinandergreifen von Nachbarrecht und öffentlichen Raumordnungsrecht gewährleistet werden könne, da bereits bei der Erstellung der Flächenwidmungspläne aufgrund öffentlich-rechtlicher Widmungsvorschriften eine Interessenabwägung stattfinde, die unter Berücksichtigung auch des nachbarrechtlichen Immissionsschutzes eine bestimmte Art der Flächennutzung für zulässig erkläre.[276] Diese Auffassung macht jedoch deutlich, dass hauptsächliches Kriterium nach wie vor die tatsächlichen Gegebenheiten vor Ort sind. Erst wenn aufgrund dieser Betrachtung kein Ergebnis gefunden werden kann, soll hilfsweise zur Ergänzung auf öffentliche Planungen zurückgegriffen werden können.
Auch der OGH[277] hat in einer Entscheidung die Berücksichtigung solcher Pläne für möglich erachtet.

bb. Stellungnahme
Aufgrund der österreichischen Besonderheit der Unterscheidung zwischen der Ortsüblichkeit der Immission und der der Nutzung erscheint hier eine differenzierte Behandlung der Frage der Einbeziehung von öffentlichen Planungen geboten.
Auch hier sollte wie in Deutschland zur Ergänzung der Beurteilung der Ortsüblichkeit einer Nutzung auf vorhandene Pläne der Verwaltung zurückgegriffen werden können, wenn diese bereits in Vollzug gesetzt sind, da sich aus diesen ein genereller Charakter der Nutzung des Vergleichsgebiets unschwer ergibt. Der Einwand der Zukunftsgerichtetheit vermag insofern nicht zu überzeugen, als dass bereits in der Vergangenheit in Vollzug gesetzte Pläne durchaus über die gegenwärtigen Verhältnisse Auskunft geben können, was selbstverständlich bei noch zu verabschiedenden Plänen nicht der Fall ist.
Eine andere Situation stellt sich jedoch bei der Beurteilung der Ortsüblichkeit einer Immission dar. Da hier ausschließlich das betroffene Grundstück und dessen Umgebung zu berücksichtigen sind, können entsprechende Pläne der Verwaltung keine Auskunft über die tatsächliche Belastung dieser Grundstücke vor Ort geben. In diesen ist nicht festgehalten, wie die einzelnen Grundstücke zurzeit belastet werden. Daher ist in diesem Fall die Heranziehung auch zur Ergänzung nicht von Nutzen. Insofern verbleibt es bei dem Grundsatz, dass eine originäre tatsächliche Feststellung erfolgen muss.

e. Relevanz öffentlich-rechtlicher Immissionsschutznormen

Ein weiterer Gesichtspunkt wird in der Literatur und der Rechtsprechung hinsichtlich der Bindungswirkung weiterer öffentlich-rechtlicher Normen im Bereich des Privatrechts diskutiert.[278] Hier geht es insbesondere um die Geltung von Immissions- und

275 Gimpel-Hinteregger, S. 283; Aicher, Staatshaftung, 416 ff.; ders., JBl. 1979, 235, 237; Jabornegg GA, 21 f.; Jabornegg/Strasser, in Strasser, S. 99; Schwimann/Oberhammer § 364, Rn. 13; Janovsky, S. 280

276 Schwimann/Oberhammer § 364 Rn 13; Gimpel-Hinteregger, S. 283

277 OGH SZ 50/99

278 Vgl. hierzu umfassend: Gimpel-Hinteregger, S. 280 ff.; Jabornegg, ÖJZ 1983, 369; ders. GA, 28 ff.

Emissionsgrenzwerten und damit ähnlich der Diskussion in Deutschland im Bereich der Wesentlichkeit einer Immission um die Problematik der Bindungswirkung von Immissionsrichtlinien im Zivilrecht.
In Österreich wird die Diskussion jedoch nicht, wie der Sinnzusammenhang vermuten ließe, zur Frage der Wesentlichkeit einer Immission geführt, sondern im Rahmen der Ortsüblichkeit einer Immission. Die Einordnung ist aus österreichischer Sicht nachvollziehbar, wenn der Anwendungsbereich der Vorschrift des § 364 II ABGB nicht auf ein Mindestmaß reduziert, sondern seiner Funktion als Schutzvorschrift des privaten Nachbarschafts- und Umweltschutzvorschrift gerecht werden soll.
Eine unwiderlegbare Vermutung der Ortsüblichkeit im Sinne des § 364 II ABGB bei der Überschreitung von gesetzlichen Grenzwerten ist in den §§ 56, 47 ForstG zu finden. Dort ordnet der österreichische Gesetzgeber an, dass »forstschädliche Luftverunreinigungen im Sinne des § 47 ForstG jedenfalls als solche gelten, die das ortsübliche Ausmaß im Sinne des § 364 II ABGB überschreiten«, als Luftverunreinigungen sind solche zu verstehen, die »messbare Schäden an Waldboden oder Bewuchs verursachen«.
Da solche Regelungen aber nur vereinzelt geblieben sind und eine dem § 906 I 2, 3 BGB entsprechende Norm in Österreich nicht vorhanden ist, somit eine gesetzliche allgemeine Anordnung der Regelvermutung nicht existiert, bleibt umstritten, ob die Vorschrift hinsichtlich anderer Grenzwertbestimmungen analogiefähig oder gerade der Gegenschluss zwingend ist.

aa. Wortlautorientierte Ansicht der Literatur
Eine Ansicht in der Literatur wendet die Vorschrift des § 364 II ABGB streng dem Wortlaut entsprechend an und führt aus, dass öffentlich-rechtliche Grenzwertregelungen für die Bestimmung der Ortsüblichkeit bedeutungslos seien; entscheidend sei allein, wie sich die tatsächlichen Verhältnisse vor Ort darstellten.[279] Wird der Vergleichsraum daher mit einer Immission gleichmäßig belastet, hat dies zur Folge, dass diese auch ortsüblich ist, unabhängig von der Frage, welche Intensität die Immission aufweist. Dementsprechend wird auch eingeräumt, dass die Eignung des Nachbarschaftsrechts für den Umweltschutz erheblich begrenzt sei, da auch schwerste Belastungen nicht untersagt werden könnten, wenn sie ortsüblich seien.[280]

bb. Präjudizierung des Privatrechts durch das öffentliche Recht
Demgegenüber wird als anderes Extrem die Auffassung vertreten, dass die örtlichen Verhältnisse allein nicht entscheidend sein können. Durch bereits vorhandene Rechtssätze des öffentlichen Rechts, des Strafrechts und des Privatrechts habe der Gesetzgeber Wertentscheidungen getroffen, die bei der Auslegung des Begriffs der »Ortsüblichkeit« nicht unberücksichtigt bleiben könnten.[281] Bestünden etwa gesetzliche Höchstgrenzen für Lärm oder Imponderabilien, so sei bereits durch den Gesetzgeber eine Abwägungsentscheidung zugunsten des Betroffenen getroffen worden mit der Folge, dass Einwirkungen jenseits der Höchstgrenzen nicht geduldet werden müssen. Auch wenn teilweise vorgegeben wird, solche öffentlich-rechtlichen Regelungen nur als einen Anhaltspunkt unter mehreren berücksichtigen zu wollen, so

279 Koziol, Haftpflichtrecht II, 321; Rummel/Spielbüchler § 364, Rn. 20
280 So Koziol/Welser, Grundriss I, 254 f.
281 Gimpel-Hinteregger, S. 279 f.; Aicher, JBl. 1979, 237; Moser, ÖJZ 1974, 375 f.

sprechen doch viele Ausführungen für eine weitergehende Bedeutung. So z. B., wenn formuliert wird:

> Emittiert beispielsweise eine private Ölheizungsanlage über dem vom öffentlichen Recht festgelegten Grenzwerten Schwefel, und bewirkt diese Emission eine wesentliche Beeinträchtigung der ortsüblichen Nutzung der Nachbarliegenschaft, so ist nicht einzusehen, warum noch langwierige Feststellungen über »das nach den örtlichen Verhältnissen gewöhnliche Maß« notwendig sein sollen.[282]

Im Ergebnis führt diese Auffassung zu einer Präjudizierung des Privatrechts durch Vorgaben des öffentlichen Rechts, soweit vom Gesetzgeber Grenzwerte vorgegeben werden. Immer dann, wenn diese Grenzwerte nicht eingehalten werden, soll eine »Gewöhnung« an die fraglichen Immissionen nicht möglich sein, sodass auch ein ortsübliches gewöhnliches Maß nicht vorliegen könne.[283]

cc. Herrschende Lehre und Rechtsprechung

Die ständige Rechtsprechung[284] und wohl herrschende Lehre[285] vertreten eine zwischen den beiden soeben dargestellten Ansichten angelegte Mittelmeinung. Zum einen erkennt diese Meinung, dass auch öffentlich-rechtliche Grenzwertbestimmungen für die Bestimmung der Ortsüblichkeit im System des österreichischen Nachbarschaftsrecht fruchtbar gemacht werden können und greift in gewissem Umfang auf diese zurück. Dabei wird jedoch betont, dass es zunächst eine Frage der tatsächlichen Verhältnisse vor Ort sei, ob eine Immission als ortsüblich bezeichnet werden könne. Erst wenn dies nicht feststellbar sei, soll hilfsweise auf Regelungen des öffentlichen Rechts zurückgegriffen werden können. Da – entgegen der eine Akzessorietät befürwortenden Ansicht – das Tatbestandsmerkmal des »gewöhnlichen Maßes« zudem nicht in Richtung des »sich daran gewöhnen Könnens«, auszulegen sei, sondern als tatsächliches, objektives Tatbestandsmerkmal im Sinne von »üblich, gemein«[286], sei eine normative Betrachtungsweise nicht angebracht, in deren Rahmen Wertentscheidungen des Gesetzgebers berücksichtigt werden könnten. Dadurch vermeiden die herrschende Lehre und die Rechtsprechung hier eine Entwicklung hin zu einer Akzessorietät des privaten und des öffentlichen Rechts und man kann auch dann zu dem Ergebnis kommen, dass die Ortsüblichkeit gegeben ist, wenn Grenzwerte überschritten sind, und umgekehrt. Somit kommt diese Ansicht mit der zuerst genannten Ansicht zum selben Ergebnis, wenn die tatsächlichen Verhältnisse die Annahme einer ortsüblichen Immission nahe legen; dies gilt auch dann, wenn Grenzwertregelungen überschritten werden. Jedoch wird in der Rechtsprechung die Einhaltung von Grenzwerten als Indiz für die Ortsüblichkeit bzw. die Überschreitung für die Ortsunüblichkeit angenommen, wenn formuliert wird, dass »im Regelfall nicht angenommen werden kann, dass die Erregung der Störung das den örtlichen Verhältnissen gewöhnliche Maß nicht überschreite und die ortsübliche Be-

282 Gimpel-Hinteregger, S. 279

283 Gimpel-Hinteregger, S. 279

284 OGH SZ 67/138; EvBl. 1968/21; JBl. 1997, 658; RdU 1998, 89

285 Jabornegg GA, S. 21 ff.; ders., ÖJZ 1983, 270; Janovsky, S. 285; Weinberger, S. 35; Dittrich/Tades § 364 E 47 a

286 Vgl. Kerschner, RdU 1995, 197; Janovsky, S. 281

nutzung der Liegenschaft des Klägers nicht beeinträchtige, obwohl sie nach den einschlägigen polizeilichen Vorschriften verboten und damit mit Strafe bedroht ist«.[287]

dd. Stellungnahme

Die überzeugenderen Argumente sprechen für die Lösung der Rechtsprechung. Sie vermeidet einerseits, dass das Nebeneinander von zivilem und öffentlichem Recht dazu führt, dass im Einzelfall unerträgliche Widersprüchlichkeiten in der rechtlichen Behandlung ähnlicher Gemengelagen entstehen. Andererseits bleibt aber eine nach dem herkömmlichen Verständnis des Begriffs der Ortsüblichkeit tatsächliche Feststellung im Einzelfall zu treffen, die mit pauschaler Anwendung von Grenzwertregelungen nicht immer sachgerecht getroffen werden könnte. Entsprechend der in Deutschland vorzufindenden Regelung hinsichtlich der Problematik der Wesentlichkeit einer Immission sollten Grenzwertregelungen als Indiz Berücksichtigung finden können. Damit der Anwendungsbereich der Vorschriften nicht ausgerechnet in Extremfällen ausgeschlossen werden muss und um ihnen auch und gerade als Schutznormen im zivilen Umweltrecht, die nicht an ein Verschulden geknüpft sind, Bedeutung zukommen zu lassen, ist es zunächst *de lege lata* in Österreich angebracht, diese Problematik im Rahmen der Ortsüblichkeit zu erörtern. Die Indizwirkung verträgt sich auch mit der Tatsache, dass Normen wie § 56 ForstG, die direkt auf die den privatrechtlichen Nachbarschutz »durchschlagen«, vereinzelt geblieben sind, was deutlich gegen eine generelle Analogiefähigkeit, sondern für die Einzigartigkeit dieser Bedeutung spricht.[288]

f. Maßgeblicher Zeitpunkt

Übereinstimmend gehen Rechtsprechung und Lehre davon aus, dass eine Immission allein aufgrund ihres längeren Bestehens ortsüblich werden kann.[289] Nicht einheitlich wird jedoch beurteilt, wann eine Immission ortsüblich wird.

Nach der Rechtsprechung sind über 30 Jahre bestehende Einwirkungen durch Industrieanlagen – sogar entschädigungslos – hinzunehmen.[290] Insoweit lehnt sich die Rechtsprechung an die allgemeine Ersitzungs- und Verjährungszeit im österreichischen Recht, § 1479 ABGB, an. Andere lassen bereits eine Frist von 3 Jahren genügen, da diese Frist ausreichend verdeutliche, dass der Zustand hingenommen werde, worauf es allein ankommen könne.[291]

Für die Beeinträchtigung durch nicht betriebliche Tätigkeit stellt der OGH allerdings auf den Beurteilungszeitpunkt ab und betont ausdrücklich, dass es hier nicht darauf ankomme seit wann die Belästigung auftrete.[292] Eine plötzliche Steigerung der Immission sei in jedem Fall ortsunüblich.[293]

---

287 So OGH RdU 1995, 93

288 So auch Jabornegg GA, S. 30

289 Vgl. OGH JBl 1989, 578, Rummel/Spielbüchler § 364, Rn. 15; Jabornegg GA, S. 23 f., Gimpel-Hinteregger, S. 272

290 OGH JBl 1989, 578 stützt sich dabei auf Jabornegg GA, S. 23 f.

291 Vgl. Rummel/Spielbüchler § 364, Rn. 15; auch Illedits/Illedits-Lohr, Rn. 327

292 OGH JAP 1993, 30

293 OGH SZ 50/107; OGH 5 SZ 52/53; OGH SZ 54/158

3. Zusammenfassung

Zur Interpretation des Tatbestandsmerkmals der Ortsüblichkeit im österreichischem und deutschen Nachbarschaftsrecht bleibt somit festzustellen, dass hinsichtlich der konkreten Bestimmung des Vergleichsbereichs und des Vergleichsmaßes auf Basis der jeweils hier vorgezogenen Ansichten, insbesondere der in Vordringen befindlichen Ansicht in Österreich zur Berücksichtigung öffentlich-rechtlicher Planungen, keine besonderen Unterschiede bestehen.

Erhebliche Unterschiede zwischen den beiden gesetzlichen Regelungen bestehen jedoch aufgrund der jeweiligen gesetzlichen Systematik. So zunächst im Hinblick auf den jeweiligen Bezugsgegenstand der Ortsüblichkeit und damit auch hinsichtlich der Frage des maßgeblichen Grundstücks. Letztlich hat der unterschiedliche Tatbestandskontext, in dem das Merkmal steht, Auswirkung auf das dem Tatbestandsmerkmal der Ortsüblichkeit tatsächlich zukommende Gewicht innerhalb der Anspruchssysteme.

Die österreichische Anspruchsnorm § 364 II ABGB setzt für die wesentliche Beeinträchtigung voraus, dass diese sich auf eine ortsübliche Nutzung des betroffenen Grundstücks auswirkt. Demgegenüber ist gemäß der deutschen Anspruchsnorm § 1004 I BGB zunächst allein eine Beeinträchtigung des Eigentums erforderlich, schließlich ist aber auch für die Duldungspflicht nicht relevant, ob eine ortsübliche Nutzung beeinträchtigt wird.

Im Hinblick auf die Nutzung des betroffenen Grundstücks gewinnt die Ortsüblichkeit in der deutschen Regelung erst Bedeutung, wenn es um nicht abwehrfähige, aber entschädigungspflichtige Beeinträchtigungen geht. Erst im Rahmen der Prüfung eines Ersatzanspruchs nach § 906 II 2 BGB ist die Frage der ortsüblichen Nutzung des belasteten Grundstücks daher relevant.

Die Ortsüblichkeit, um die es bei der Prüfung der Duldungspflicht geht, bezieht sich auf die Nutzung des emittierenden Grundstücks.

Unterschiede bestehen also zwingend bei der Bestimmung des vergleichsrelevanten Grundstücks. Während in Österreich auf das belastete Grundstück abzustellen ist, ist in Deutschland bei der Frage der Duldung einer als wesentlich festgestellten Beeinträchtigung der Blick allein auf das emittierende Grundstück zu richten.

Zu beachten ist dabei also immer, dass erst bei der Bejahung einer wesentlichen Beeinträchtigung die Prüfung der Ortsüblichkeit notwendig wird, wobei in § 906 I 2, 3 BGB angesprochene Grenz- und Richtwerte grundsätzlich allein zur Beurteilung der Wesentlichkeit herangezogen werden und für die Ortsüblichkeit nur nach sorgfältiger Prüfung ihrer Gebietsbezogenheit überhaupt Anhalte bieten können.

Festzuhalten bleibt daher, dass die Ortsüblichkeit in Österreich der Art doppelt relevant wird, dass sie sowohl auf das Tatbestandsmerkmal der Nutzung des betroffenen Grundstücks als auch auf das der zu beurteilenden Einwirkung bezogen wird, während in Deutschland erstere Prüfung jedenfalls nicht im Rahmen des Abwehranspruches und letztere Prüfung mit abweichendem Bezugsgegenstand vorzunehmen ist.

Mit ihrem jeweiligen Regelwerk haben der österreichische und der deutsche Gesetzgeber zwei unterschiedliche Grundsatzentscheidungen zur Frage der nachbarlichen Interessenabwägung in Kollisionsfällen getroffen. Es geht jeweils um den Ausgleich prinzipiell gleichrangiger Interessen von Grundrechtsinhabern. Hier ist die Schwerpunktsetzung in der österreichischen Gesetzgebung von der Überzeugung getragen, dass das Grundrecht des Gestörten dann zurücktreten muss, wenn die Störung auch

anderen in vergleichbarer Weise widerfährt. Diesseits der Unzumutbarkeitsgrenze ist in diesen Fällen jedenfalls eine Abwehr von Beeinträchtigungen nicht möglich.
Der deutsche Gesetzgeber geht dagegen im Grundsatz davon aus, dass jede Störung – unabhängig davon wie viele Betroffene es gibt – abwehrfähig sein muss, sofern sie wesentlich die Nutzung beeinträchtigt. Auch die Art der Nutzung spielt keine Rolle, während die österreichische Regelung von vornherein nur eine ortsübliche Nutzung für schützenswert hält. Das widerspricht dem Umstand, dass Eigentumsordnung und Verfassung grundsätzlich jede Nutzung gewährleisten wollen, weshalb das Tatbestandsmerkmal denn auch gegen den Wortsinn ausgelegt wird, wenn es schon bei am Ort nicht ganz unbedeutender Nutzung als gegeben angenommen wird. Eine nicht ungewöhnliche ist kaum eine übliche Nutzung. Insoweit entspricht die deutsche Regelung den dort gleichen Vorgaben von Eigentumsordnung und Verfassung wesentlich eher.
Genauso ist der – in Österreich *de lege lata* nicht gangbare – Ansatz besser, die Ortsüblichkeit beim Abwehranspruch störerbezogen zu bestimmen. Demjenigen, der einer wesentlichen Immission ausgesetzt ist, kann der Störer nur noch entgegensetzen, dass er selbst gerade in bezug auf diese die Beeinträchtigung verursachende Nutzung seines eigenen Grundstücks (Vertrauens-)Schutz genießt, weil er nichts anderes als in seiner Umgebung üblich tue; seine Emission ist eben nicht außergewöhnlich für die Verhältnisse, die die Umgebung beider prägen. Dann und nur dann muss sich eher der Gestörte einfügen als der Störer. Nach der Modellvorstellung des Gesetzgebers sollten sich auf diese Weise eben gerade gegenseitige Störungen ausgleichen: der eine erträgt die Emissionen des anderen und umgekehrt. Dabei ist sicherlich eines nicht genügend bedacht worden: bei strikter Anwendung der Regelungen sind Ergebnisse möglich, die angesichts riesiger Industrieanlagen, größerer Bevölkerungsdichte und den neuzeitlichen Entwicklungen des Umweltschutzes keinen von der modernen Gesellschaft akzeptierten Interessenausgleich mehr darstellen. Dies macht Ansätze in Richtung auf eine doch staatlichen Festlegung einer Belastungsobergrenze verständlich. Noch hat sich der Gesetzgeber – sowohl der österreichische als auch trotz bzw. gerade wegen § 906 I 2, 3 BGB der deutsche – gegen eine solche Obergrenze entschieden, sodass diese Überlegungen nur *de lege ferenda* angestellt werden können.[294] Das Ergebnis der Ortsüblichkeitsprüfung zumindest einer Art Richtigkeitsgegenprobe in dem Sinn zu unterwerfen ist, ob es nicht den das Staatsziel Umweltschutz tragenden Werten auffällig widerspricht, erscheint jedenfalls überlegenswert. Dies muss nicht in eine Art Umweltverträglichkeitsprüfung ausarten[295], kann aber Korrektiv bei andernfalls staatszielferner Auflösung des Interessenkonflikts in den Fällen sein, in denen die Unzumutbarkeit von Beeinträchtigungen offenkundig ist, ohne dass aber mit den gängigen Kriterien und mangels einschlägiger Grenz- und Richtwerte ein vertretbares Ergebnis zu erreichen wäre. Dies ist ohne Frage bei massiv gesundheitsgefährdenden oder gar lebensbedrohlichen Immissionen der Fall.
Aufgrund der Systematik der österreichischen Regelung ist das Merkmal der Ortsüblichkeit in Österreich zwangsweise an Bedeutung überladen. Während in Deutschland tatsächlich allein die Ortsverhältnisse erörtert werden, wird in Österreich in die

---

294 Siehe dazu unten unter I. Fazit und Ausblick
295 Dafür plädiert Mittenzwei, MDR 1977, 99, 101

Prüfung der Ortsüblichkeit die Prüfung von Wesentlichkeitselementen einbezogen. Eine klare Trennung der Tatbestandsmerkmale findet nicht statt, weshalb innerhalb der österreichischen Systematik also klar ein Tatbestandsmerkmal entbehrlich ist. Dem eigentlichen Wortsinn nach stellt sich z. B. bei der objektiv-empirisch zu behandelnden Frage nach der Ortsüblichkeit die Grenzwertproblematik – klarer Anknüpfungspunkt für die Intensität der Beeinträchtigung – nicht.

IV. Person des Anspruchsgegners (Störer) und des Anspruchsstellers (Gestörter)

Von besonderer Bedeutung im privaten Nachbarrecht ist die Bestimmung desjenigen Personenkreises, der von den Vorschriften des zivilen Nachbarrechts erfasst wird. Im Gegensatz zum Haftungsrecht ist ein Anspruch gegen einen Störer im Sinne des Nachbarrechts nicht an ein Verschulden geknüpft, was für denjenigen, der sich auf diese Rechte stützen will, von großer praktischer Bedeutung für die prozessuale Durchsetzbarkeit ist. Auf den Nachweis eines Verschulden des Anspruchgegners kommt es nicht an. Wenn damit auch eine erhebliche Erleichterung bei der Rechtsverfolgung durch den Gestörten verbunden ist, so ist die Bestimmung des richtigen Klagegegners, also des im Sinne des Nachbarrechts verantwortlichen Störers, nicht so zwingend wie es auf den ersten Blick erscheinen mag.
Entsprechend unterschiedlich sind die Ansätze, die im Hinblick auf die Einordnung als Berechtigte und Verpflichtete in Österreich und Deutschland vertreten werden, wobei insbesondere in den beiden Ländern selbst unterschiedliche Auffassungen zwischen Literatur und Rechtsprechung bestehen.

1. Der Anspruchsgegner

Bei der Bestimmung des Anspruchsgegners und Störers kommt es darauf an, die Person zu ermitteln, die für die Beeinträchtigung des Nachbargrundstücks einzustehen hat. Das Gesetz liefert hier lediglich Ansatzpunkte. Das ABGB spricht in § 364 II vom »Nachbarn«. § 906 BGB nennt einen Anspruchsgegner nur dort, wo er echte Anspruchsgrundlage ist, also in § 906 II 2 BGB. Soweit es in § 906 I und II 1 BGB nur um die Duldungspflicht geht, ist der Gegner nicht ausdrücklich genannt. Hinsichtlich des Abwehranspruchs stehen hier daher zwei Begriffe zur Gegnerbestimmung zur Verfügung: der des »Benutzers« in § 906 II 2 BGB und der des »Störers« in § 1004 BGB.
Mit »Nachbar«, »Störer« und »Benutzer« ist der Anspruchsgegner selbstverständlich kaum genügend individualisiert. Der Einordnung dienen sollte auch der Bezugsgegenstand des Abwehrrechts, die »von einem anderen Grundstück ausgehenden Einwirkungen«. Vordergründig kommt zunächst einmal vor allem der Eigentümer des störenden Grundstücks in Betracht; aber wohl auch der dieses Grundstück Nutzende. Letzterer kann jedoch ein berechtigter oder einen unberechtigter Nutzer sein, das Grundstück kann für eigene und fremde Zwecke genutzt werden.[296] Es ergeben sich somit eine Fülle unterschiedlicher Fallgestaltungen und die Einordnung der verschiedenen Tatbestände ist durchaus umstritten.

---

296 Abgrenzung nach Jabornegg GA, S. 43 f.

Außerdem ist eine Grundstücks- bzw. Nutzungsbeeinträchtigung grundsätzlich auf zwei Arten möglich. Zum einen kann die Störung unmittelbar auf eine menschliche Handlung zurückgehen (z. B. Gartenfest des Nachbarn) oder die Beeinträchtigung kann auf den Zustand von Sachen zurückzuführen sein, so etwa wenn vom Nachbargrundstück giftige Stoffe auf das beeinträchtigte Grundstück dringen.
Die Bestimmung des Anspruchsgegners muss also die Frage beantworten, wer jeweils für eine bestimmte von einem Grundstück ausgehende Störung im Sinne des Nachbarrechts verantwortlich ist.

a. Österreich

In Österreich werden im Wesentlichen zwei verschiedene Ansichten zur Bestimmung des Anspruchsgegners eines nachbarrechtlichen Abwehranspruchs vertreten. Ein Grossteil der österreichischen Literatur hat sich dabei der Rechtsprechungsmeinung in Österreich angeschlossen.
Übereinstimmung besteht zunächst hinsichtlich der Definition, dass grundsätzlich derjenige als Anspruchsgegner, der auch hier vornehmlich als Störer bezeichnet wird, anzusehen ist, der aufgrund eigener Handlungen fremde Eigentümerbefugnisse in Anspruch nimmt.[297] Dieser weite Störerbegriff folgt aus dem umfassenden Eigentumsrecht nach § 354 ABGB. Eine nähere Ausformung des Störerbegriffs fehlt aber in der österreichischen Rechtsprechung; aus bislang ergangenen Entscheidungen haben sich allenfalls Anhaltspunkte für den nachbarschaftlichen Störerbegriff ergeben.
Umstritten bleibt deshalb, ob die unmittelbare Inanspruchnahme des Handelnden an weitere besondere Voraussetzungen zu knüpfen ist, und unter welchen Voraussetzungen die mittelbare Verantwortlichkeit des Eigentümers des Nachbargrundstücks für fremdes Handeln gegeben ist. Hierzu werden unterschiedliche Ansätze vertreten.

aa. Bestimmung anhand des Nachbarbegriffs

Die Rechtsprechung[298] – und ihr folgend ein Großteil der Literatur[299] – beschränkt den oben vorgestellten umfassenden Störerbegriff für das Nachbarrecht mit Blick auf das Tatbestandsmerkmal des »Nachbarn« in § 364 II ABGB.
Diese tatbestandliche Begrenzung findet ihren Ausdruck darin, dass als Störer nur derjenige in Betracht zu ziehen sei, der das Grundstück für eigene Zwecke nutze. Ein Nicht-Eigentümer sei folglich störertauglicher »Nachbar«, wenn er es für eigene Zwecke nutze. Die Einschränkung wird aber – vor allem von der der Rechtsprechung im Grundsatz folgenden Lehre – durch eine gelegentlich sehr weite Interpretation des genannten Merkmals wieder ausgedehnt, wenn etwa auch derjenige, der ein fremdes Feld nur düngt und im Rahmen dieser Tätigkeit auch fremden angrenzenden Grund beeinträchtigt, jemand sein soll, der das zu düngende Grundstück für eigene Zwecke

---

297 Vgl. OGH JBl. 1970, 35; Rummel/Spielbüchler § 364, Rn. 5; Kerschner, in Hanreich/Schwarzer, S. 48; Schwimann/Oberhammer § 364, Rn. 8; Janovsky, S. 298; Jabornegg GA, S. 44; Feil, Rn. 53 a. E.

298 OGH SZ 61/278; 47/140; SZ 42/159; 41/84; JBl. 1982, 595; JBl. 1993, 653; RdU 1996, 200

299 Etwa Gimpel-Hinteregger, S. 325; Rummel/Spielbüchler § 364, Rn. 5; wohl auch Janovsky, S. 299; Neubauer, S. 66; Koziol, Haftpflichtrecht II, S. 320 f.; Rummel/Petrasch § 523, Rn. 9 f.; Klang/Klang II, S. 603

nutzt, da er an der Erzielung von Gewinn interessiert sei.[300] Zugleich wird aber auch die Verantwortlichkeit des Eigentümers des Nachbargrundstücks für fremdes Handeln sehr weit auf Handlungen Dritter ausgedehnt, wenn es für diese Verantwortlichkeit ausreichen soll, dass die Immissionen vom Grund und Boden des Eigentümers ausgehen und ein gewisser Zusammenhang zwischen Sachherrschaft und Emission besteht.[301] Sofern dem Grundstückseigentümer die faktische Einflussnahme auf den Nutzer des Grundstücks möglich sei, er aber gegen die Emissionen nichts unternehme, sei er Störer. Eine solche Einflussnahme wird dabei nicht an ein rechtliches Können oder Dürfen geknüpft, sondern es reicht ein irgendwie geartetes Verhältnis des Handelnden zum Grundstückseigentümer, wie dies etwa bei einem Rechtsverhältnis (z. B. Miete oder Pacht) der Fall ist.[302] Durch das Erfordernis eines Zusammenhangs zwischen Sachherrschaft und Emission sollen solche Einwirkungen von der Zurechnung ausgeschlossen werden, mit denen der Grundstückseigentümer nicht rechnen musste, wie dies etwa bei einer rechtswidrigen Inanspruchnahme der Nutzung des Grundstücks oder nicht vorhersehbaren Ereignissen, wie z. B. Naturgewalten oder höherer Gewalt, der Fall ist.[303]

bb. Anknüpfung an den Inhalt des Eigentums
Ein Teil der österreichischen Literatur[304] will die Ansätze der Rechtsprechung zu einem einheitlichen Störerbegriff des Nachbarrechts hin weiterentwickeln. Diese Literaturmeinung formuliert für § 364 II ABGB folgenden Störerbegriff:

> Störer ist, wer durch sein Verhalten oder durch das Verhalten der für ihn tätigen und seiner Disposition verpflichteten Personen im Rahmen dieser Tätigkeit, oder durch Ausstrahlung der seiner Nutzungs- und Dispositionsbefugnis unterliegenden eigenen oder fremden Sachen, fremde Eigentümerbefugnisse faktisch in Anspruch nimmt, sofern diese Inanspruchnahme nicht auf höhere Gewalt bzw. auf rechtswidrige Eingriffe dritter Personen zurückzuführen ist, oder in reinem Naturwirken besteht.
> Störer ist auch, wer ohne in fremdes Eigentum einzugreifen, dieses durch seine Sache rechtlich überlagert, sofern diese Rechtsüberlagerung durch Zufall (insb. rechtswidrig handelnde Dritte) herbeigeführt worden ist.[305]

Den Nachbarbegriff in § 364 II ABGB begreift diese Meinung entgegen der herrschenden Ansicht nicht als Begrenzung des Anwendungsbereichs, sondern als einen Hinweis darauf, dass es sich bei dieser Vorschrift um eine Abgrenzung der Eigentumssphären benachbarter Grundstückseigentümer handelt, wodurch eine Konkretisierung der Befugnisse der Grundstückseigentümer erfolgen solle. Werde aber, von wem auch immer, in den gemäß § 354 ABGB umfassend bestimmten und allein dem Eigentümer zugewiesenen Eigentumsinhalt eingegriffen, liege bereits aus diesem

300 Beispiel nach Janovsky, S. 299
301 OGH JBl. 1986, 719; Rummel/Spielbüchler § 364, Rn. 5; Gimpel-Hinteregger, S. 325; Schwimann/Oberhammer § 364, Rn. 9; Neubauer, S. 66
302 OGH RdU 1994, 149; Koziol, Haftpflichtrecht II, S. 321; Janovsky, S. 300
303 OGH RdU 1994, 149 f.; Janovsky, S. 302; Neubauer, S. 66
304 Vgl. vor allem: Jabornegg GA, S. 36 ff.; diesem folgend Schwimann/Oberhammer § 364, Rn. 8 und Kerschner, in Hanreich/Schwarzer, S. 49
305 Jabornegg GA, S. 49

Grunde eine Störung vor, der Störer sei bereits bestimmt.[306] Ohne Bedeutung sei, ob die Störung auf eine Nutzung eines Grundstücks zu eigenen Zwecken zurückzuführen sei. Folglich komme eine Inanspruchnahme auch dann in Betracht, wenn der Störer nicht, in einem wie immer verstandenen Sinne, als Nachbar qualifiziert werden könne. Im Falle des Handlungsstörers könne die Beeinträchtigung daher nicht deshalb untersagt werden, weil der Beeinträchtigende »Nachbar« sei, sondern weil er in Eigentumsbefugnisse eingegriffen habe.
Als negatorisch Verantwortlicher komme demgemäss jeder in Betracht, der faktisch in die Eigentumsordnung eingegriffen habe. Somit müsse der Betroffene zur Abwehr grundsätzlich auch dann befugt sein, wenn ihm Nachteile nicht drohen.[307] Störer aufgrund faktischer Inanspruchnahme fremder Eigentümerbefugnisse könne aber nicht nur der selbst Handelnde sein, sondern auch derjenige, dem fremdes Handeln oder der Zustand von Sachen zuzurechnen sei.
Dem Begriff des Nachbarn im Sinne des § 364 II ABGB komme bei der Bestimmung der Zurechnung von Handlungen Dritter zu Lasten des Grundstückseigentümers insofern eine andere Bedeutung zu. Es solle eine Ausweitung der Inanspruchnahmemöglichkeit des Grundstückseigentümers dadurch erreicht werden, dass eine Verantwortlichkeit für von seinem Grundstück ausgehende Einwirkungen begründet werde. Dadurch werde neben seiner Handelndenhaftung eine Verantwortlichkeit für sein Grundeigentum geschaffen. Diese bewirke zum einen, dass eine Verantwortlichkeit des Grundeigentümers auch für fremdes Handeln begründbar sei, zum anderen, dass auch der bloße Zustand des Eigentums eine Inanspruchnahme des Eigentümers ermögliche. Anders als bei der herrschenden Lehre wird also nicht ein Störer einer bestimmten Beeinträchtigung zugeordnet, sondern allein festgestellt, wer Störer ist. Die »Beeinträchtigung« als solche ist nicht konstitutives Tatbestandsmerkmal.[308]
Dies hat zur Folge, dass für die Frage des Eigentumseingriffs primär die Bestimmung des Störers erforderlich ist. Ist dieser ermittelt, ist in der Regel die negatorische Haftung ebenfalls gegeben. Erst auf einer zweiten Stufe soll sodann mit Hilfe der Frage nach der Beeinträchtigung ermittelt werden, wie weit der Eingriff reicht und ob der andauernde Zustand noch als Eingriff bewertet werden kann, oder bereits dem Schadensersatzrecht zugewiesen ist.[309] Selbstverständlich und unumstritten sei demnach nur, dass der selbst Handelnde, der fremde Eigentümerbefugnisse in Anspruch nehme, Störer sei.[310] Auf eine eventuelle Vorwerfbarkeit komme es nicht an.
Das entscheidende Kriterium bei der Zurechnung fremden Handelns oder auch eines Zustandes sei allein die Nutzungs- und Dispositionsbefugnis. Wenn jemand für einen anderen tätig werde und sich dessen Dispositionsbefugnis unterwerfe, sei dies zugleich unter wertender Betrachtung als eine solche desjenigen zu behandeln, für den gehandelt werde. Greife dementsprechend der Handelnde in fremde Eigentümerbefugnisse ein, bestehe ein innerer Zusammenhang zum Hintermann, der dessen Inanspruchnahme rechtfertige.[311] Handele der Dritte dagegen weisungswidrig,

306 Jabornegg/Strasser, S. 133; in diesem Sinne auch Kerschner, in Hanreich/Schwarzer, S. 49
307 Jabornegg GA, S. 43
308 Jabornegg/Strasser, S. 135
309 Jabornegg/Strasser, S. 137
310 Jabornegg/Strasser, S. 138; Jabornegg GA, S. 44
311 Jabornegg/Strasser, S. 139; Jabornegg GA, S. 45

komme eine Inanspruchnahme nicht mehr in Betracht. Ähnliches gelte für die Verantwortlichkeit in dem Fall eines Übergriffs in fremdes Eigentum durch die Sache selbst. Die Zurechnung der Verursachung könne aber entgegen dem Wortlaut des § 364 II ABGB nicht in jedem Fall durch das bloße Eigentum ausgelöst werden, sondern – wie dem Handelnden vis absoluta nicht zugerechnet werden könne – hätten in diesem Bereich Naturwirken und Fälle höherer Gewalt außer Betracht zu bleiben.[312] Hier verwirklichten sich von der Dispositions- und Nutzungsbefugnis unabhängige Risiken, für die eine Einstandsverpflichtung nicht begründbar sei.[313] Gleiches gelte für die rechtswidrige Inanspruchnahme des Eigentums durch Dritte.
Diese Ansicht wirft der Rechtsprechung im Ergebnis vor, dass sie aus dem Erfordernis einer Haftung nur des Nachbarn den – falschen – Umkehrschluss ziehe, dass ohne diese Eigenschaft eine negatorische Haftung entfallen müsse.[314]

b. Deutschland

In Deutschland ist die überkommene Definition des Störerbegriffs insbesondere durch die Usurpationstheorien angegriffen worden.

aa. Ständige Rechtsprechung

Die ständige Rechtsprechung[315] und die herrschende Ansicht in der Literatur[316] bestimmen die Störereigenschaft anhand des Verursacherprinzips. Die bloße Stellung als Eigentümer desjenigen Grundstücks, von dem die Einwrkung ausgeht, reicht nicht aus.[317] Die Beeinträchtigung muss wenigstens mittelbar auf den Willen des Eigentümers zurückgehen.[318] Danach ist das maßgebliche Haftungskriterium die Kausalität zwischen Störungsquelle und der verantwortlichen Person, wobei die Beeinträchtigung auf menschliches Verhalten zurückführbar sein muss. Dabei wird in der Regel näher unterschieden zwischen einem Handlungs- und einem Zustandsstörer.
Nach der gängigen Definition ist Handlungsstörer, wer durch sein vom Willen getragenes rechtswidriges Handeln die Beeinträchtigung des fremden Eigentums unmittelbar oder mittelbar adäquat verursacht. Nach der Rechtsprechung bleibt dabei die einmal begründete Störereigenschaft auch dann bestehen, wenn die Beeinträchtigung in der Zwischenzeit abgeschlossen ist.[319]
Zustandsstörer soll hingegen derjenige sein, der, ohne selbst gehandelt zu haben, die Eigentumsbeeinträchtigung aufrechterhält, obwohl ihre Beseitigung von seiner Willensbetätigung abhängt.[320] Hierbei wird regelmäßig der Eigentümer wegen seiner Herrschafts- und Einwirkungsmöglichkeit auf die störende Sache als Zustandsstörer

312 Jabornegg GA, S. 46; Jabornegg/Strasser, S. 141 f.
313 Jabornegg GA, S. 47; auch Kerschner, in Hanreich/Schwarzer, S. 49
314 Jabornegg/Strasser, S. 143
315 BGHZ 17, 266, 291; 49, 340, 347; 59, 378, 380; 110, 313, 316
316 Baur/Stürner § 12 III; Palandt/Bassenge § 1004, Rn. 16; Soergel/Mühl § 1004, Rn. 86; Erman/Hefermehl § 1004, Rn. 14; Müko/Medicus § 1004, Rn. 36 a; Olzen, Jura 1991, 281, 286 f.
317 BGHZ 122, 283 unter Hinweis auf BGHZ 28, 110, 111 f.
318 BGHZ 122, 283; BGHZ 90, 255; BGH NJW 1985, 1773, 1774; BGH WM 1991, 1609, 1610; BGH ZIP 1993, 200, 205
319 BGH NJW 1996, 845, 846
320 Vgl. BGHZ 41, 393, 397

angesehen, wobei daneben auch der Besitzer oder Vermieter Störer sein kann. Darüber hinaus kann nach dieser Sichtweise auch der Rechtsnachfolger in die negative Haftung mit einbezogen werden, wenn dieser beseitigend tätig werden könnte.[321]
Die Abgrenzung des Handlungs- vom Zustandsstörer kann im Einzelnen problematisch sein und wird auch von der herrschenden Meinung als fließend betrachtet.[322]
Genauso kritisieren Vertreter der herrschenden Ansicht die Begrifflichkeiten als missverständlich; es solle besser von Tätigkeits- und Untätigkeitsstörer[323] gesprochen werden, da der natürliche Zustand einer Sache keine Haftung auslösen könne. Tätigkeitsstörer sei, wer durch sein fortdauerndes positives Tun die Störung bewirke und das Ende des Tuns das Ende der Störung bedeute; Untätigkeitsstörer sei dagegen, wer nicht Tätigkeitsstörer, wem aber die Beseitigung der Störung möglich sei.[324]
Geht eine Einwirkung (auch) auf Naturkräfte zurück, ist entscheidend, ob diese Naturkräfte noch – mindestens mittelbar – als vom Willen des Eigentümers getragen angesehen werden können oder in keiner Weise auf einen Willen des Eigentümers rückführbar sind.[325]

bb. Rechtsusurpationstheorie
Einen anderen Weg der Bestimmung des Störers will demgegenüber eine neuere Ansicht in der deutschen Literatur gehen. Nach dieser Ansicht soll derjenige Störer sein, der durch sein Handeln oder den Zustand seiner Sachen das fremde Eigentum für sich in Anspruch nehme und dadurch der Ausübung der Sachherrschaft durch den Berechtigten im Wege stehe.[326] Entscheidend ist auch hier die Inanspruchnahme fremder Eigentümerbefugnisse, Haftungsgrund aber allein der rechtswidrig geschaffene Zustand.[327] Damit entfalle zugleich die Figur des Handlungsstörers. Soweit eben auch durch Handlung ein solch rechtswidriger Zustand geschaffen werden könne, gehe sie in dem Haftungsgrund auf.
Die Regelung des § 1004 BGB wird in Zusammenhang mit der Vindikation des § 985 BGB gesehen. § 985 BGB ordnet die Rückgabe des Besitzes an, solange der Besitzer unbefugt im Besitz der Sache selbst ist. Hieraus folge, dass auch der Anspruch aus § 1004 BGB nur solange bestehen könne, wie der Störer selbst noch auf die Sache einwirke. Gebe er die Einwirkungshandlung auf, falle zugleich die Störereigenschaft weg.[328] Entscheidend ist für diese Ansicht die Zustandsstörereigenschaft. Hierbei wird dem Eigentümer einer Sache oder eines Grundstücks als Korrelat der vollen Eigentumsrechte die volle Verantwortlichkeit für sein Eigentum zugewiesen, sodass diese Haftung davon unabhängig ist, ob er diesen Zustand herbeigeführt hat oder nicht.[329]

---

321 BGH NJW 1966, 1360, 1361; NJW-RR 1996, 659 f.; Soergel/Mühl § 1004, Rn. 106
322 Jauernig/Jauernig § 1004, Rn. 15; Soergel/Mühl § 1004, Rn. 30
323 MüKo/Medicus § 906, Rn. 36 a ff., ihm folgend Olzen, Jura 1991, 281, 286
324 MüKo/Medicus § 906, Rn. 36 a, 38
325 Vgl. BGHZ 122, 283 für einen aufgrund heftigen Sturms entwurzelten Baum (nicht mehr zurechenbar, da von außen einwirkendes zusätzliches Naturereignis) und BGH ZIP 1993, 200, 205 für das Eindringen von Wurzeln in Abwasserleitung (zurechenbar, da »vom Willen des Eigentümers getragenes natürliches Wurzelwachstum«)
326 Picker, S. 82, 129; Staudinger/Gursky § 1004, Rn. 98
327 Staudinger/Gursky § 1004, Rn. 98
328 Staudinger/Gursky § 1004, Rn. 99
329 Staudinger/Gursky § 1004, Rn. 105

Konsequenz dieser Ansicht ist zudem, dass der Störer entsprechend dem Besitzer im Rahmen des § 985 BGB seine Inanspruchnahme dadurch auszuschließen vermag, dass er sein Eigentum an der störenden Sache aufgibt.[330]

c. Stellungnahme

Die nachbarliche Immissionshaftung ist keine Deliktshaftung. Es ist daher vom Ansatz her bedenklich, wenn als Ausgangspunkt der Haftung die Beeinträchtigung gesehen und für sie ein Zurechnungsmoment gesucht wird. Dies führt zu schadenersatzorientierter Kausalhaftung, deren Grundsätze auf die negatorische Haftung nicht einfach übertragen werden können. Negatorische Verantwortlichkeit ist nicht immer Kausalhaftung im herkömmlichen Sinne, wie Entscheidungen zu den sog. »mittelbaren Handlungsstörern« zeigen.[331] Anzuknüpfen ist an das, wovor der Anspruchsberechtigte mit dem Abwehranspruch geschützt werden soll: die faktische Inanspruchnahme fremder Eigentümerbefugnisse durch die eigene Grundstücksnutzung. Es ist festzustellen, wer für diese mit einer Inanspruchnahme fremder Eigentümerbefugnisse einhergehende Nutzung verantwortlich ist; ist dieser »Störer« bestimmt, steht grundsätzlich auch die negative Haftung fest. Erst in einem zweiten Schritt hat dann anhand der verursachten »Beeinträchtigung« die Prüfung zu erfolgen, wie weit die negative Haftung reicht oder ob sie überhaupt noch fortbesteht.
Die Rechtsusurpationstheorie, die auch die Grundlage des Störerbegriffs der von Rechtsprechung abweichenden österreichischen Lehrmeinung bildet, enthält dabei einen richtigen Ansatz. Gerade im Bereich des Nachbarrechts wird jedoch deutlich, dass es nicht zwangsläufig ist, dass eine Störung der Eigentumslage nur bei einer Überlagerung durch eine fremde Rechtssphäre angenommen werden kann. In der Beeinträchtigung von Grundeigentum durch Imponderabilien muss die genannte Ansicht notwendigerweise auch eine rechtliche Usurpation erblicken.[332] Dass aber in diesem Fall nur schwerlich von einer rechtlichen Überlagerung gesprochen werden kann, da doch der Eigentümer in seiner Disposition über das Eigentum nicht beeinträchtigt wird, liegt auf der Hand. Vielmehr liegt ein typischer Fall der Beeinträchtigung des faktischen Könnens vor.
Die Ansicht in Österreich, die einen einheitlichen Störerbegriff zu formen versucht hat, hat hier den gewählten Ansatz einer Abgrenzung zum Verursacherprinzip weiter ausgeführt. Es wird überzeugend dargestellt, dass die Beschränkung auf die rechtliche Überlagerung dem nachbarrechtlichen Beeinträchtigungsbegriff nicht gerecht wird, weil fremde Eigentümerbefugnisse auch gestört werden können, ohne sie sich selbst anzumaßen.
Im Ergebnis formuliert dies Ansicht dann aber für die weiteren Fallgruppen inhaltlich nicht wesentlich andere Zurechnungsmomente als andere Ansichten auch.
Die verschuldensunabhängige Haftung im Nachbarschaftsrecht bleibt im Kern Zurechnungsfrage. Dieser Zurechnung können Vorgaben gemacht werden, deren Nichtbeachtung ansonsten zur zweckwidrigen Anwendung der Vorschriften führt; Fallgestaltungen können typisiert werden. Sie bleibt aber Einzelfallentscheidung, sodass die einheitliche Definition, die sämtliche Fallgestaltungen zu erfassen und lösen

330 Picker, S. 113 ff.; Staudinger/Gursky § 1004, Rn. 112
331 BGHZ 49, 340, 347; 144, 200
332 Picker, S. 91, 98

imstande ist, kaum gefunden werden mag. Wer sich dies eingesteht, vermeidet die Versuchung, Fallgestaltungen in seine Definition zwängen zu müssen, die offensichtlich nicht davon umfasst sind. Hier sei das Beispiel erwähnt, dass derjenige, der ein Feld nur auftragsgemäß düngt, das Grundstück für eigene Zwecke nutze, da er ja dafür bezahlt werde. Oder die Entscheidung des BGH[333], die von dem »willensgetragenen natürlichen Wurzelwachstum« spricht.
Es bleibt also dabei, dass für die festgestellte Störung derjenige haftet, dem die beeinträchtigende Wirkung der Nutzung des Störergrundstücks zugerechnet werden kann, wobei diese Zurechnung aber keine Ursächlichkeit im Sinne einer schadensersatzrelevanten Kausalitätshaftung voraussetzt, weshalb dortige Zurechnungskriterien zu eng sind. Die konkrete Zurechnung muss immer im Blick haben, dass die Störung in der Nutzung des Störergrundstücks ihre Ursache hat. Sie ist also grundsätzlich demjenigen und jedem zurechenbar, zu dessen Herrschaftsbereich diese Nutzung gehört und der Einfluss auf sie ausüben kann. Man darf sich nicht scheuen dies einer Einzelfallbetrachtung zu unterwerfen, in der vor allem auf eingriffsbezogene Zurechnungskriterien zurückgegriffen werden kann, ohne hier aber einzelne als zur Vereinheitlichung geeignete Momente anzusehen. Für eine »wertende Betrachtung von Fall zu Fall« spricht sich seit Neuerem auch der BGH[334] aus.

d. Mehrheit von Störern

Beeinträchtigende Immissionen können selbstverständlich auch von mehreren Störern im Sinne der vorgenannten Ausführungen verursacht werden. Dann handelt es sich zumeist um sog. summierte oder kumulierte Immissionen. Da die Schwierigkeit der Störerbestimmung hier weniger im Störerbegriff denn bei der Kausalität der einzelnen Emission für den abzuwehrenden Eingriff liegt, soll an dieser Stelle auf die hierzu später folgenden Ausführungen[335] verwiesen werden.

2. Der Anspruchsteller

Anspruchsberechtigt ist nach dem Gesetzestext der österreichischen wie der deutschen Regelung der Eigentümer. Es ist jedoch anerkannt, dass damit der Kreis der Anspruchsberechtigten nicht abschließend genannt ist. Inwieweit eine Erweiterung des Kreises der Berechtigten in Österreich und Deutschland stattgefunden hat, wird im Folgenden zu zeigen sein. Die Diskussion ist dabei in beiden Ländern weitgehend ähnlich, weshalb sich der Aufbau übergeordnet nicht an den Ländern, sondern an dem jeweils betrachteten Personenkreis orientiert.

a. Der Grundstückseigentümer

Der Eigentümer des Grundstücks dessen Nutzung beeinträchtigt wird, ist ohne Zweifel Anspruchsinhaber, wenn es um die Abwehr der störenden Einwirkungen geht. Dabei ist jeder formale Eigentümer klagebefugt, also auch der Sicherungs- oder Treuhandeigentümer.[336] Angesichts der vielfältigen Möglichkeiten der Einräu-

---

333 BGH ZIP 1993, 200, 205
334 BGH NJW 1995, 2633, 2634; BGH NJW 1999, 2896
335 Siehe insbesondere zu D. IV. 3.
336 Staudinger/Gursky § 1004, Rn. 81

mung von Nutzungsrechten an Grundeigentum durch den Eigentümer gegenüber Dritten ist die Beschränkung der Berechtigung der Eigentumsfreiheitsklage auf den Eigentümer aufgehoben worden.

b. Der dinglich Berechtigte

Der Anwendungsbereich der nachbarrechtlichen Umweltvorschriften ist einhellig auf den an dem Grundeigentum dinglich berechtigten Personenkreis ausgeweitet worden. Soweit dingliche Nutzungsrechte eingeräumt werden, steht den begünstigten Personen ein dem Eigentum entsprechendes, gegenüber Dritten wirkendes, ausschließliches Nutzungsrecht zu. Das Interesse an der Nutzung entspricht im Falle der Einräumung eines solchen dinglichen Rechts an einem Grundstück dem des Eigentümers, sodass korrespondierend zur ausschließlichen Nutzung die Befugnis der Abwehr von Beeinträchtigungen seitens Dritter folgt. Dies ist sowohl in Österreich als auch in Deutschland unstrittig. Unterschiede bestehen jedoch hinsichtlich der Grundlage dieser Erweiterung des Kreises der Anspruchsberechtigten.
Während in Deutschland in den entsprechenden gesetzlichen Vorschriften der durch den numerus clausus des Sachenrechts vorgegebenen dinglichen Rechte Verweisungsnormen aufgenommen wurden, nach denen auf das jeweilige dingliche Recht die Eigentumsvorschriften im Falle einer Störung entsprechend anzuwenden sind (vgl. § 1027 BGB – Grunddienstbarkeiten; § 1065 BGB – Nießbrauch; § 1090 II iVm. § 1027 BGB – persönliche Dienstbarkeiten; § 11 I ErbbauVO – Erbauberechtigten; § 34 II WEG – Wohnungseigentümer, Teileigentümer, Dauerwohnungsberechtigter), sind dem österreichischen ABGB solche Verweise nicht zu entnehmen. Jedoch hat die Rechtsprechung eine entsprechende Anwendung dieser Eigentumsvorschriften auf den sonstigen dinglich Berechtigten vollzogen.[337] Damit wird z. B. dem Fischereiberechtigten, dem Fruchtnießer und Baurechtsinhaber ebenfalls entsprechend der gesetzlichen Vorschrift des § 364 II ABGB ein Abwehrrecht gegen Beeinträchtigungen Dritter zuerkannt. Dies gilt in Österreich für alle dinglichen Rechte und wird auch von der Literatur übereinstimmend akzeptiert.[338]
Anzumerken ist, dass in Deutschland von Rechtsprechung und Literatur in Anlehnung an die bereits vorhandenen gesetzlichen Vorschriften der Rechtsschutz über diese hinaus weiterentwickelt wurde, sodass nunmehr – begründet mit der identischen Interessenlage – ein allgemeiner negatorischer Rechtsschutz auch den weiteren dinglichen Rechten, wie z. B. Sicherungseigentum und Anwartschaftsrecht, analog § 1004 BGB gewährt wird.[339]

c. Der obligatorisch Berechtigte

Die Diskussion über die Frage, ob die hier behandelten Ansprüche des Eigentümers bzw., wie soeben gezeigt, des dinglich Berechtigten, die aus der Beeinträchtigung der allein ihm zugewiesenen ungestörten Nutzung des Eigentums folgen, auch dem

337 OGH SZ 47/140; 50/84; 55/172; JBl. 1966, 319; MietSlg 35.031

338 Rummel/Spielbüchler § 364, Rn. 4; Schwimann/Oberhammer § 364, Rn. 7; Neubauer, S. 63; Jabornegg GA, 50, 93; Kerschner, Haftung bei Deponien, S. 58; Janovsky, S. 294; Feil, Rn. 52; Illedits/Illedits-Lohr, Rn. 343

339 Vgl. MüKo/Medicus § 1004, Rn. 16 f.; Soergel/Mühl § 1004, Rn. 84; Erman/Hefermehl § 1004, Rn. 4; Staudinger/Gursky § 1004, Rn. 85

nur obligatorisch Berechtigten zustehen, wird aufgrund einer verschiedenen gesetzlichen Grundlage in Deutschland und Österreich mit unterschiedlicher Intensität geführt. Die Frage ist aber insofern von entscheidender Relevanz, als die Nutzung des von Immissionen betroffenen Grundeigentums nicht zwangsläufig auch durch den Eigentümer oder dinglich Berechtigten erfolgt. Im Bereich der Landwirtschaft ist die Pacht von Agrarland, in innerstädtischen Wohngebieten die Vermietung von Haus- und Wohnungseigentum weit verbreitet, sodass die Eigentümer und somit die eigentlich im Sinne der §§ 364 II ABGB, 1004 I BGB Anspruchsberechtigten oftmals nicht mit den belastenden Einwirkungen in Kontakt kommen. Ob neben dem Eigentümer mithin auch die durch Vertrag obligatorisch Berechtigten anspruchsberechtigt in Bezug auf die störungsfreie Nutzung der gepachteten bzw. gemieteten Sache sind, ist auch wichtig für die Frage der effektiven Umsetzung des Umweltschutzes mit den Mitteln des Nachbarrechts. Ob sich der Pächter/Mieter lediglich mittelbar über den Verpächter/Vermieter an den Störer wenden oder unmittelbare Rechte gelten machen kann, ist insofern von Bedeutung, als im ersteren Falle die Verwirklichung des Rechts auf ungestörte Nutzung rechtstatsächlich vom Verwirklichungswillen des Verpächter/Vermieter abhängig ist. Folge ist, dass dieser ggf. im Rahmen eines zu führenden Rechtsstreits zunächst zum Vorgehen gegen den Störer »gezwungen« werden muss. Kaum ein obligatorisch Berechtigter wird im Übrigen bereit sein, in der Zwischenzeit die (unzumutbaren) Immissionen hinzunehmen, sofern er die Möglichkeit zu einem Ortswechsel hat.

aa. Meinungsstand in Deutschland

Die Diskussion über die Möglichkeit der Erstreckung der Schutzvorschriften der §§ 1004, 906 BGB auf den nur durch einen schuldrechtlichen Vertrag mit dem Eigentümer obligatorisch Berechtigten, also den rechtmäßigen Besitzer, bedarf in Deutschland aufgrund von § 862 I BGB keines eigenständigen Ansatzes. In dieser Vorschrift wird dem Besitzer eine, neben der dem Eigentümer zugedachten Anspruchsgrundlage des § 1004 I BGB, eigenständige Anspruchsgrundlage an die Hand gegeben, wonach er, wenn

> der Besitzer durch verbotene Eigenmacht im Besitze gestört [wird], [..] von dem Störer die Beseitigung der Störung verlangen [kann]. Sind weitere Störungen zu besorgen, so kann der Besitzer auf Unterlassung klagen.

Damit steht dem Besitzer praktisch der gleiche Schutz zu wie dem Eigentümer.[340] Die Frage, ob darüber hinaus § 1004 BGB entsprechend auf den Besitzer anzuwenden ist, erübrigt sich aufgrund dessen. Um dem Besitzer eines Grundstücks im Falle der Beeinträchtigung nicht weitere Rechte zukommen zu lassen als dem Eigentümer zustehen, wird die Vorschrift des § 906 BGB auf § 862 BGB entsprechend angewandt.[341] Im Unterschied zur Voraussetzung des § 1004 I BGB muss der Anspruchsinhaber nicht Eigentümer der beweglichen oder unbeweglichen Sache sein, sondern Voraussetzung dieses dann possessorischen Anspruchs bleibt der Besitz des

340 Vgl. Staudinger/Gursky § 1004, Rn. 85

341 BGHZ 15, 146, 148; 30, 273, 276; 70, 212, 220; 90, 255, 260; Palandt/Bassenge § 862, Rn. 2; Staudinger/Roth § 906, Rn. 97; MüKo/Säcker § 906, Rn. 6

Beeinträchtigten.[342] Die Beseitigungs- und Unterlassungsansprüche stehen über § 869, 1 BGB auch dem mittelbaren Besitzer deckungsgleich wie dem unmittelbaren Besitzer zu.
Im Ergebnis bleibt somit festzuhalten, dass der Besitzer ein eigenständiges durchsetzbares Recht zur störungsfreien Nutzung seines Besitzes aus dem Besitz selbst abzuleiten vermag. In seiner Rechtsausübung ist der Besitzer aber bei der Beeinträchtigung seiner Nutzung durch Imponderabilien genau wie der Eigentümer an die Voraussetzungen des § 906 BGB gebunden.

bb. Meinungsstand in Österreich

In Österreich ist die Einbeziehung des lediglich obligatorisch Berechtigten, des sog. Bestandnehmers (Mieter/Pächter), problematischer und – anders als in Deutschland – bis heute umstritten. Zwar ist der possessorische Besitzschutz nach den §§ 339 ff., 344 ABGB anerkannt. Ob dem Besitzer aber auch petitorischer und eben negatorischer Besitzschutz zukommt, wird uneinheitlich beurteilt.

1. Wortlautorientierte Ansicht

Dem Wortlaut folgend verneint eine zunehmend in den Hintergrund tretende Ansicht dem Besitzer ein eigenes Klagerecht gegen den Beeinträchtigenden. Die *actio negatoria* sei ausweislich des eindeutigen Wortlautes des § 364 II ABGB an das Eigentum geknüpft. Die bloße obligatorische Berechtigung verleihe eine dem Eigentum vergleichbare Rechtsposition, wie sie gerade das gegenüber jedermann wirkende Eigentum auszeichne, nicht. Der aus abgeleitetem Recht Besitzende habe allein Befugnisse innerhalb seiner Rechtsbeziehungen zum Eigentümer, müsse demgemäss versuchen, die ihm vom Eigentümer eingeräumte eigenständige Verwendung auch diesem gegenüber durchzusetzen. Notfalls müsse er den Eigentümer durch Minderungen im schuldrechtlichen Verhältnis zur Wahrnehmung seiner Eigentümerbefugnisse gegenüber dem Störer zwingen. Eine Verdinglichung des Besitzes sei abzulehnen.[343]

2. Neuere Ansicht

Demgegenüber hat sich der OGH seit einer Entscheidung des verstärkten Senats vom 14. Dezember 1989[344] einer bereits früher vertretenen Ansicht der Literatur[345] angeschlossen und den Rechtsschutz aus § 364 II ABGB entsprechend auf den obligatorisch Berechtigten ausgedehnt und diese Rechtsprechung im Rahmen weiterer Entscheidungen verfestigt.[346] Die damals rechtsprechungsändernde Entscheidung knüpft ihrerseits an bereits zu einem früheren Zeitpunkt getroffene Entscheidungen des OGH[347] an, nach denen bei Entzug des Besitzes dem Besitzer analog § 372 ABGB eine Klage auf Wiedereinräumung des Besitzes an die Hand gegeben wurde.

---

342 Vgl. Palandt/Bassenge § 861, Rn. 1

343 So die alte Rspr.: OGH SZ 8/217; SZ 13/60; SZ 14/203; SZ 25/124; SZ 47/84; SZ 52/5; Rummel/Spielbüchler § 364, Rn. 4; Kerschner, JAP 1990, 38, 41; Spielbüchler, JBl. 1990, 447, 449 f.; Janovsky, S. 294 ff.

344 OGH SZ 62/204

345 Klang/Klang II, S. 169; Jabornegg GA, 51 f.; Jabornegg/Strasser, S. 174 ff.; Koziol, Haftpflichtrecht II, 320; Illedits/Illedits-Lohr, Rn. 343; Schwimann/Oberhammer § 364, Rn. 7

346 OGH SZ 65/38; RdU 1995, 91

347 OGH SZ 21/45; 22/149

Unter Hinweis auf die Gründe, die zu dieser Analogie geführt haben, vollzog der OGH seine Änderung der Rechtsprechung. Aus der persönlich engen Beziehung zwischen Bestandnehmer und Bestandsache folge ein generelles Schutzbedürfnis auch des Bestandnehmers, das – nach neuerer Rechtsprechung – nicht nur gegen Entziehung und gravierende Eingriffe in die Bestandrechte schütze, sondern bei jeder Art von Beeinträchtigung. Eine Unterscheidung zwischen schweren und weniger schweren Eingriffen sei nicht möglich, da auch weniger schwerwiegende Eingriffe eine Beeinträchtigung der Rechte des Bestandnehmers in nahezu gleichen Ausmaßen bewirken könnten.[348] Wesentliche Überlegung des Gerichts war dabei die Überzeugung, dass der österreichische Gesetzgeber durch seine Gesetzgebung habe erkennen lassen, dass er die Position des Mieters aus der eines bloß relativ Berechtigten herausheben und der Position eines dinglich Berechtigten habe annähern wollen.[349]

3. Stellungnahme
Die ältere Rechtsprechung darf zurecht als mittlerweile überholt gelten. Unabhängig davon, auf welche konkrete Grundlage der Analogieschluss letztlich gestützt werden kann, ist jedenfalls die rein formale Argumentation der Gegenmeinung mit dem Wortlaut der Vorschrift des § 364 II ABGB und dem Hinweis auf die Möglichkeit eines Vorgehens gegen den Eigentümer aus dem zugrundeliegenden Schuldverhältnis im Hinblick auf Sinn und Zweck der Norm nicht überzeugend. Dass § 364 II ABGB die Position des Besitzers nicht erkennen lässt, liegt bereits an dem Umstand, dass er im Bereich der Eigentumsrechte der §§ 354 ff. ABGB verortet ist. Allein aus dieser Stellung im Gesetz ist aber hinsichtlich der Rechte des Besitzers noch nichts abzuleiten. Diese Rechte begründen sich, dies ist zuzugestehen, im Wesentlichen auf die Legitimierung durch den Eigentümer. Wenn der Eigentümer sich seines vollumfänglichen alleinigen, aus § 354 ABGB folgenden Nutzungsrechtes begibt, indem er die Nutzung einem Dritten gestattet, so stellt sich jedoch die Frage, ob diese schuldrechtliche Komponente nicht für den Bestandnehmer ebenfalls zu berücksichtigen ist. Durch die neuere Entscheidung des OGH wird diesem Moment Rechnung getragen, indem durch richterliche Rechtsfortbildung der, in Deutschland bereits durch den BGB-Gesetzgeber vollzogene, umfassende Besitzschutz erreicht wird. Infolge dessen geht auch die Kritik[350] fehl, die eine Verwischung und weitere Annäherung zwischen Schuld- und Sachenrecht befürchtet. Denn nicht das schuldrechtliche Verhältnis zwischen Eigentümer und Besitzer entfaltet auch Wirkung nach außen, sondern der aus dem Eigentum aufgrund des obligatorischen Vertrags abgeleitete Besitz. Auch in diesem Bereich bleibt somit die Trennung zwischen Schuldrecht und Sachenrecht erhalten.

d. Der ohne Grundstücksbezug Betroffene

Weitergehend wird diskutiert, ob der Anwendungsbereich der umwelt- und nachbarschaftsschützenden Normen mit der Einbeziehung des lediglich obligatorisch Berechtigten als Anspruchsberechtigten abschließend festgestellt ist. Anknüpfungs-

---

348 Vgl. OGH SZ 62/204
349 OGH SZ 62/204
350 Kerschner, JAP 1990, 38, 41

punkt für eine noch weitergehende Ausdehnung des Anwendungsbereichs ist dabei das jedem Menschen zukommende allgemeine Persönlichkeitsrecht.[351]

aa. Deutschland

In Deutschland ist das allgemeine Persönlichkeitsrecht von der Rechtssprechung im Hinblick auf Art. 2 I GG als absolut geschütztes Rechtsgut anerkannt und als solches in den Schutzbereich der §§ 823 I; 1004 I BGB aufgenommen worden.[352] Diese Schutzausweitung des Anwendungsbereichs des aus § 1004 I BGB resultierenden Unterlassungs- und Beseitigungsanspruchs auch auf das allgemeine Persönlichkeitsrecht ist auch in der deutschen Literatur allgemein akzeptiert.[353]

1. Personenbezogener Ansatz

Die Einbeziehung des allgemeinen Persönlichkeitsrecht in die absoluten Rechte hat ein Teil in der Literatur zum Anlass genommen, auch die Möglichkeiten des Natur- und Umweltschutzes dadurch zu erweitern, dass das im Rahmen des allgemeinen Persönlichkeitsrechts geschützte Leben und die Gesundheit eines jeden Rechtsträgers bei Beeinträchtigungen durch Immissionen mittels der Ansprüche aus § 1004 I BGB zu schützen seien, und zwar auch dann, wenn gar kein Grundstücksbezug, wie in § 906 BGB eigentlich vorgesehen, gegeben sei.[354] Dies wird damit begründet, dass die Anspruchnorm des § 1004 I BGB jegliches Eigentum und, in analoger Anwendung, auch sämtliche absoluten Rechte schütze. § 906 BGB als einen Anspruch aus § 1004 BGB ausschließende Duldungsnorm sei dagegen lediglich auf die Lösung von durch Grundstücksnutzungen entstehende Konfliktsituationen zugeschnitten.[355] Sei demnach durch Immissionen das allgemeine Persönlichkeitsrecht betroffen, so könne in § 906 BGB keine Beschränkung der durch § 1004 I BGB gewährten Ansprüche gesehen werden.[356] Damit seien aber nicht nur Liegenschaftsberechtigte im Falle der Gesundheitsbeeinträchtigungen durch Immissionen anspruchsberechtigt; ihre Ansprüche unterlägen auch keinen Duldungspflichten nach § 906 BGB. Im Ergebnis wird von dieser Ansicht ein umfassendes allgemeines Immissionsabwehrrecht etabliert, das jedem durch Immissionen welcher Art auch immer in seinem allgemeinen Persönlichkeitsrecht Betroffenen einen Abwehranspruch gewährt.[357] Nur dies führe zu einem umfassenden Immissionsschutz, der bei Abhängigkeit von einer dinglichen Rechtsstellung sonst nicht ausreichend wirksam werden könne.[358]

---

351 Vgl. zum Persönlichkeitsrecht für Österreich: Rummel/Aicher § 16, Rn. 9-29; Schwimann/Posch § 16 Rn 12-16; Jabornegg/Strasser, in Strasser, S. 80; Edelbacher, ÖJZ 1983, 4 ff.; vgl. für Deutschland: BGHZ 13, 334; 24, 72

352 BGHZ 24, 72; 26, 349; 91, 233, 239; 107, 384, 391

353 Vgl. Staudinger/Gursky § 1004, Rn. 15; Erman/Hefermehl § 1004, Rn. 4; Soergel/Mühl § 1004, Rn. 5

354 So insbesondere Forkel, S. 92; Lang, AcP 174. Bd. (1974), 387 ff; Abraham, S. 35 f.; siehe zum Ganzen auch Staudinger/Kohler, Einl. 58 zum UmweltHG

355 Abraham, S. 35 f.

356 A. A. innerhalb dieser Meinung nur Marburger GA, C 117

357 So insbesondere: Forkel, S. 92

358 Marburger GA, C 116

2. Immobiliarbezogene Ansicht
Demgegenüber geht die überwiegende Ansicht von einer zwingenden Grundstücksbindung des Abwehranspruchs bei Beeinträchtigung durch Immissionen aus. Gegen die zuvor genannte Ansicht wird insbesondere eingewandt, dass die über das allgemeine Persönlichkeitsrecht geschützten einzelnen Einwirkungsformen konturlos seien und keiner Beschränkung mehr unterworfen würden. Dies führe zu einer Ausweitung des Kreises der Anspruchsberechtigten, die in ihrer Konsequenz zu einer dem deutschen Rechtssystem fremden Popularklage führe, da jeder, auch der sich nur zufällig oder sogar rechtswidrig vor Ort befindende, Betroffene die Unterlassung der ihn ggf. nur kurzzeitig betreffenden Immissionen verlangen könne.[359] Dass für Abwehrrechte gegen die Beeinträchtigung durch Immissionen ein Immobiliarbezug gegeben sein müsse, sei aus dem systematischen Zusammenhang zwischen dem Entschädigungsanspruch des § 906 II 2 BGB zum Primäranspruch auf Unterlassung und Beseitigung herzuleiten. Demnach komme ein angemessener Ausgleich in Geld bei zu duldenden Einwirkungen nur dann in Betracht, wenn diese über das betroffene Grundstück und seine Benutzung vermittelt werden, nicht jedoch, wenn die Emission unmittelbar zu einer Schädigung an anderen Rechtsgütern geführt habe.[360] Dies zeige, dass die Systematik des Gesetzes im Bereich der Belastung durch Immissionen § 1004 I BGB durch § 906 I BGB inhaltlich der Art ergänzt werde, dass nicht nur die abwehrfähigen Einwirkungen, sondern auch der Kreis der Berechtigten im Sinne eines sachenrechtlichen Immissionsschutzes näher bestimmt werde.[361] Die in ihrer Gesundheit unmittelbar Betroffenen seien auf die Rechtsverfolgung aus § 823 I, II BGB angewiesen.[362]

3. Vermittelnde Ansicht
Eine weitere Meinung geht zwar ebenfalls vom sachenrechtlichen Immissionsschutz aus, erweitert den Kreis der Anspruchberechtigten jedoch um solche Personen, die in ähnlicher Weise wie Besitzer mit einem Grundstück und dieses belastende Immissionen in Kontakt treten. Diese so genannten »qualifiziert Betroffenen« seien dadurch gekennzeichnet, dass sie in vergleichbarer Weise wie Eigentümer oder Besitzer eines Grundstücks auf die Benutzung des Grundstücks angewiesen seien, wie dies etwa bei Arbeitnehmern der Fall sei.[363] Im Unterschied zur erstgenannten Ansicht ist somit nicht jeder in seiner Eigenschaft als Teil der Allgemeinheit potenziell anspruchberechtigt, sondern nur solche Personen, deren Immissionsbetroffenheit sich deutlich in Bezug auf Intensität und Dauer abhebe.[364]

bb. Österreich
Während über die Möglichkeit der Ausweitung des Kreises der Anspruchberechtigten unter Anknüpfung an das allgemeine Persönlichkeitsrecht schon zuvor kontrovers diskutiert wurde[365], ist in Österreich erst mit einer Entscheidung des OGH aus dem

---

359 Vgl. Olzen, Jura 1991, 281, 283; Staudinger/Kohler, Einl. 59 zum UmweltHG; Staudinger/Roth § 906, Rn. 100; Singer, S. 29 f.
360 So der BGHZ 92, 143 – Kupolofen
361 Olzen, Jura 1991, 281, 284
362 Staudinger/Roth § 906, Rn. 110
363 Insbesondere Marburger GA, C 118 f.; Larenz/Canaris, S. 664; Enders, S. 192; Singer, S. 26
364 Singer, S. 26
365 Siehe zusammenfassend Stabentheimer, ÖJZ 1992, 78

Jahre 1995 explizit anerkannt worden, dass das allgemeine Persönlichkeitsrecht – abgeleitet aus § 16 ABGB – als absolutes Recht Rechtsschutz gegenüber jedermann gewähren kann.[366] Dieses allgemeine Persönlichkeitsrecht soll insbesondere auch bei einer Bedrohung der Gesundheit und des Lebens eingreifen.[367] In der Anerkennung des allgemeinen Persönlichkeitsrechtes wird auch in Österreich die Möglichkeit gesehen, den Anwendungsbereich des Umwelt- und Nachbarrecht dadurch zu erweitern und zu vereinfachen, dass der Immissionsschutz als persönlichkeitsbezogenes Element wahrgenommen werden soll, um die Notwendigkeit des Umwegs über die Vermittlung durch das Grundeigentum zu vermeiden.[368]
Eine Ausweitung der Anspruchsberechtigten der §§ 364 ff. ABGB mit Blick auf solche, die sich allein auf die Verletzung ihres Persönlichkeitsrecht berufen können, wird jedoch in Österreich nahezu einhellig abgelehnt. Anders als es für das System der §§ 1004, 906 BGB gesagt werden könne, stelle § 364 II ABGB unzweideutig auf den Eigentümer eines Grundstücks als anspruchsberechtigte Person ab und gebe dadurch deutlich mindestens die Immobiliarbezogenheit der Anspruchnorm vor; das Schutzgut der körperlichen Unversehrtheit werde von den Normen der §§ 354 ff. ABGB nicht mitumfasst.[369] Vielmehr sei im Falle der Bedrohung oder Beeinträchtigung von Körper- oder Gesundheitsverletzungen als Schutzgüter im Sinne des allgemeinen Persönlichkeitsrechts auf die Normen der §§ 16; 1293 i. V. m. 1325 f. ABGB zurückzugreifen.[370] Allenfalls wird § 364 II ABGB als Grundlage für eine Analogie herangezogen, nach der ein »von sachen- und bestandrechtlichen Rechtspositionen losgelöster«[371] Unterlassungsanspruch gegenüber gesundheitsgefährdenden Umwelteinwirkungen möglich sein soll oder es bleibt gleich beim bloßen Appell zur grundlegenden Änderung.[372]

cc. Stellungnahme

Für Österreich ist die Einordnung des allgemeinen Persönlichkeitsrechts im Rahmen der speziellen nachbarrechtlichen Vorschriften schon systemwidrig.[373] Anders als in Deutschland aufgrund von § 1004 BGB, ist in Österreich schon die Anknüpfung an eine einschlägige Norm, die auch das allgemeine Persönlichkeitsrecht als Schutzgut betrifft, nicht gegeben. Die Vorschriften lassen eine auf das allgemeine Persönlichkeitsrecht gestützte Erweiterung des Anwendungsbereichs bereits begrifflich nicht zu. Schutzgut der §§ 364 ff. ABGB sind die Verwendungs- und Nutzungsmöglichkeiten des Eigentums. Dies wird ganz deutlich daran, dass abwehrtauglich nur Beeinträchtigungen der ortsüblichen Nutzung des Grundstücks sind. Gesundheitsschutz ist damit allenfalls Reflex der Vorschriften.[374] Soweit die Möglichkeit der Verwirklichung des Schutzes dieses absoluten Rechts über andere Ansprüche, wie diese in den §§ 16; 1293 i. V. m. 1325 f. ABGB vorhanden sind, gegeben ist, besteht auch keine Notwendigkeit für die Aufweichung des nachbarrechtlichen, immobiliarbezo-

366 Vgl. OGH JBl. 1995, 167
367 Vgl. Janovsky, S. 312
368 Dazu Weinberger, S. 53, Stabentheiner, ÖJZ 1992, 78, 83; Wernsdorf, S. 161 f.
369 Janovsky, S. 312
370 Janovsky, S. 297, 312
371 Stabentheiner, ÖJZ 1992, 78, 83
372 Wernsdorf, S. 163
373 So auch insbesondere Janovsky, S. 269 f.
374 Vgl. Janovsky, S. 269

genen Rechtsschutzes. Vor allem, wenn man bedenkt, dass schon die »nachhaltige Belästigung« des Persönlichkeitsrechts Ansprüche nach den genannten Vorschriften auslösen kann.[375] Soweit in den nachbarrechtlichen Vorschriften eine gefährliche Lücke des Gesundheitsschutzes gesehen und vehement eine Ausweitung des Schutzbereichs gefordert wird, wird die deutliche Anknüpfung an § 364 II ABGB wohl aufgrund erkannter Systemwidrigkeit vermieden und damit letztlich doch nur eine Lösung *de lege ferenda* gesehen.[376] Ob der geforderte Gesundheitsschutz mit den Mitteln des Privatrechts geleistet werden kann und soll, ist jedoch höchst fraglich.

Die letzte Überlegung trifft auch auf Deutschland zu. Soweit die Rechtsgüter Gesundheit und körperliche Unversehrtheit unmittelbar durch Eingriffe beeinträchtigt werden, gewährt § 823 I, II BGB einen Anspruch auf Schadenersatz, wobei in die Prüfung der erforderlichen Rechtswidrigkeit dann auch die Regelungen in § 906 BGB einzubeziehen sind.[377]

Der Immobiliarberechtigte ist nach § 1004 BGB analog auch wegen Gesundheitsbeeinträchtigungen durch Immissionen anspruchsberechtigt.[378]

Die Anerkennung eines Abwehranspruchs wegen Immissionseinwirkung für jedermann würde insbesondere dort helfen, wo Gesundheit, Leib und Leben eben nicht einschlägig betroffen sind, sondern es um die Beeinträchtigung emotionalen Wohlbefindens oder die abstrakte Bedrohung der Gesundheit durch »Öko-Schäden« geht. Hier aber sind Allgemeinphänomene betroffen, für die ziviler Rechtsschutz nicht gedacht ist.[379] Durch die Loslösung vom Immobiliarbezug wäre letztlich auch dem, der sich der Beeinträchtigung ohne weiteres entziehen könnte (z. B. nimmt er einen anderen Weg zur Arbeit), ein Klagerecht gegeben, was wenig einsichtig ist. Hier zwischen qualifiziert Betroffenen und anderen zu unterscheiden, wird kaum auf tragfähige Abgrenzungskriterien zu gründen sein, was die Rechtssicherheit empfindlich trifft.

3. Zusammenfassung

Die Bestimmung des Anspruchberechtigten und des Anspruchsgegners ist vor dem Hintergrund des österreichischen wie des deutschen Systems des zivilen Nachbar- und Umweltrechts problematischer als zunächst schon aufgrund des Wortlauts der einschlägigen Vorschriften zu vermuten wäre.

Erst die Bestimmung des anspruchsberechtigten bzw. anspruchsverpflichteten Personenkreises entscheidet im Ergebnis über die praktische Bedeutung der untersuchten Regelungen für das zivile Umwelt- und Nachbarrecht in beiden Ländern. Auch die weiteren Voraussetzungen von Beseitigungs- und Unterlassungsanspruch können einer endgültigen Bewertung hinsichtlich ihrer Praktikabilität und Zweckdienlichkeit nur mit Blick auf den Umfang des aktiv- bzw. passiv legitimierten Personenkreises unterzogen werden. Daher ist die Diskussion um die Erweiterung des Kreises der Personen der Anspruchberechtigten nicht allein von dogmatischer Rele-

---

375 Janovsky, S. 312

376 So insbesondere Wernsdorf, S. 163

377 So auch Palandt/Thomas § 823, Rn. 36, wohl entgegen der noch herrschenden Meinung, dazu Staudinger/Kohler, Einl., 219 zum UmweltHG m.w.N

378 Staudinger/Roth § 906 Rn 110

379 Dazu Staudinger/Kohler, Einl. 59 zum UmweltHG

vanz, sondern gerade für die Praxis und den Rechtsalltag von erheblicher Bedeutung. Je weiter der Kreis der Anspruchsberechtigten gezogen wird, desto größer ist der Anwendungsbereich des Nachbarrechts, und es wächst mit jeder Erweiterung dessen Wichtigkeit. Aufgrund des immensen Bedeutungszuwachses des Umweltrechts und des Umweltschutzes sehen die Befürworter einer stetigen Ausweitung des anspruchsberechtigten Personenkreises sich denn auch gewissermaßen für die »gute Sache« streiten. Der Loslösung der Schutzberechtigung von jeder Immobiliarbezogenheit ist jedoch eindeutig abzulehnen. Die auf das allgemeine Persönlichkeitsrecht gestützte zivilrechtliche Popularklage kann nicht einmal wünschenswertes Ziel sein, wäre sie doch losgelöst von einigermaßen sicher zu bestimmenden Haftungsparametern.

Der Anspruchsgegner, also derjenige, der für die beeinträchtigte Nutzung verantwortlich zu machen ist, ist nach wertender Betrachtung im Einzelfall unter plausibler Herausarbeitung der jeweiligen Haftungssphären und unter Beachtung der Immobiliarbezogenheit der Ansprüche zu bestimmen. Die Schwierigkeit liegt bei der Bestimmung der Verantwortlichkeit des Anspruchgegners trotz vieler Probleme der Zurechnungskasuistik in der Praxis eher bei dem Nachweis der Kausalität zwischen Emission und Beeinträchtigung, der grundsätzlich dem Anspruchinhaber obliegt.

V. Kausalität zwischen Emission und Beeinträchtigung

Ein insbesondere praktisches Problem des zivilen Umweltrechts stellt sich bei der Kausalitätsfeststellung zwischen Emission und Beeinträchtigung.

1. Allgemeine Grundsätze

Allgemein wird die Kausalität nach ganz überwiegender Ansicht in Österreich und Deutschland nach der sog. Adäquanztheorie bestimmt.

Danach ist ein Verhalten dann für eine Folge rechtlich erheblich, wenn es zunächst in dem Sinne ursächlich ist, dass bei einem positiven Tun dieses nicht hinweggedacht werden kann, ohne dass der konkrete Erfolg entfiele (äquivalentes Moment); diese Ursächlichkeit wird in einem zweiten Schritt dadurch begrenzt (adäquates Moment), dass nur solche Geschehensabläufe relevant sein sollen, die »im allgemeinen und nicht nur unter besonderen eigenartigen, ganz unwahrscheinlichen und nach dem regelmäßigen Verlauf der Dinge außer Betracht zu lassenden Umständen zur Herbeiführung des Erfolges geeignet war«.[380] Die Grundlagen des juristischen Kausalitätsbegriffs sind abschließend noch nicht geklärt; eine eingehende Darstellung ist nicht Gegenstand dieser Untersuchung und würde den gesteckten Rahmen überschreiten, sodass hierzu auf bereits vorhandene Darstellungen verwiesen wird.[381]

Die Untersuchung hat sich im Bereich der Kausalität vor allem auf das spezifische Problem der Beurteilung von Wirkungsweisen bestimmter Emissionen auf die Umwelt und ihrem Zusammenwirken mit anderen natürlich vorhandenen oder ebenfalls emittierten Stoffen zu konzentrieren. Nach heutigem Erkenntnisstand ist es oftmals nicht möglich, den Nachweis der Verursachung einer bestimmten Störung, wie etwa Waldbeschädigungen, auf vom Nachbarn emittierte Stoffe zurückzuführen. In der

380 BGHZ 3, 261, 267; OGH SZ 54/108; SZ 57/16

381 Gimpel-Hinteregger, S. 156 ff.; Koziol, Haftpflichtrecht I, S. 88 ff.; Gamsjäger, S. 92 ff.

Konsequenz geht es dann um die Frage, wer das Risiko des Prozessverlustes aufgrund einer nicht nachweisbaren Kausalitätskette tragen muss; der Kläger hat jedenfalls zumeist keine Einsichtsmöglichkeit in die innerbetrieblichen Vorgänge des Emittenten und die Erforschung von Verursachungszusammenhängen im Umweltbereich steht noch am Anfang.[382] An dieser Stelle geht es zunächst um die Bestimmung dessen, was im juristischen Sinne überhaupt kausal ist.
Der Nachweis der Verursachung wird zusätzlich durch das Zusammenwirken mehrer verschiedener Stoffe, die miteinander chemische Reaktionen und Verbindungen einzugehen vermögen, erschwert, teilweise ganz vereitelt. Diese Problematik soll anhand der sog. summierten Immissionen veranschaulicht werden.
Da die juristische Kausalität im weiteren Sinne sowohl den realen Verursachungszusammenhang wie auch die Schadens- (bzw. Eingriffs-) Zurechnung mitumfasst[383], sind selbstverständlich mehrere Bereiche betroffen. Bei summierten Immissionen ist entsprechend auch die Störerbestimmung besonders problematisch. Es ist schwierig zu ermitteln, gegen wen sich der Anspruch zu richten hat, wenn mehrere Emittenten vorhanden sind, die z. B. unterschiedliche Stoffe ausstoßen, die aber erst miteinander reagieren müssen, um eine Störung im Sinne des Gesetzes darzustellen. Dieses Problem setzt sich im Beweisrecht fort, wenn es um den Nachweis der Verursachungsbeiträge geht. Es ergeben sich somit notwendigerweise Überschneidungen.

2. Die summierte Immission als besonderes Kausalitätsproblem

Die Besonderheit summierter Immissionen liegt darin, dass der Beeinträchtigung nicht die, das zivile Nachbarrecht prägende, Grundkonstellation der Verursachung durch einen Schädiger zugrunde liegt, sondern mehrere Schädiger an der Verursachung beteiligt sind; der Beseitigungs- bzw. Unterlassungsanspruch ist jedoch an den Nachweis eines Ursachenzusammenhangs zwischen einer festgestellten konkreten Emission und der eingetretenen Beeinträchtigung geknüpft.[384] Der Nachweis der Kausalität ist hier dadurch erschwert, dass dem Beeinträchtigten regelmäßig Informationen über die emittierten Stoffe selbst sowie über deren Ausmaß fehlen werden. Darüber hinaus belastet ihn die bisher nicht abgeschlossene Erforschung der Wirkungszusammenhänge der in der Umwelt vorkommenden natürlichen und synthetischen Stoffe zueinander. Daher wird diese Konstellation auch als eine der empfindlichsten Lücken des privatrechtlichen Immissionsschutzes angesehen.[385]
Die Unzulänglichkeit des zivilen Immissionsschutzrechtes liegt darin begründet, dass es, unter Anknüpfung an die Eigentumsrechte, nicht geeignet ist, die immer mehr auf der Raumbeschaffenheit als solcher beruhenden Immissionen abzuwehren.[386]
Die Problematik des Zusammenwirkens mehrerer Emissionen ist im Bereich der tatsächlichen Geschehensabläufe einzuordnen und somit der rechtlichen Bewertung

---

382 Vgl. zu den beweisrechtlichen Auswirkungen unter G.., dort insbesondere I. 4.
383 Vgl. Gimpel-Hinteregger, S. 163,166; auch Gamsjäger, S. 95
384 Staudinger/Roth § 906, Rn. 248; Rummel, in Hanreich/Schwarzer, S. 70 f.; ferner zur Beweislastverteilung unter G.
385 Staudinger/Roth § 906, Rn. 248; Baur, JZ 1987, 317, 321; Hager, NJW 1986, 1961, 1966 f.
386 Zur Sonderproblematik der summierten Immissionen im Ländervergleich vgl. weiterführend: Müller-Goebel, Haftung für summierte Immissionen im Ländervergleich; Rummel, Ersatzansprüche bei summierten Immissionen; s. auch Petersen, S. 78 ff.

vorgelagert. Das Problem stellt sich in Österreich und in Deutschland daher identisch dar, sodass eine gemeinsame Darstellung erfolgen kann.
Zunächst ist generell zwischen summierten und kumulativen Immissionen zu unterscheiden. Während sich erstere dadurch auszeichnen, dass, in der Regel bei gleichartigen Immissionen, das Schadenspotential jeder einzelnen Immission zu den Beiträgen anderer Emittenten addiert werden muss, liegt eine kumulative Immission dann vor, wenn sie sich über die eigentlich zu erwartende Summe der Einzellmmissionen hinaus der Art beeinflussen, dass eine höhere Gesamtwirkung erreicht wird.[387]
Neben dieser grundlegenden Unterscheidung kann zudem zwischen weiteren spezifischen Möglichkeiten der Beeinflussung unterschieden werden[388]:

- Am unproblematischsten sind so genannte antagonistische Effekte, bei denen das Zusammenwirken der verschiedenen Immissionen sich dahingehend auswirkt, dass deren Gesamtwirkung reduziert wird.
- Bei den additiven Effekten werden im Sinne der summierten Immissionen die Einzelwirkungen einander aufaddiert.
- Unter synergetischen Effekten wird das als kumulative Immission bereits dargestellte Zusammenwirken von Immissionen verstanden, die über die einfache Addition hinausgehende, verstärkte Wirkungen entfalten.
- Potenzierende Effekte werden dann angenommen, wenn die einzelnen Einwirkungen an sich wirkungslos sind, aber in ihrem Zusammenwirken Umweltschäden verursachen.

Unter Zugrundelegung vorgenannter Alternativen stellt sich die Frage wie die sich zu summierten Immissionen verbindenden einzelnen Immissionen im Rahmen der Kausalitätsbetrachtungen zu behandeln sind, insbesondere ob hier einzelne Emissionsbeiträge herangezogen werden können, oder allein die Gesamtbetrachtung geboten ist.

a. Die alternative Kausalität

Im Falle der alternativen Kausalität ist von mehreren Immissionen jede einzelne im Sinne der *conditio-sine-qua-non*-Formel schadensrelevant und erfüllt den Tatbestand der §§ 364 II ABGB bzw. 906 BGB.[389] Dies ist z. B. dann der Fall, wenn mehre Unternehmer Abwasser in einen Fluss leiten, von denen schon jede einzelne Einleitung für sich genommen geeignet gewesen wäre, ein Fischsterben auszulösen. Dies hat zur Folge, dass ein Beseitigungs- und Unterlassungsanspruch gegen jeden der Störer gegeben ist, was bereits aus der Überlegung heraus deutlich wird, dass – soweit die weiteren Voraussetzungen gegeben sind – ein solcher Anspruch gegen einen Störer nicht aus dem Grund entfallen kann, dass andere Störer hinzutreten.

387 Vgl. für Deutschland: Staudinger/Kohler, Einl. 17 zum UmweltHG 13 f.; MüKo/Säcker § 906, Rn. 133; vgl. für Österreich: Rummel, Summierte Immissionen, S. 22 f.

388 Vgl. hierzu insbesondere Soergel/Baur § 906, Rn. 120 ff.; Gimpel-Hinteregger, S. 154 f.; ähnlich Rummel, Summierte Immissionen, S. 23

389 Soergel/Baur § 906, Rn. 122; Staudinger/Roth § 906, Rn. 250

b. Die progressive Schadenssteigerung

Im Falle der progressiven Kausalität sind die einzelnen Immissionen für sich betrachtet nicht wesentlich, sondern überschreiten die Wesentlichkeitsgrenze erst durch ihr Zusammenwirken. Hier werden insbesondere die oben dargestellten synergetischen und potenzierenden Effekte relevant. Auch insofern besteht ein Beseitigungs- und Unterlassungsanspruch, der gegenüber jedem Verursacher von nicht ortsüblichen und nicht vermeidbaren Immissionen geltend gemacht werden kann, bis die Schwelle der Wesentlichkeit unterschritten ist.[390]

c. Die lineare Schadenssteigerung

Im Falle der linearen Schadenssteigerung hat jede Immission bereits zu einer Beeinträchtigung geführt, die aber durch die hinzukommenden Immissionen verstärkt wird. Hier werden die additiven Effekte vorkommen. Auch in diesem Fall kann von jedem Störer nach Maßgabe der §§ 364 II ABGB bzw. 906 I; II 1 BGB die Unterlassung und Beseitigung der Störung verlangt werden.

3. Problematik der unbestimmbaren Vielzahl von Störern

Die bisher dargestellten Grundsätze der Verantwortlichkeit mehrerer Störer ist an eine gemeinsame Voraussetzung geknüpft, nämlich die Feststellbarkeit der Störer und ihrer individuellen Tatbeiträge. Dem gemäß müssen diese Grundsätze dann scheitern, wenn die Beeinträchtigungen durch eine unbestimmte Vielzahl von Störern verursacht werden, wie dies etwa beim »neuartigen Waldsterben« der Fall ist. Hierbei handelt es sich zum einen um eine Gruppe von Kleinstimmittenten wie etwa PKW-Fahrer oder Haushalte, die jeder für sich eine verschwindend kleine Menge an Schadstoffen ausstoßen, die aber in ihrer Summe beträchtliche Schäden anrichten können.

An dieser Stelle versagt die Wirksamkeit des zivilen Umweltnachbarrechts in Österreich und Deutschland. Mögen einzelne Emittenten noch feststellbar sein, für die genauen Verursacherbeiträge und die entsprechenden einzelnen Schadensanteile des Betroffenen kann das nicht mehr gelten. Zwar ist für den Abwehranspruch lediglich die haftungsausfüllende Kausalität relevant, das Problem zeigt sich im vorliegenden Zusammenhang jedoch bereits an dieser Stelle entsprechend deutlich wie im Rahmen der haftungsausfüllenden Kausalität. Für letztere sehen das deutsche wie das österreichische Recht bei mehreren Schädigern Erleichterungen vor, vorliegend könnte allein eine – im Zivilprozess nicht tragfähige[391] – Wahrscheinlichkeitsprognose helfen, auf deren Grundlage Ursachenbeiträge zugewiesen werden könnten. Daher werden solche Schäden dem allgemeinen Lebensrisiko zugerechnet und eine Möglichkeit zur Problemlösung allein im öffentlichen Recht gesehen.[392]

---

390 OLG Frankfurt am M. DWW 1985, 208; Soergel/Baur § 906, Rn. 126; Seidel, Rn. 838; Staudinger/Roth § 906, Rn. 249; Palandt/Bassenge § 906, Rn. 34; Staudinger/Kohler, Einl. 213 zum UmweltHG; a. A.: Erman/Hagen/Lorenz § 906, Rn. 18

391 Vgl. unter G. I 4.

392 Staudinger/Roth § 906, Rn. 252; Petersen, S. 79; Soergel/Baur § 906, Rn. 130; Rummel, Summierte Immissionen, S. 23 f.

4. Zusammenfassung

Festzuhalten ist, dass für die summierten Immissionen im Ergebnis keine anderen Grundsätze innerhalb der Voraussetzungen der §§ 364 II ABGB bzw. 906 BGB gelten als für andere. Sofern Verursachungsbeiträge ermittelt und zugeordnet werden können, kann sich der Beeinträchtigte an die verantwortlichen Emittenten in rechtlicher Hinsicht in gleicher Weise halten wie im monokausalen Bereich.
Die Problematik summierter Immissionen stellt eine der besonderen Herausforderungen im Umwelthaftungsrecht dar. Umfangreiche Abhandlungen in Österreich und Deutschland bemühen sich darum, sich dem komplexen Thema anzunähern. Auf diese kann an dieser Stelle nur weiterführend verwiesen werden.[393]

393 Hierzu insbesondere Soergel/Baur § 906, Rn. 119 ff.; Rummel, in Hanreich/Schwarzer, S. 70 f.; ders., Summierte Immissionen, S. 19 ff.

E. Besondere Voraussetzungen der Ansprüche auf Unterlassung und Beseitigung

Neben den soeben erörterten allgemeinen Voraussetzungen der nachbarschaftlichen Ansprüche müssen für die in Betracht kommenden Ansprüche auf Unterlassung und Beseitigung weitere Voraussetzungen gegeben sein, die rechtsfolgenspezifisch sind und daher für jeden Anspruch getrennt erörtert werden müssen.

I. Die Wiederholungsgefahr beim Unterlassungsanspruch

Gemäß dem Wortlaut der gesetzlichen Regelung in § 1004 I 2 BGB kommt ein Unterlassungsanspruch nur dann in Betracht, wenn »weitere Beeinträchtigungen zu besorgen sind«. In Österreich findet sich im Wortlaut des § 364 II ABGB kein Anhalt für das Merkmal der Wiederholungsgefahr. Dies gilt genauso für § 523 ABGB, in dem das Klagerecht des Eigentümers gegen die Anmaßung eines Servituts und zur Abwehr jeder sonstigen Störung seines Eigentums normiert ist. § 364 II ABGB wird auch als Anwendungsfall des § 523 ABGB bezeichnet.[1] Trotz des Fehlens eines begrifflichen Anknüpfungspunktes für das Erfordernis der Wiederholungsgefahr wird diese auch in Österreich genauso verlangt wie § 1004 I 2 BGB sie deutlich fordert.[2]

1. Merkmale der Wiederholungsgefahr

Die Wiederholungsgefahr muss zum Zeitpunkt der letzten mündlichen Verhandlung objektiv gegeben sein. Dies bedeutet, dass sie sich nicht nur auf Befürchtungen des Klägers stützen darf, sondern konkrete objektive Tatsachen den Schluss zulassen, dass eine Wiederholung der Störung wahrscheinlich oder eine naheliegende Möglichkeit ist.[3] Nach einer vorangegangenen Verletzung des Rechtsgutes durch den Beklagten wird die Wiederholungsgefahr in der Regel vermutet und ist folgerichtig vom Beklagten im Prozess zu widerlegen.[4]

Die Wiederholungsgefahr wird durch das Gericht nach freiem Ermessen festgestellt und ist eine Tatfrage, die im Rahmen der Revision nur auf rechtliche Fehler hin überprüft werden darf. Allgemeine Grundsätze zur Bestimmung der Wiederholungsgefahr lassen sich kaum aufstellen, da diese weitestgehend aus der konkreten Situation des anhängigen Prozesses heraus zu bestimmen ist.[5]

---

1 Vgl. u.a. OGH SZ 55, 30 und SZ 61, 278

2 Vgl. Schwimann/Oberhammer § 364, Rn. 5, 19; Weinberger, S. 152 ff.; Kerschner, in Hanreich/Schwarzer, S. 49

3 Vgl. für Österreich: OGH SZ 35/28; JBl. 1984, 492; Schwimann/Oberhammer § 364, Rn. 19; Jabornegg GA, S. 58; Weinberger, S. 159; vgl. für Deutschland: Staudinger/Gursky § 1004, Rn. 206; MüKo/Medicus § 1004, Rn. 81; Soergel/Mühl § 1004, Rn. 166; Enders, S. 204; Seidel, Rn. 840

4 Vgl. für Österreich: OGH EvBl. 1983/91; EvBl. 1978/205; Weinberger, S. 159; Illedits/Illedits-Lohr, Rn. 350; vgl. für Deutschland: BGH NJW 1999, 356, 358 f.; BayObLG NJW 1987, 1040, 1041; MüKo/Medicus § 1004, Rn. 81; Staudinger/Gursky § 1004, Rn. 210; Seidel, Rn. 841; Palandt/Bassenge § 1004, Rn. 29; Seidel, Rn. 841

5 Weinberger, S. 159; Staudinger/Gursky § 1004, Rn. 206

2. *Dogmatische Einordnung der Wiederholungsgefahr*

Strittig ist, wie das Erfordernis der Wiederholungsgefahr rechtsdogmatisch einzuordnen ist. Hier ergibt sich derselbe Streit wie zur Einordnung des Unterlassungsanspruchs an sich.[6]

a. Die Wiederholungsgefahr als Gegenstand des Rechtsschutzbedürfnisses

Vereinzelt wird die Ansicht vertreten, dass die *actio negatcria* ein prozessualer Rechtsbehelf sei, was die Einordnung der Wiederholungsgefahr als prozessuales Tatbestandsmerkmal zur Folge habe, sodass diese eine besondere Form des Rechtsschutzbedürfnisses darstelle.[7] Ein Fehlen der Wiederholungsgefahr würde daher zur Unzulässigkeit der Klage führen.

b. Die Wiederholungsgefahr als Tatbestandsmerkmal

Die ganz überwiegende Ansicht ordnet die Wiederholungsgefahr jedoch als materielles Tatbestandsmerkmal ein.[8] Hierzu wird argumentiert, dass die Wiederholungsgefahr schon deshalb in das Gefüge des materiellen Rechts eingeordnet werden müsse, weil andernfalls entweder ein materieller Unterlassungsanspruch überhaupt geleugnet werden oder sich allein auf das Eigentum an sich stützen müsste und erst durch die Prozessvoraussetzung der Wiederholungsgefahr zulässig werden würde. Dies hätte dann zur Folge, dass jedenfalls materiell-rechtlich Ansprüche gegen jedermann sogar bei fehlender Möglichkeit der (weiteren) Störung gegeben seien. Gerade das materielle Recht habe aber die Funktion der Bestimmung des Anspruchsinhalts und des Anspruchsgegners. Wenn eine Konkretisierung dieser wesentlichen Punkte erst im Prozess erfolgen könne, so laufe dies dem herkömmlichen Anspruchssystem zuwider.[9]

In Österreich wird das Rechtsschutzbedürfnis zunehmend als allgemeine Prozessvoraussetzung abgelehnt[10]; die Einordnung an diese Stelle scheidet dann schon deshalb aus.[11]

c. Stellungnahme

Der überwiegenden Ansicht sollte gefolgt werden. Die Einordnung als prozessuale Voraussetzung bricht mit dem Grundsatz, dass eine Klage einen materiellen Anspruch voraussetzt oder aber ein solcher konkret bereits auf Tatbestandsebene gegen einen Anspruchsgegner gerichtet sein muss. Seine Bestimmung ist aber Gegenstand des materiellen Rechts. Klagen gegen den unrichtigen Beklagten sind mangels Passivlegitimation unbegründet und nicht unzulässig.

---

6 Siehe dazu Staudinger/Gursky § 1004, Rn. 205, 208

7 So heute noch Soergel/Mühl § 1004, Rn. 156, 166 ff.; Henckel, AcP 174.Bd. (1974) 134

8 Vgl. für Österreich: OGH EvBl. 1972/20; EvBl. 1978/205; Weinberger, S. 162; Fasching Vor § 226 öZPO, Rn. 22; Rummel/Rummel § 859, Rn. 5; Holzhammer, S. 169; Jabornegg/Strasser, S. 169; Jabornegg GA, S. 57; Schwimann/Oberhammer § 364, Rn. 19; vgl. für Deutschland: BGH MDR 1973, 30; NJW 1980, 1843; Staudinger/Gursky § 1004, Rn. 208; Erman/Hefermehl § 1004, Rn. 29; Palandt/Bassenge § 1004, Rn. 28; MüKo/Medicus § 1004, Rn. 82

9 MüKo/Medicus § 1004, Rn. 82; Weinberger, S. 157; Jabornegg GA, S. 169

10 Vgl. Weinberger, S. 157

11 Vgl. dazu weiterführend Weinberger, S. 152 ff.

3. Besonderheiten der Erstbegehungsgefahr

Über den Wortlaut der Vorschrift des § 1004 I 2 BGB, der eigentlich eine bereits eingetretene Störung voraussetzt, haben sich die deutsche Rechtsprechung und Literatur bereits frühzeitig hinweggesetzt und auch eine vorbeugende Unterlassungsklage zugelassen.[12] Eine andere Einschätzung würde dem Präventivgedanken der Unterlassungsklage zuwiderlaufen und wäre nicht erklärlich, wenn man zunächst eine Störung erdulden müsste, um sodann erst die drohende weitere abwehren zu können.
Die vorbeugende Unterlassungsklage ist auch in Österreich allgemein anerkannt.[13]
Um jedoch zu vermeiden, dass die Möglichkeit der vorbeugenden Unterlassungsklage in missbräuchlicher Weise ausgenutzt wird, ist diese an strengere Anforderungen bezüglich der drohenden »Gefahr« zu knüpfen als die »normale« Unterlassungsklage. Die sog. Erst- bzw. Erstbegehungsgefahr soll erst dann anzunehmen sein, wenn der Eintritt der befürchteten Störung alsbald zu erwarten ist, diese mithin hinreichend sicher bevorsteht.[14] Je sicherer jedoch die Wahrscheinlichkeit des Störungseintritts ist, desto geringer sollten die Anforderungen an die zeitlichen und örtlichen Komponenten sein. Soweit die Verwirklichung der Gefahr nur eine Frage der Zeit ist, schließt ein derzeitiger räumlicher und zeitlicher Abstand die Annahme einer konkreten Gefahr nicht aus.
Auch diese Befürchtungen müssen anhand von Tatsachennachweisen begründbar sein, für die jedoch aufgrund der fehlenden Vermutungsgrundlage der bereits eingetretenen Störung der Kläger vollumfänglich darlegungs- und beweispflichtig ist.[15]
Gerade im Umweltrecht kommt der vorbeugenden Unterlassungsklage aufgrund der drohenden weitreichenden Folgen einer eingetretenen Störung besondere Bedeutung zu. Nur mit ihrer Hilfe können Störungen, die die Umwelt nachhaltig beeinträchtigen könnten, bereits im Vorfeld abgewehrt werden. Gerade unter Beachtung der gegenwärtigen umweltpräventiven Tendenzen, also Umweltschäden zu verhindern und für eine lebenswertere Umwelt zu sorgen, wäre es widersinnig, solche Schäden zunächst eintreten lassen zu müssen. Die gesetzliche Regelung in Deutschland kann daher zu Recht nur als Redaktionsirrtum gewertet werden[16] und im Wortlaut muss statt »weitere« »derartige« gelesen werden.

II. Gegenwärtigkeit der Störung beim Beseitigungsanspruch

Allgemeine Ansicht in Österreich und Deutschland ist, dass Voraussetzung eines auf die Beseitigung einer Störung gerichteten Anspruchs der Fortbestand der Störung

---

12 RGZ 101, 335, 338 f.; BGHZ 2, 394; Staudinger/Gursky § 1004, Rn. 207; MüKo/Medicus § 1004, Rn. 80; Erman/Hefermehl § 1004, Rn. 27; Palandt/Bassenge § 1004, Rn. 29; Jauernig/Jauernig § 1004, Rn. 11; Baur/Stürner § 12, Rn. 25; Larenz/Canaris § 87 II 1; Enders, S. 204; Soergel/Mühl § 1004, Rn. 168

13 OGH SZ 47/62; Jabornegg GA, S. 58, 168; Schwimann/Oberhammer § 364, Rn. 52; Fasching, vor § 226, Rn. 21; Weinberger, S. 198 ff.; Illedits/Illedits-Lohr, Rn. 351

14 Vgl. für Deutschland: Staudinger/Gursky § 1004, Rn. 207; MüKo/Medicus § 1004, Rn. 80; vgl. für Österreich: Seidel, Rn. 841; Weinberger, S. 200

15 OLG Hamm NJW-RR 1995, 1399, 1400; Erman/Hefermehl § 1004, Rn. 28; Seidel, Rn. 841

16 So auch Larenz/Canaris § 87 II 1

zum Zeitpunkt der letzten mündlichen Verhandlung ist.[17] Dieser Umstand begründet im Wesentlichen die Unterscheidung zum Schadensersatzanspruch, der in der Vergangenheit abgeschlossene Vorgänge umfassen soll.[18]

III. Rechtswidrigkeit

Ein besonderes Problem ergibt sich bei der Rechtswidrigkeit. Hier stellt sich die Frage nach dem Bezugsgegenstand des Rechtswidrigkeitsurteils und dessen Verhältnis zur – in Deutschland als rechtshindernde Einwendung ausgestalteten – Duldungspflicht. Die hierzu vertretenen Auffassungen unterscheiden sich bezüglich der beiden Teilkategorien Unterlassung und Beseitigung.
In Deutschland wird schon aufgrund der Fassung von § 1004 II BGB die Rechtswidrigkeit als Anspruchsvoraussetzung umfangreich und kontrovers diskutiert. In Österreich dagegen findet sich in § 364 II ABGB kein spezieller Anknüpfungspunkt für das Rechtswidrigkeitsurteil.

1. Österreich

Entsprechend stellt die österreichische Judikatur fest, dass sich die Fragen im Zusammenhang mit der Rechtswidrigkeit bei Umweltbeeinträchtigungen auch nicht anderes darstellen als bei sonstigen Schädigungen.[19] Allgemein wird kontrovers diskutiert, ob die Rechtswidrigkeit durch ein Handlungs- oder aber ein Erfolgsunrecht gekennzeichnet ist. Überwiegend wird in Österreich dabei die Lehre vom Handlungsunrecht vertreten, für die charakteristisch ist, dass das Rechtswidrigkeitsurteil nur durch den Nachweis eines Sorgfaltspflichtverstoßes gefällt werden kann.[20] Die Rechtswidrigkeitsprüfung untersucht nun, ob das Verhalten gegen Gebote oder Verbote der Rechtsordnung verstößt, und zwar mittels Interessenabwägung.[21] Dabei werden die Schutzgesetze als Teil einer vom Gesetzgeber bereits vorgenommenen Interessenabwägung gesehen.[22] Im Bereich des Nachbarrechts sei die Interessenabwägung aufgrund des weitgehenden Fehlens von Schutzgesetzen besonders schwierig und allein dem Rechtsanwender überlassen. § 364 II ABGB betreffend wird das Rechtswidrigkeitsurteil ausdrücklich an die bei der Wesentlichkeitsprüfung vorzunehmende Abwägung geknüpft.[23]

---

17 Vgl. für Österreich: Jabornegg/Strasser, S. 163; Jabornegg GA, S. 55 f.; Kerschner, in Hanreich/Schwarzer, S. 52; Janovsky, S. 309; vgl. für Deutschland: Larenz/Canaris § 86 VII; Baur/Stürner § 12, Rn. 20; Soergel/Mühl § 1004, Rn. 112; MüKo/Medicus § 1004, Rn. 59; Staudinger/Gursky § 1004, Rn. 136; Olzen, Jura 1991, 289 ff.

18 Vgl. hierzu näher nachfolgend unter G.

19 Jabornegg/Strasser, in Strasser, S. 64

20 Ausführlich dazu Koziol, Haftpflichtrecht I, S. 140 ff. m w. N.; vgl. auch bei Gimpel-Hinteregger, S. 87 ff.

21 Gamsjäger, S. 109; Jabornegg/Strasser, in Strasser, S. 64

22 Jabornegg/Strasser, in Strasser, S. 64

23 Jabornegg/Strasser, in Strasser, S. 65

2. *Deutschland*

In Deutschland ergibt sich aufgrund der Kontroverse, ob die fehlende Duldungspflicht mit der Rechtswidrigkeit deckungsgleich ist, eine unterschiedliches Bild hinsichtlich der beiden Kategorien Beseitigung und Unterlassung.

a. Beseitigungsanspruch

Die in Deutschland als noch vorherrschend bezeichnete Ansicht[24] versteht § 1004 II BGB dahingehend, dass der Beseitigungsanspruch nur bei Rechtswidrigkeit des Eingriffs gegeben ist.

aa. Gleichsetzung von Duldungsverpflichtung und Rechtswidrigkeit

Die vorgenannte Ansicht verknüpft die in § 1004 II BGB angelegte Duldungsverpflichtung mit der Rechtswidrigkeit der Beeinträchtigung.[25] Demzufolge kann ein Beseitigungsanspruch nur dann bestehen, wenn auch der Eingriff selbst rechtswidrig ist. Die Formulierung in § 1004 II BGB, dass »der Anspruch ausgeschlossen (ist), wenn der Eigentümer zur Duldung verpflichtet ist«, gewinne allein im Rahmen der Darlegungs- und Beweislast Bedeutung der Art, dass die auf menschliches Verhalten zurückzuführende Verletzung des Eigentums als rechtwidrig indiziert werde.[26]

bb. Neuere Ansicht

Eine im Vordringen befindliche Auffassung wirft der herrschenden Ansicht einen falschen Anknüpfungspunkt für die Rechtswidrigkeit vor. Den Gegenstand der Beurteilung bilde der gegenwärtige, zu beseitigen Zustand. Sofern der allgemeine Rechtswidrigkeitsbegriff aber Handlungsunrecht prüfe, könne eine solche Rechtswidrigkeit mit der Duldungspflicht gegenüber einem beeinträchtigenden Zustand nicht deckungsgleich sein. Die Frage der Hinnahme einer bereits eingetretenen Beeinträchtigung aufgrund einer Duldungsverpflichtung könne daher nicht mit der gängigen Bestimmung der Rechtswidrigkeit erfasst werden, sie sei schlicht von vornherein falsch gestellt.[27] Im Bereich der Zustandshaftung komme es nicht auf ein rechtswidriges Verhalten des Störers an, sondern zu erörtern sei, ob der Zustand von der Rechtsordnung aus besonderen Gründen gebilligt werde oder nicht.[28] Soweit es sprachlich in die Form der »Rechtswidrigkeit« gefasst werde, wenn der Eigentümer nicht zu dulden brauche, sei dies eine andere Terminologie als die herkömmliche.[29]

cc. Stellungnahme

Die letztere Ansicht verdient den Vorzug. Die Problematik der Gleichsetzung von Rechtswidrigkeit und Duldungspflicht wird vor allem ausgelöst durch die unterschied-

---

24 Vgl. Larenz/Canaris § 86 IV 1. a; MüKo/Medicus § 1004, Rn. 49; Staudinger/Gursky § 1004, Rn. 166

25 So insbesondere MüKo/Medicus § 1004, Rn. 51.; Baur/Stürner § 12, Rn. 8; Soergel/Mühl § 1004, Rn. 193;

26 Vgl. MüKo/Medicus § 1004, Rn. 51

27 BGHZ 66, 37, 39; Larenz/Canaris § 86 IV 1. a.; Jauernig/Jauernig § 1004, Rn. 21; Erman/Hefermehl § 1004, Rn. 32; Soergel/Wolf § 276, Rn. 22 Fn.2; wohl auch Staudinger/Gursky § 1004, Rn. 166; Petersen, S. 17

28 Vgl. Staudinger/Gursky § 1004, Rn. 159 m w. N.

29 Larenz/Canaris § 86 IV 1. a.

lichen Bezugspunkte bei Handelnden- und Zustandshaftung. Im Rahmen des Beseitigungsanspruchs geht es allein darum, ob der gegenwärtige Zustand mit den gesetzlichen Regeln in Einklang steht oder nicht. Es ist daher unerheblich, ob der Zustand einmal durch eine rechtmäßige oder rechtswidrige Handlung geschaffen worden ist. Es ist damit aber auch keine Frage von Handlungs- oder Erfolgsunrecht, denn beide knüpfen das Unwerturteil an ein Verhalten. Damit ist allein die Duldungspflicht entscheidend. Dies müssten auch die Vertreter der überkommenen Ansicht zugestehen, wenn sie in Einzelfällen trotz eines rechtmäßigen Handelns eben doch einen Beseitigungsanspruch für möglich halten.[30]
Hinzu kommt die Erwägung der Verwandtschaft der *actio negatoria* zur Vindikation der §§ 985 f. BGB. Nach § 986 I BGB ist der Herausgabeanspruch aus § 985 I BGB nur so lange ausgeschlossen, wie das Recht zum Besitz entfällt. Eine rechtswidrige Situation ist hierfür aber nicht erforderlich. Duldungspflicht und Rechtswidrigkeit sollten daher als eigenständige dogmatische Kategorien begriffen werden.[31]

b. Unterlassungsanspruch

Im Rahmen des Anspruchs auf Unterlassung wird der vorstehend dargestellte Meinungsstreit nicht relevant und somit das Erfordernis der Rechtswidrigkeit im Ergebnis übereinstimmend interpretiert.[32] Der Grund liegt darin, dass hier eine zukünftig drohende Handlung durch den Störer zu unterlassen ist. Vom Störer kann aber nur dann die Unterlassung einer solchen Handlung gefordert werden, die rechtwidrig wäre; die Unterlassung einer rechtmäßigen Handlung kann legitimer Weise nicht gefordert werden.

---

30 MüKo/Medicus § 1004, Rn. 50

31 Vgl. bei Petersen, S. 17, zu den Auswirkungen der Harmonisierung von privatrechtlicher Duldungspflicht und Rechtswidrigkeit im umweltrechtlichen Deliktsrecht vgl. Staudinger/Kohler, Einl. 219 ff. zum UmweltHG

32 Staudinger/Gursky § 1004, Rn. 166; Larenz/Canaris § 87 III; Müko/Medicus § 1004, Rn. 49

F. Rechtsfolgen

Nachdem sowohl die allgemeinen als auch die besonderen Voraussetzungen von nachbarrechtlichen Abwehransprüchen in Österreich und Deutschland dargestellt und miteinander verglichen wurden, sollen nunmehr die einzelnen Rechtsfolgen der in Betracht kommenden Abwehransprüche einander gegenübergestellt werden.
Auch hier wird auf die Grundlagen der einzelnen Ansprüche separat einzugehen sein, um die jeweiligen Anwendungsbereiche vollumfänglich zu erfassen und sie untereinander, aber auch zum Bereich der verschuldensabhängigen Haftung abzugrenzen zu können. Probleme können sich hier insbesondere hinsichtlich der Möglichkeit der Beseitigung von Beeinträchtigungen ergeben, deren Durchführung praktisch der beim Schadensersatzanspruch geschuldeten Naturalrestitution entsprechen kann.

I. Vorgaben

Hinsichtlich der Rechtsfolge bestimmt § 364 II ABGB, dass der »Eigentümer eines Grundstücks dem Nachbarn die von dessen Grund ausgehenden Einwirkungen [...] untersagen« kann.
Die demgegenüber stehenden Vorschriften des deutschen Rechts lauten hingegen gemäß § 1004 I BGB folgendermaßen:

> Wird das Eigentum [...] beeinträchtigt, so kann der Eigentümer von dem Störer die Beseitigung verlangen. Sind weitere Beeinträchtigungen zu besorgen, so kann der Eigentümer auf Unterlassung klagen.

Von diesen Vorschriften ausgehend, soll nun untersucht werden, welche Rechtsfolgen sich für den Anspruchsgegner ergeben, wenn von seinem Grundstück ausgehende Immissionen die Duldungsgrenze überschreiten und der Beeinträchtigte dagegen vorgeht.
Zur Klarstellung sei darauf verwiesen, dass dieser Bearbeitung die in beiden Ländern absolut vorherrschende Ansicht zugrundegelegt wird, die im Anspruch auf Unterlassen einen materiell-rechtlichen Anspruch erblickt.[1]

II. Das Verhältnis zwischen Beseitigungs- und Unterlassungsbegehren

Zunächst ist zu klären, ob die beiden möglichen Abwehrbegehren auf Beseitigung und Unterlassung nur mögliche Ausgestaltungen eines einheitlichen Anspruchs, d. h. einer einzelnen Anspruchsgrundlage, oder aber zwei getrennt voneinander zu betrachtende und zu behandelnde Ansprüche mit unterschiedlichen Anspruchsvoraussetzungen darstellen.

1 Vgl. für Österreich: Weinberger, S. 96; vgl. für Deutschland: Staudinger/Gursky § 1004, Rn. 197 f.; Palandt/Bassenge § 1004, Rn. 27; Erman/Hefermehl § 1004, Rn. 27; MüKo/Medicus § 1004, Rn. 82; Larenz/Canaris § 87 I. 2.; Henckel, AcP 174. Bd. (1974) 121 ff.; s. ausführlich oben unter F. II. 2. c.

1. Deutschland

Die in Deutschland getroffene Regelung in § 1004 I BGB erscheint eindeutig. Dort wird zwischen einem Beseitigungsanspruch in Satz 1 und einem auf Unterlassen gerichteten Anspruch in Satz 2 unterschieden, wobei letzterer dem Wortlaut nach bei bereits eingetretener Störung für den Fall der Gefahr der Wiederholung in Frage kommt. Das Problem einer einheitlichen Rechtsgrundlage wird unter Bezugnahme auf die eindeutige Regelung der gesetzlichen Vorschrift allenfalls am Rande diskutiert.
Auf eine zum deutschen UWG vertretene Auffassung[2], die annimmt, dass der Unterlassungsanspruch den Beseitigungsanspruch mitumfasst, wurde zwar auch zu § 1004 I BGB verwiesen[3]; die Auffassung wurde aber zwischenzeitlich aufgegeben.[4] Im deutschen UWG ist ein Anspruch auf Beseitigung nicht ausdrücklich genannt, weshalb er dort aus Gründen eines vollständigen Rechtssystems als Unterfall des Unterlassungsanspruchs gesehen wird. In Österreich ist dies bei § 364 II ABGB ähnlich.

2. Österreich

In Österreich fällt auf, dass § 364 II ABGB explizit nur den Unterlassungsanspruch regelt. Entsprechend der deutschen Norm ist aber § 364 II ABGB auch an eine bereits eingetretene Störung als Anspruchsvoraussetzung geknüpft, sodass die Konsequenz der gesetzlichen Regelung die Verpflichtung zur Hinnahme der derzeitigen, bereits eingetretenen Folgen der Störung wäre und Konsequenzen in Form eines Unterlassens nur bezogen auf die Störung selbst verlangt werden könnten.
Da dies sinnwidrig wäre, wird übereinstimmend auch in Österreich die gesetzliche Verpflichtung zur Beseitigung von Belastungen, die der Betroffene einklagen kann, für erforderlich gehalten.[5] Umstritten ist jedoch, ob ein Beseitigungsanspruch neben dem gesetzlich geregelten Unterlassungsanspruch existiert oder aber der Anspruch auf Beseitigung in dem auf Unterlassung enthalten ist, mit der Konsequenz, dass eine Normierung des Beseitigungsanspruchs überflüssig wäre.

a. Einheitliche Anspruchsgrundlage

Teilweise wird in Österreich die Ansicht vertreten, dass der Beseitigungsanspruch Teil des Unterlassungsanspruchs sei.[6] Da weder in § 364 II ABGB noch in anderen gesetzlichen Vorschriften, wie etwa §§ 339; 523 ABGB, die die Unterlassung von Störungen zum Gegenstand haben, die Möglichkeit der Beseitigung von Störungen explizit vorgesehen sei, lasse sich jedenfalls aus der gesetzlichen Regelung eine Anspruchstrennung – insoweit ist dies auch unstreitig[7] – nicht ableiten.

---

2 Baumbach/Hefermehl, Einl. UWG, Rn. 307
3 Erman/Hefermehl § 1004, Rn. 20
4 Vgl. Baumbach/Hefermehl, Einl. UWG, Rn. 251 a; 307
5 Vgl. OGH SZ 38/16; SZ 51/87; SZ 55/61; Jabornegg GA, S. 57; Rummel/Spielbüchler; § 354, Rn. 5; Aicher, JBl.1979, 235; Weinberger, S. 163; Lepeska, S. 75
6 OGH JBl. 1990, 119; Kerschner, in Hanreich/Schwarzer, S. 52; Lepeska, S. 75
7 Vgl. Jabornegg/Strasser, S. 62

Darüber hinaus seien auch weder systematische noch teleologische Gründe vorhanden, die eine Trennung erforderlich erscheinen ließen.[8]
Aus der Konzeption der Exekutionsordnung ergebe sich nichts anderes. Zwar sei für die Exekution eines Unterlassungsanspruchs grundsätzlich nur § 355 EO einschlägig, wonach dem Verpflichteten keine konkreten Maßnahmen auferlegt werden könnten, wohingegen bei einem Beseitigungsbegehren aufgrund einer konkret zu fordernden Handlung auf § 353 ff. EO mit der Möglichkeit zur Vollstreckung mittels Ersatzvornahme zurückgegriffen werden könne.[9] Jedoch seien auch für ein reines Unterlassungsbegehren Fallkonstellationen denkbar, bei denen nur eine bestimmte Maßnahme zielführend sei.[10] Somit stelle der Beseitigungsanspruch auch unter exekutionsrechtlichen Gesichtspunkten lediglich eine solche Fallkonstellation dar.[11]

b. Selbständigkeit der Anspruchsgrundlagen

Demgegenüber wird mehrheitlich vertreten, dass hinsichtlich der Anspruchsgrundlagen zwischen dem Unterlassungs- und Beseitigungsanspruch differenziert werden muss.[12] Aufgrund der Unterschiede bei den Anspruchsvoraussetzungen und bei der nach Zuspruch zu erfolgenden Vollstreckung könne von einem einheitlichen Unterlassungsanspruch nicht ausgegangen werden.
Zum einen gebiete bereits die unterschiedliche Sichtweise der Ansprüche, nämlich die Vergangenheitsorientiertheit des Beseitigungsanspruchs und die Zukunftsorientiertheit des Unterlassungsanspruchs, eine unterschiedliche Betrachtung, da daran unterschiedliche Anspruchsvoraussetzungen zu knüpfen seien, nämlich die bereits eingetretene Störung einerseits und die bevorstehende Störung andererseits. Da der Unterlassungsanspruch nur auf das Ziel – die Nichtstörung – gerichtet sei, die Auswahl des konkreten Mittels aber dem Störer vorbehalten bleibe[13], während der Beseitigungsanspruch ein ganz bestimmten Verhalten fordere, seien beide Ansprüche »in der Sache selbst etwas ganz anderes«.[14] Damit komme eine sich in der Art der Exekution fortsetzende rechtserhebliche Differenzierung im pflichtgemäßen Verhalten des Anspruchsgegners zum Ausdruck, der Rechnung zu tragen sei.[15] Sei neben der Beseitigung der gegenwärtigen Störung Zweck der Klage auch die Verhinderung weiterer Störungen, etwa im Fall der Ablagerung von Schutt einer Baustelle auf dem Grundstück des Nachbarn, so sollen ausnahmsweise beide Ansprüche auch kumulativ in Betracht kommen.[16] Im Allgemeinen sei aber der Unterlassungsanspruch einschlägig, damit dem Verpflichteten die Auswahl des zielführenden Maßnahme verbleibe.[17]

---

8 Lepeska, S. 45 ff., ders., RdU 2000, 97, 99
9 Lepeska, S. 80
10 Lepeska, S. 77
11 Lepeska, S. 55
12 Jabornegg/Strasser, S. 59; Klang/Klang II, S. 603 f; Koziol/Welser, Grundriss II, 284; Ehrenzweig, S. 303; Weinberger, S. 164; Schwimann/Oberhammer § 364, Rn. 20; Jabornegg GA, S. 60
13 Vgl. Neubauer, S. 69; Jabornegg GA, S. 60
14 So Jabornegg/Strasser, S. 58
15 Jabornegg/Strasser, S. 59
16 Neubauer, S. 71; Jabornegg/Strasser, S. 64
17 Jabornegg GA, S. 60

Aufgrund dieser Sicht der Anspruchsverhältnisse wird eine Art Regel/Ausnahmeverhältnis geschaffen, durch das zugunsten des Störers zunächst nur die abstrakte Unterlassung/Beendigung einer Störung verlangt werden kann.

c. Stellungnahme

Der dogmatische Streit entbehrt bei näherer Betrachtung größerer Relevanz, weil beide Ansichten in der praktischen Anwendung zum selben Ergebnis gelangen werden. Denn wenn auch die Vertreter der überwiegenden Ansicht den Beseitigungsanspruch als eigenständig verstanden wissen wollen, so gehen sie mit der Anerkennung einer grundsätzlichen Dominanz des Unterlassungsanspruchs mit der abweichenden Ansicht insoweit konform, als diese den gesamten negatorischen Eigentumsschutz dadurch gekennzeichnet sieht, dass grundsätzlich keine bestimmten Maßnahmen vorgeschrieben werden dürfen.
Allgemein ist in Österreich die Tendenz erkennbar, dem Störer möglichst die Wahl des Mittels zur zukünftigen Vermeidung von Immissionen zu überlassen, sodass dadurch eine größtmögliche flexible Handhabung der zivilrechtlichen Nachbarschaftsregelungen erzielt werden kann und ein Ausgleich der widerstreitenden Nutzungsinteressen der beiden Liegenschaftseigentümer den Störer nicht über das zum Abstellen der Störung Notwendige hinaus belastet.
Beide Ansichten sehen das Beseitigungsbegehren mithin als Sonderheit, welche sich nach der ersteren Meinung eben (nur) in der Exekutionsproblematik zeigt, wohingegen gerade diese für die zweite Ansicht eine solche Ausstrahlungswirkung besitzt, dass mit ihr auch zwangläufig ein für sich selbständiger Anspruch korrespondieren muss.
Nach alledem soll die im folgenden vorgenommene Trennung nach Unterlassungs- oder Beseitigungsbegehren vornehmlich dem Ziel dienen, die einzelnen tatbestandlichen Abgrenzungskriterien des Unterlassungsbegehrens vom Beseitigungsverlangen in Deutschland und Österreich gegenüberstellen zu können.

III. Tatbestandliche Abgrenzung von Beseitigungs- und Untersagungsbegehren

In der Literatur und Rechtsprechung der beiden Länder werden zum Teil unterschiedliche Kriterien für die Abgrenzung der beiden Begehren diskutiert. Ziel der Kriterien muss die auch praxistaugliche Abgrenzbarkeit der Begehren vor allem mit Blick auf eine effektive Umsetzung des Rechtsschutzziels sein.

1. Tun und Unterlassen

Wie schon in einer älteren OGH - Entscheidung[18], wird in Österreich auch heute noch ein taugliches Abgrenzungskriterium in der Art des für die Beendigung der Störung bzw. für die Vermeidung einer Störung gebotenen Verhaltens gesehen. Ausgehend von der Prämisse, dass der Unterlassungsanspruch ein zukünftiges Verhalten betrifft und der einhelligen Ansicht in Österreich, dass der Beseitigungsanspruch nur durch ein aktives Tun erfüllbar ist[19], soll die Tatsache, dass das begehrte Ziel durch ein

---

18 OGH 1937, 103
19 Vgl. Jabornegg GA, S. 58; Lepeska, S. 50

Unterlassen zu erreichen ist, für den Unterlassungsanspruch, dagegen die Erforderlichkeit eines aktiven Tuns für den Beseitigungsanspruch sprechen.[20]

2. Art der Vollstreckung

Zum Zwecke der Abgrenzung werden auch die Vollstreckungsmöglichkeiten eines materiellrechtlichen Anspruchs nach der EO herangezogen.[21]
Soweit eine Vollstreckung des Urteils nach § 353 EO in Betracht komme, werde also die Vornahme einer vertretbaren konkreten Handlung erzwungen, die in Form der Ersatzvornahme vollstreckt werden könne. Soweit im Rahmen der Vollstreckung eine Ersatzvornahme möglich ist, soll dieser Ansicht nach die Verurteilung aus einem Beseitigungsanspruch gegeben sein.
Habe dagegen eine Vollstreckung gemäß den Vorschriften der §§ 355 ff. EO zu erfolgen, sei die Vollstreckung auf die Erwirkung von Duldungen und Unterlassungen gerichtet und könne nur durch die Androhung von Zwangsmitteln betrieben werden. Diese Vollstreckungssituation korrespondiere mit der Verurteilung des Störers aus dem materiellen Recht zu einem konkreten Erfolg, nicht aber zu einer konkreten Handlung. Ein solcher Tenor könne durch eine Ersatzmaßnahme nicht vollstreckt werden, da die Wahl des Mittels noch durch den Störer zu bestimmen sei. Die Umsetzung müsse durch Zwangsmaßnahmen erfolgen und diese Konstellation sei daher dem Unterlassungsanspruch zuzurechnen.[22]

3. Bestimmtheit des gebotenen Verhaltens

Teilweise wird auch darauf abgestellt, wie genau bestimmt das ausgeurteilte Verhalten ist.[23] Ausgangspunkt ist die allgemeine Ansicht, dass im Rahmen des § 364 II ABGB dem Störer grundsätzlich keine bestimmte Maßnahme vorgeschrieben werden kann. Den Unterlassungsanspruch kennzeichnet danach, dass dem Störer der Entscheidungsfreiraum der Auswahl der konkreten Handlung verbleibt.[24] Demgegenüber komme die Verurteilung zu einem bestimmten Verhalten nur dann in Betracht, wenn allein dieses nach den gegenwärtigen Umständen geboten sei, d. h. eine Wahlmöglichkeit des Störers von vornherein ausscheide. Aus dieser Unterscheidung wird sodann gefolgert, dass im Rahmen des zivilen Nachbarrechts Eigentumseingriffe in der Regel nur mittels eines Unterlassungsanspruchs angreifbar seien, da dem Störer grundsätzlich die Wahl der Mittel überlassen bleibe.[25]
Demgegenüber ist es in Deutschland allgemeine Ansicht, dass auch im Falle der Beseitigungsverpflichtung mehrere Handlungsalternativen gegeben sein können und dem Beklagten auch hier die Wahl zwischen gleich geeigneten Mittel verbleibe. Aufgrund dessen könne der Kläger auch im Falle des Beseitigungsanspruchs grundsätzlich nur die Untersagung der Beeinträchtigung durch bestimmte Immissio-

20 Schwimann/Oberhammer § 364, Rn. 20
21 Vgl. Nachweise bei Lepeska, S. 58
22 Vgl. Jabornegg/Strasser, S. 59; Weinberger, S. 164
23 So etwa Jabornegg/Strasser, S. 58 f.; Jabornegg GA, S. 60
24 OGH JBl. 1965, 621; Rummel/Spielbüchler § 364, Rn. 17; Schwimann/Oberhammer § 364, Rn. 19; Janovsky, S. 308; Weinberger, S. 164
25 Jabornegg/Strasser, S. 62 f.; Weinberger, S. 164

nen verlangen, nicht hingegen die Vornahme bestimmter Abwehrmaßnahmen.[26] Der Störer könne zum Beispiel im Falle der Beeinträchtigung durch Immissionen, die durch den Betrieb einer Anlage verursacht werden, wählen zwischen dessen Einstellung, der Reduzierung der Tätigkeit und Vornahme von Schutzmaßnahmen. Eine konkrete Vorgehensweise könne allein dann verlangt werden, wenn nur diese spezielle erfolgversprechend sei.[27]

4. Zukünftige und gegenwärtige Beeinträchtigungen

In Deutschland und Österreich werden die beiden Begehren übereinstimmend außerdem anhand der zeitlichen Lage der Beeinträchtigung unterschieden. Danach ergibt sich ein Unterlassungsanspruch immer dann, wenn eine weitere Beeinträchtigung zu befürchten ist, sei es bei einer »Wiederholungsgefahr« im Fall bereits erfolgter Rechtsgutsverletzung bzw. einer Erst(begehungs)gefahr bei einer erstmals zu erwartenden Beeinträchtigung.[28] Charakteristisch für den Beseitigungsanspruch sei demgegenüber, dass eine solche Gefahr nicht bestehen müsse, während andererseits die noch bestehende Beeinträchtigung notwendige Voraussetzung eines Anspruchs auf Beseitigung sei. Da durch den Unterlassungsanspruch aber der Eintritt weiterer Beeinträchtigungen vermieden werden soll, setze ein solcher Anspruch eine gegenwärtige Beeinträchtigung nicht voraus, erst recht nicht im Fall der »vorbeugenden« Unterlassungsklage.
In dieser Weise an eine bestehende oder eine (nur) befürchtete Störung knüpft auch die Argumentation an, dass der Beseitigungsanspruch nur auf die Beendigung einer fortdauernden Störung durch das Abstellen der Störungsquelle ziele.[29]
Dem wird entgegengehalten, dass der Beseitigungsanspruch im eigentlichen Sinne genauso auf eine zukünftige Gefahr gerichtet, die Gegenwärtigkeit der Beeinträchtigung in Abgrenzung zur (Wiederholungs-) Gefahr deshalb als differenzierendes Tatbestandsmerkmal ungeeignet sei.[30] Begründet wird diese Ansicht damit, dass ein Beseitigungsanspruch dann nicht mehr gegeben sei, wenn die Störung bereits beseitigt wurde und die Klage in einem solchen Fall abgewiesen werden müsse. Voraussetzung des Beseitigungsbegehrens sei damit eben gleichermaßen die konkrete Gefahr, dass der Gestörte auch in Zukunft durch die vorliegende Störung beeinträchtigt werde.

---

26 BGH NJW 1977, 146; OLG Köln NJW 1998, 763, 766; Erman/Hefermehl § 1004 Rn. 23; Seidel, Rn. 842

27 BGHZ 59, 205, 208; MüKo/Medicus § 1004, Rn. 63; Soergel/Mühl § 1004, Rn. 217; Erman/Hefermehl § 1004, Rn. 23; Seidel, Rn. 842; eingehend Staudinger/Gursky § 1004, Rn. 206 ff. m w. N.

28 Vgl. für Österreich: OGH SZ 38/16; SZ 51/87; SZ 55/61; Jabornegg GA, S. 57; Rummel/Spielbüchler § 354, Rn. 5; Aicher, JBl.1979, 235; Weinberger, S. 163; vgl. für Deutschland: Erman/Hefermehl § 1004, Rn. 27; Staudinger/Gursky § 1004, Rn. 207; Palandt/Bassenge § 1004, Rn. 22

29 Vgl. für Österreich: Jabornegg GA, S. 58; Weinberger, S. 163; Aicher, JBl.1979, 235; vgl. für Deutschland: BGH NJW 1971, 698; Erman/Hefermehl § 1004, Rn. 21; Staudinger/Gursky § 1004, Rn. 203; Palandt/Bassenge § 1004, Rn. 27; Soergel/Mühl § 1004, Rn. 107; MüKo/Medicus § 1004, Rn. 80

30 Lepeska, S. 47

5. Kumulative Anwendung

Problematisch ist nach alledem also vor allem, ob man bei einer fortdauernden Störung auf den Beseitigungsanspruch verwiesen ist, unabhängig davon in welchem Ausmaß die Gegenwärtigkeit der Störung gleichzeitig die Gefahr weiterer Störung beinhaltet und damit eigentlich auch einen Anknüpfungspunkt für ein Unterlassungsbegehren bietet.
Da der Unterlassungsanspruch auf eine zukünftige Entwicklung abzielt und drohende Einwirkungen verhindern soll, während das Ziel der Beseitigung erst dann greifen kann, wenn es bereits zu einer Rechtsgutsbeeinträchtigung gekommen ist, wird deutlich, dass die beiden Ansprüche grundsätzlich einen unterschiedlichen Zweck verfolgen. Es fragt sich, inwieweit eine kumulative Anwendung auf ein und dieselbe Fallkonstellation möglich ist.
In Österreich findet sich hierzu die Argumentation, dass aufgrund der eigentlichen Zweckbestimmung der gesetzlichen Regelung grundsätzlich auf den Unterlassungsanspruch zurückgegriffen werden müsse. Nach der Grundentscheidung des Gesetzgebers komme hinsichtlich nachbarrechtlicher Ansprüche im Sinne des § 364 II ABGB nur ein Unterlassungsanspruch in Betracht. Allein dann, wenn der Eingriff solcher Art sei, dass nur ein ganz bestimmtes Verhalten in Betracht komme, könne dieses konkrete Verhalten verlangt werden.[31] Diese Abgrenzung müsse auch auf die oben genannte Situation übertragen werden, in der das Unterlassungsbegehren doch zugleich die Beseitigung der konkreten Störung enthalte, da nur auf diese Weise ein zukünftiger beeinträchtigungsfreier Zustand erreicht werde.[32] Sei hingegen ein Beseitigungsanspruch aufgrund der Bestimmbarkeit der konkret vorzunehmenden Handlung gegeben und werde mit dem Unterlassungsbegehren ein weiterer Zweck verfolgt, nämlich die Abwehr zukünftiger andersartiger Beeinträchtigung als die bereits eingetretene oder bevorstehende, sei auch ein Nebeneinander der beiden Ansprüche denkbar.[33]
Andere entscheiden hier streng nach der zeitlichen Komponente, sodass der Hauptanknüpfungspunkt bei der bereits eingetretenen Beeinträchtigung liege und somit allein mit dem Beseitigungsanspruch die zu erwartende Fortsetzung der Störung zu unterbinden sei.[34]

6. Ergebnis

Die aufgeführten Abgrenzungskriterien haben fast alle ihre Berechtigung und werden daher auch weitmöglichst nebeneinander angewandt, wobei es im Wesentlichen die unterschiedliche Schwerpunktsetzung ist, die die einzelne Meinung kennzeichnet.
Sicherlich nicht geeignet zur Unterscheidung ist die Abgrenzung des Beseitigungs- vom Unterlassungsbegehren danach, ob der Anspruch auf ein »Tun« oder »Nichtstun« gerichtet ist; sie wird heute zu Recht weitgehend verworfen.[35] Zur Beseitigung

---

31 Jabornegg/Strasser, S. 63; Jabornegg GA, S. 60;

32 Jabornegg GA, S. 60

33 Neubauer, S. 71; Jabornegg/Strasser, S. 64; ebenso Soergel/Mühl § 1004, Rn. 157; 110

34 Staudinger/Gursky § 1004, Rn. 203

35 Vgl. für Österreich: OGH RZ 1965, 145; ImmZ 1995, 152; RdU 1998, 200; Jabornegg/Strasser, S. 61; vgl. für Deutschland: Erman/Hefermehl § 1004, Rn. 20; Staudinger/Gursky § 1004, Rn. 128; Jauernig, NJW 1973, 1671; MüKo/Medicus § 1004, Rn. 83, 36 a; Picker, S. 82

einer Störung kann es genügen, dass die störende Einwirkungshandlung einfach aufgegeben wird[36]; umgekehrt kann zur Verhinderung einer drohenden Störung ein Handeln vonnöten sein. Gerade im Bereich des Immissionsrechts, dessen Wesen die Abwehr – eben nur – wesentlicher Beeinträchtigung ist, sind Konstellationen gut denkbar, die in dieser Weise die vermeintliche Regel auf den Kopf stellen. Inwieweit wiederum innerhalb des einen oder des anderen Anspruchs überhaupt das Beseitigungs- oder Unterlassungsgebot gegenüber dem Verpflichteten konkretisiert werden darf, ist eine weitere Frage.

Die Feststellung, dass ein positives Tun zur Erfüllung des Verhaltensgebots an den Störer erforderlich ist, ist für die Abgrenzung von Beseitigungs- und Unterlassungsanspruch demnach nicht von Nutzen.

Ebenso vermag die Abgrenzung nach der Art der Vollstreckung oder der Bestimmtheit des ausgeurteilten Verhaltensgebotes nicht zu überzeugen, da der Ansatz an einer falschen Stelle erfolgt. Die vollstreckungsrechtliche Umsetzung des Verhaltensgebots kann als Unterscheidungskriterium nicht herangezogen werden, wenn sich im materiellen Recht die Frage stellt, ob das Begehren auf den Unterlassungs- oder den Beseitigungsanspruch gestützt werden kann. Schon weil sich Unterlassungs- und Beseitigungsanspruch im Urteilstenor nicht zwangsläufig unterscheiden müssen – in Einzelfällen kann ein Verhaltensgebot aufgrund eines Beseitigungsanspruchs in denselben Wortlaut gefasst sein wie eines aufgrund eines Unterlassungsanspruchs – ist nicht einmal ein immer richtiges Ergebnis zu erwarten. Ausgangspunkt kann nicht das Prozessergebnis, sondern nur die Frage sein, ob das Klagebegehren von einem der beiden Ansprüche getragen wird.

Das deutet schon hin auf die klar vorzugswürdigen Differenzierung der Abwehransprüche anhand der zeitlichen Einordnung des Begehrens im Sinne des Rechtsschutzziels.

Die Kritik an der Abgrenzung mittels der Unterscheidung in Fälle einer drohenden Gefahr einer – weiteren – Störung und solche ohne entsprechende Gefahr, ist nicht haltbar. Das Argument, Voraussetzung auch des Beseitigungsbegehrens sei im Kern eine zukünftige Gefahr – denn sei die Störung beseitigt, sei die Klageabweisung die Folge –, ist letztlich nur sprachliche Verdrehung. Die hier als zukünftig bezeichnete Gefahr ist nichts weiter als die fortdauernde Beeinträchtigung. Was droht, ist die Fortdauer, nicht die Beeinträchtigung, diese ist längst eingetreten. Muss das Klagebegehren abgewiesen werden, weil der Störer in der Zwischenzeit die Störung beseitigt hat, ist zwangsläufig mit der Fortdauer der Beeinträchtigung nicht mehr zu rechnen, sodass dieses Merkmal des Beseitigungsanspruches entfallen ist, das Begehren von ihm also materiell-rechtlich nicht mehr getragen wird. Entsprechend spielt für die Klageabweisung nur der Umstand der entfallenen Störung eine Rolle, nicht die entfallene zukünftige Gefahr. Die Gefahr der zukünftigen Beeinträchtigung beim Beseitigungsanspruch ist somit zwangsläufig an den Bestand der Störung selbst geknüpft, die angeblich zukünftige Gefahr ist schlicht identisch mit der Störung selbst.

Eine Unterscheidung der Ansprüche auf Beseitigung und Unterlassen kann deshalb durchaus anhand der unterschiedlichen Tatbestandsvoraussetzungen wie der Gefahr der Beeinträchtigung – »Wiederholungs- und Erstbegehungsgefahr« – einerseits

36 Siehe Staudinger/Gursky § 1004, Rn. 204

bzw. der Notwendigkeit der bereits bestehenden Beeinträchtigung – »Störung« – andererseits erfolgen.
In Deutschland ist dies aus § 1004 I BGB direkt abzuleiten. Aber auch in Österreich spricht die gesetzliche Regelung nicht gegen diese Unterscheidung. Zum Erfordernis der Wiederholungsgefahr bei Unterlassungsanspruch wird darauf hingewiesen[37], dass – soweit im Rahmen des § 364 II ABGB bloß auf die »Unterlassung der Störung« abgestellt wird – dies teleologisch so auszulegen ist, dass die Gefahr zukünftiger Beeinträchtigung selbstverständlich zu fordern sei, da das Unterlassungsurteil Vergangenes ohnehin nicht mehr korrigieren könne.[38] Auch hier ist demnach die zeitliche Unterschiedlichkeit letztlich vom Gesetz intendiert.
Die zeitliche Differenzierung widerspricht der herrschenden Ansicht in Österreich insoweit, als sie den Beseitigungsanspruch eben nicht als auf eine konkrete Handlung gerichtet zulässt. Die Differenzierung, dass nur der Unterlassungsanspruch die freie Wahl der Mittel überlasst, ist nicht zwangsläufig. Die Norm des § 364 II ABGB gibt nur vor, dass dem Anspruchsgegner weitmögliche Freiheit bei der Auswahl der Mittel eingeräumt werden sollen. Dass aber auch für die Beseitigung von bereits eingetretenen Störungen mehrere Alternativen zur Wahl stehen können, wurde bereits dargelegt und ist in Deutschland allgemein anerkannt. Hinzu kommt, dass es nicht überzeugend ist, einen Anspruch auf Beseitigung allein daran scheitern zu lassen, dass eine Handlungsalternative denkbar ist, mit der Folge, dass nunmehr die Gefahr der Wiederholung gegeben sein muss. Sieht man andererseits aufgrund dieser Notwendigkeit die Wiederholungsgefahr allein aufgrund der bereits bestehenden Störung als gegeben an, sinnentleert man diese zu einem praktisch überflüssigen Tatbestandsmerkmal, wenn und soweit eine Beeinträchtigung bereits eingetreten ist. Zu bedenken ist ferner, dass diese Ansicht nicht erklären kann, warum ein Unterlassungsanspruch mit dem zusätzlichen Kriterium der Wiederholungsgefahr entfallen und in einen Beseitigungsanspruch umgestaltet werden soll, wenn eine von zwei Alternativen entfällt und somit nur noch eine konkrete Möglichkeit der Handlung in Betracht kommt. Es erscheint daher auch für Österreich angemessener und überzeugender, Beseitigungsbegehren auch auf Fälle mit Handlungsalternativen auszudehnen.
Ausgangspunkt sollte also die zeitliche Abgrenzung sein; hier stellt die bereits eingetretene Beeinträchtigung eine Zäsur dar. Die gegen die Beeinträchtigung gerichteten Maßnahmen legen den Beseitigungsanspruch nahe, während zukünftige weitere, von den bereits eingetretenen zu unterscheidende Beeinträchtigungen, auf einen Unterlassungsanspruch hindeuten. Das Kriterium der Gefahr der Wiederholung – bei erst zu befürchtenden Beeinträchtigungen kommt ein Beseitigungsanspruch unstrittig von vornherein nicht in Betracht, sodass auch das Kriterium der Erstbegehungsgefahr nicht entscheidend ist – ist als zusätzliches weiteres Abgrenzungsmoment erforderlich, da aufgrund der Zukunftsorientierung ein Unterlassen nur gefordert werden kann, wenn diese Gefahr droht und hierfür konkrete Anhaltspunkte vorhanden sind. Ist eine Beeinträchtigung einmalig, kommt nur ein Beseitigungsanspruch in Frage.

37 Vgl. Jabornegg GA, S. 58
38 Vgl. Jabornegg GA, S. 57

Im Ergebnis ist die in Deutschland vorgenommene Differenzierung anhand der zeitlichen Komponente unter Berücksichtigung der Gefahr der Wiederholung als zusätzliches Kriterium in Überschneidungsfällen überzeugend.

IV. Abgrenzung von Beseitigungs- und Schadensersatzanspruch

Die Abgrenzung des Inhalts des Beseitigungsanspruchs von Schadensersatzansprüchen ist bis heute nicht abschließend geklärt. Trotz einer ausführlichen Diskussion des Problems in der deutschen Literatur und Rechtsprechung gilt es im Rahmen von § 1004 BGB als das »am wenigsten gelöste Problem«.[39] In Österreich wurden zumindest in der Rechtsprechung weder die praktische Abgrenzung des Beseitigungsbegehrens vom Schadensersatzanspruch noch der Umfang des Beseitigungsanspruchs selbst besonders erörtert und sind die »heranzuziehenden Kriterien für das österreichische Recht kaum ergründet«.[40]

1. Problemstellung

Über den Inhalt des Beseitigungsanspruchs ist in § 1004 BGB nur ansatzweise, in § 364 II ABGB – schon aufgrund des dort nur an den Unterlassungsanspruch anknüpfenden Wortlauts – gar nichts gesagt. Der deutsche Wortlaut gibt lediglich Anhalt durch die Wendung »Beseitigung der Beeinträchtigung«, ohne jedoch zu verdeutlichen, was der Anspruchsgegner zur Beseitigung zu tun hat.[41]
»Beseitigung« ist zunächst die reale Rückgängigmachung der Störung in Natur, was eine bereits eingetretene und noch fortdauernde Beeinträchtigung voraussetzt.[42] Ob noch eine beseitigungspflichtige Beeinträchtigung gegeben ist, hängt von der Einordnung der Beeinträchtigung als gegenwärtig ab.
Damit rückt der Inhalt des Begehrens in die Nähe der Schadenersatzverpflichtung nach der Verschuldenshaftung gemäß §§ 823 ff. BGB i. V. m. §§ 249 ff. BGB bzw. §§ 1295 i. V. m. 1323 ABGB. Diese Ansprüche sind auf die Wiederherstellung des vor der Rechtsgutsverletzung bestehenden Zustandes ausgerichtet und können daher mit einem Beseitigungsbegehren, je nachdem wie weit dessen Grenzen abgesteckt werden, kollidieren. Eine sichere Abgrenzung ist aber erforderlich, um die nachbarrechtlichen Ansprüche nicht zu einer Grundlage für einen verschuldensunabhängigen Schadensersatzanspruch werden zu lassen.[43]
Hierzu können grundsätzlich zwei Ansichten unterschieden werden. Eine fasst die Beseitigungsverpflichtung weit, während die andere eine strengere Grenzziehung befürwortet.
Übereinstimmung besteht zwischen den Vertretern der beiden Ansichten zunächst hinsichtlich zweier genereller Abgrenzungskriterien.

---

39 MüKo/Medicus § 1004, Rn. 59
40 Schwimann/Oberhammer § 364, Rn. 20; Jabornegg GA, S. 55
41 Vgl. Olzen, Jura 1991, 281, 289
42 Vgl. Mot.III zum BGB, S. 425
43 Vgl. für Österreich: Jabornegg GA, S:55; Koziol/Welser, Grundriss II, 284 Schwimann/ Oberhammer § 364, Rn. 20; vgl. für Deutschland: MüKo/Medicus § 1004, Rn. 59; Erman/Hefermehl § 1004, Rn. 1; Olzen, Jura 1991, 281, 289; Enders, S. 194 f.

Zum einen ist unstrittig, dass jedenfalls die dem Beseitigungsanspruch zugrundeliegende Störungsquelle zu beseitigen, z. B. eine Lärmquelle abzuschalten oder zu drosseln, ist.[44] Andererseits ist ebenso unstrittig, dass Ziel des Beseitigungsanspruchs nicht die Beseitigung bereits eingetretener Störungsfolgen, insbesondere nicht die Wiedergutmachung von Schäden sein kann. Reine Vermögensminderungen sind daher im Rahmen der §§ 1004 I 1 BGB bzw. 364 II ABGB nicht ausgleichsfähig. Festzuhalten ist daher, dass sich die Beseitigung auf die Ursache der Störung selbst bezieht, nicht aber auf deren Folgen, die mittels des verschuldensabhängigen Schadensersatzanspruchs geltend zu machen sind.
Diese Grenzziehung erlaubt aber keine sichere Einordnung aller Konstellationen. Problematisch und umstritten sind vor allem diejenigen Fälle, in denen die Folgen einer Beeinträchtigung ihrerseits die Grundlage weiterer Beeinträchtigungen darstellen, wie z. B. bei einer geborstenen Staumauer das dadurch auf das Nachbargrundstück gelangte Wasser und Schlammablagerungen. Unstrittig ist die geborstene Staumauer wieder aufzurichten. Problematisch ist jedoch, ob das Wasser und der Schlamm ebenfalls abgepumpt und beseitigt werden müssen, oder ob dies nur über den ein Verschulden voraussetzenden Schadensersatzanspruch durchgesetzt werden kann. Hier stellt sich die Frage nach dem Umfang des Beseitigungsanspruchs konkret.

2. Meinungsstand in Deutschland

In Deutschland besteht bereits Uneinigkeit darüber, ob eine Abgrenzung zwischen Beseitigungspflicht und Schadensersatz überhaupt möglich ist; die Rechtsprechung gilt als uneinheitlich bis »unberechenbar«.[45]

a. Einschränkende Ansicht

Ziel der Vertreter der einschränkenden Ansicht ist es, den Umfang der möglichen Rechtsfolgen des Beseitigungsanspruchs im Verhältnis zum Schadensersatzanspruchs zu begrenzen. Diese Ansicht wird zwar auf verschiedene Grundlagen gestellt, gemeinsam ist allen Auffassungen jedoch, dass eine über die Beseitigung der ursprünglichen Störungsquelle hinausgehende Beseitigung nicht in Betracht kommt. Es könne allein der »actus contrarius« zur Störerhandlung verlangt werden, d. h. dass die störende Tätigkeit zu beenden bzw. die störende Anlage zu beseitigen oder unschädlich zu machen sei, nicht hingegen die sich aus dem störenden Eingriff als weitere Folge ergebenden Beeinträchtigungen. Die Restitution der beeinträchtigten Rechtsgüter sei typischer Gegenstand des Schadensersatzes wie des Beseitigungsanspruchs.[46] Begründet wird diese Beschränkung zum Teil mit einem Verweis auf die vergleichbare Situation der Vindikation. Hier habe der schuldlose Besitzer ebenfalls nur die Sache herauszugeben und nicht auch für die weiteren Nachteile aufzu-

---

44 BGHZ 28, 110, 113; MüKo/Medicus § 1004, Rn. 59; Erman/Hefermehl § 1004, Rn. 21; Olzen, Jura 1991, 281, 289; Enders, S. 195; Larenz/Canaris § 86 VI; Baur AcP 160. Bd. (1961) 465, 487; Jauernig/Jauernig § 1004 Anm. 7 a

45 Einen Überblick liefert Staudinger/Gursky § 1004, Rn. 134 ff. m w. N.

46 Baur, AcP 160. Bd. (1961) 465, 489; Baur/Stürner § 12, Rn. 20; Larenz/Canaris § 86 V 3, VII; MüKo/Medicus § 1004, Rn. 61; Kloepfer § 6, Rn. 30

kommen, die dem Eigentümer entstanden seien.[47]

Zum gleichen Ergebnis gelangt die Ansicht, die im Anspruch aus § 1004 I 1 BGB eine Risikohaftung des Eigentümers erblickt.[48] Zwar gerate der Beseitigungsanspruch dadurch in eine »heikle« Nähe zur reinen Gefährdungshaftung, jedoch sei die dadurch notwendige Abgrenzung mittels des Erfordernisses der weiteren Fortdauer der Beeinträchtigung auf Tatbestandsebene und auf Seiten der Rechtsfolgenseite durch die strikte Begrenzung auf die Pflicht zur Beseitigung der Störung gewährleistet.

Daraus resultiere sodann die Legitimation des Verzichts auf das Verschuldenserfordernis. Ein weiterer Umfang der Beseitigungsverpflichtung verschiebe die Grundlagen von deliktsrechtlichem Verschuldenserfordernis und gefährdungsrechtlichem Enumerationsprinzip.

Diese Ansicht versucht somit den Beseitigungsanspruch vom Schadensersatzanspruch durch eine möglichst enge Fassung des Anspruchsinhalts des Beseitigungsanspruchs abzugrenzen. Praktische Konsequenz dieser Ansicht in dem oben genannten Beispielfall wäre, dass die Beseitigung des eingedrungenen Wassers nicht verlangt werden kann. Ferner kommt bei aus einem Rohr entweichenden Giftgas lediglich die Unterbindung weiterer Entweichungen in Betracht, nicht aber die Beseitigung des kontaminierten Nachbarbodens.

b. Weitergehende Ansicht

Dem gegenüber ist nach einer anderen Ansicht die Rechtsfolge nicht auf die Störungsquelle selbst begrenzt. Ausschlaggebend sei nicht die Betrachtung der originären Störungsquelle, sondern die durch diese herbeigeführte andauernde Störung des Grundstücks in ihrer Gesamtheit. Verglichen wird diese Situation mit einem festen Gegenstand, der auf dem Nachbargrundstück in unzulässiger Weise eindringe und unstreitig vollständig zu entfernen sei. Nichts anderes könne aber im Falle von Imponderabilien im Sinne der §§ 364 II ABGB bzw. 906 I 1 BGB gelten, da zwischen festen und flüssigen bzw. gasförmigen Beeinträchtigungen ein Unterschied allein in Bezug auf die Streuung und körperliche Struktur bestehe, nicht aber ein qualitativer. Dies rechtfertige eine unterschiedliche Behandlung nicht; gleiches habe auch für aufgrund eines Dammbruchs eingedrungenes Wasser zu gelten.[49]

Gemäß der Eigentumsordnung sei der Eigentümer einer Liegenschaft zu deren ungestörten Nutzung im Rahmen seiner Duldungsverpflichtungen befugt. Der Beseitigungsanspruch müsse aber die Verwirklichung und Durchsetzbarkeit dieser Befugnis ermöglichen, sodass nicht nur die Störungsquelle zu beseitigen sei, sondern zielorientiert die Nutzungsmöglichkeit in der Art und Weise wieder ermöglicht werden müsse, wie dies vor der Störung der Fall gewesen sei.[50] Daher seien alle Störungen zu beseitigen, die der Nutzung im Wege stehen. Die Abgrenzung zum Schadensersatz liegt dieser Ansicht zur Folge darin, dass bereits beschädigte Rechtsgüter nicht ersetzt verlangt werden können. So sei im Beispielsfall zwar die Staumauer wiederherzustellen, ebenso das eingedrungene Was-

47 MüKo/Medicus § 1004, Rn. 61

48 Larenz/Canaris § 86 V 3 b

49 BGH NJW 1996, 845, 846; NJW 1997, 2234, 2235; Seidel, Rn. 849; Olzen, Jura 1991, 281, 289; Soergel/Mühl § 1004, Rn. 113; Erman/Hefermehl § 1004, Rn. 21, 7; Michalski, DB 1991, 1365, 1366; Enders, S. 199

50 So Olzen, Jura 1991, 281, 289; Enders, S. 199

ser abzupumpen und eingedrungener Schlamm zu entfernen. Bereits gesetzte Pflanzen als Nutzungsart des Grundstücks seien aber Störungsfolgen, die nur im Wege eines Schadensersatzanspruchs ersetzbar seien.

3. Meinungsstand in Österreich

In Österreich werden konkretere Versuche der Abgrenzung selten vorgenommen. Zumeist verbleibt es bei vorsichtigen Stellungnahmen, wie z. B., dass »je weniger es um die Rückgängigmachung eines fortdauernden Zustands, wie er durch die ursprüngliche Störungshandlung verursacht wurde, eben um eine »Beseitigung« im Sinne des allgemeinen Sprachgebrauchs, sondern vielmehr um die Wiederherstellung des *status quo ante* Beeinträchtigung im Sinne einer Behebung von Schäden geht, desto weniger wird diese Leistung vom Beseitigungsanspruch erfasst sein«.[51] Solch allgemein gehaltene Betrachtungen sind kaum einem echten Vergleich mit dem dargestellten Sach- und Streitstand in Deutschland zugänglich, da sie dort der einen wie der anderen Ansicht zugeordnet werden könnten.

Ein Ansatz wird in Österreich damit versucht, dass nicht die Art der Störungsquelle in den Mittelpunkt der Betrachtung gerückt wird, sondern die Individalisierbarkeit der Störungsquelle. In Anlehnung an den Rechtsschutz bei einer Eigentumsentziehung (Vindikation) wird ein Abwehranspruch nur so lange und so weit zuerkannt, wie die Störungsquelle im Verhältnis zur eigenen Sache faktisch und rechtlich individualisiert werden kann.[52] Können demnach die störenden Gegenstände noch ausreichend unterschieden werden, kommt eine Beseitigung in Betracht, während bei einer faktischen Unmöglichkeit der Abgrenzung lediglich ein Schadensersatzanspruch in Frage kommen kann. Boden- und Grundwasserkontaminationen können daher nicht beseitigt werden.

4. Stellungnahme

Die Frage ist, ob sich schadensersatzrechtliche Naturalrestitution von der Beseitigung einer fortdauernden Eigentumsbeeinträchtigung überhaupt sicher und in allen denkbaren Fällen unterscheiden lässt. Wie die Diskussion zeigt, wird die Abgrenzung oft einzelfallbezogen vorgenommen.

Für eine weite Grenzziehung des Beseitigungsanspruchs spricht vordergründig, dass der Anspruch die ungestörte Eigentumsnutzung gewährleisten soll und es so widersinnig erscheint, wenn der Gestörte den Rußregen zwar abwehren können, nicht aber die Befreiung seines Grundstücks von den Rußpartikeln verlangen können soll. Denn selbstverständlich ist das den Eigentümer »Störende« weniger der Rußregen als der dadurch verursachte Zustand des Grundstücks. Dies ist jedoch nicht die Störung, die die §§ 1004, 906 BGB bzw. 364 II ABGB meinen. Bereits aus der Abgrenzungsdiskussion zu Unterlassungs- und Beseitigunganspruch ist abzuleiten, mit welcher Bedeutung der Begriff »Folgenbeseitigung« hier nur verwendet werden darf. Entscheidend ist auch hier das zeitliche Moment.[53] Anknüpfend an das einge-

---

51 So etwa Schwimann/Oberhammer § 364, Rn. 20

52 Jabornegg GA, S. 56; Rummel, in Hanreich/Schwarzer, S. 52; Kerschner, Haftung bei Deponien, S. 54; einschränkend Janovsky, S. 309 f.

53 So auch Staudinger/Gursky § 1004, Rn. 137

führte Beispiel heißt das: auf den Boden herabgesunkene Partikel sind in der Tat keine Störung im Sinne des Abwehrrechts mehr. Das zeigt sich bereits begrifflich: der herabgesunkene Ruß kann nicht mehr abgewehrt werden; dafür ist es zu spät. Die verschuldensunabhängig abwehrfähige Nutzungsbeeinträchtigung ist die Rußzufuhr; nur diese ist die Einwirkung im Sinne des Gesetzes – in Deutschland wie in Österreich. Die dadurch eintretende Verrußung des Grundstücks ist die Wirkung. Das Ausmaß dieser Wirkung wird festgestellt im Rahmen des Vergleichs zwischen dem Zustand des Grundstücks vor und nach dem schädigenden Ereignis, und dies ist eben Schadensfeststellung und nur notwendig für die Bestimmung des Inhalts der Naturalrestitution beim Schadensersatzanspruch. Der auf dem Grundstück befindliche Ruß ist eine fortdauernde Beeinträchtigung, aber nicht die fortdauernde Beeinträchtigung durch die Einwirkung, und nur diese ist gemeint. Nur der anhaltende Rußregen wäre die fortdauernde Beeinträchtigung im Sinne der Vorschrift.
Wie diese Beeinträchtigung beseitigt werden kann, ist im Einzelfall zu klären. Hierzu ist der Kläger nicht auf das Verlangen nach dem »actus contrarius« beschränkt. Unabhängig von dessen häufig schwierigen Bestimmbarkeit kann das schon deshalb nicht richtig sein, weil Fälle denkbar sind, in denen dieser nicht mehr, nicht mehr vollumfänglich oder nicht schnell genug zur Beseitigung führt.
Zusammenfassend ist also festzustellen, dass der Unterschied zwischen Schadensersatz und Beseitigungspflicht im zeitlichen Bezug liegt. Die Beseitigung kann nur solange verlangt werden wie die beeinträchtigende Einwirkung andauert; hatte die Einwirkung weitere beeinträchtigende Folgen, die eine Fortdauer der Einwirkung gar nicht voraussetzen (wenn der Rußregen aufhört, bleibt die Verrußung trotzdem zurück), dann können diese – sofern sie einen Schaden darstellen – nur über die Verschuldenshaftung ersetzt verlangt werden.

G. Prozessuale Durchsetzbarkeit nachbarschaftlicher Ansprüche

Die Frage nach der prozessualen Durchsetzbarkeit der Abwehransprüche betrifft vor allem die Komplexe der Beweisführung im Prozess, die korrekte Antragstellung sowie Vollstreckungsfragen.

I. Beweisfragen im Nachbarrecht

Die prozessuale Durchsetzung eines gerichtlich geltend gemachten nachbarrechtlichen Anspruchs scheitert vielfach an Beweisschwierigkeiten. Auf dem Gebiet des nachbarrechtlichen Umweltschutzes kommt es gerade bei der Beweisführung betreffend die (haftungsbegründende) Kausalität von Emissionen für behauptete Beeinträchtigungen häufig zu Problemen, die in der Natur der Sache liegen. Ein Anspruch kann nur demjenigen zustehen, zu dessen Gunsten prozessual als festgestellt gelten kann, dass die Emmissionsquelle besteht und von ihr genau die Emissionen ausgehen, die zu den Beeinträchtigungen führen. Die tatsächlichen Schwierigkeiten bei der Ermittlung der Ursächlichkeit einer Emission für tatbestandsrelevant beeinträchtigende Immissionen liegen aber oftmals schon in der schleichenden oder unsichtbaren Verbreitung von Emissionen, genauso wie an der Überlagerung vielfältiger Einwirkungen. Die darzulegenden Wirkungszusammenhänge sind dabei nicht selten nicht in der Weise hinreichend aufgeklärt, als dass sie vor Gericht als wissenschaftlich fundierte Aussage Bestand haben könnten. Ohne gutachterliche Hilfe von Sachverständigen kann die Beweisführung ohnehin kaum gelingen.[1] Wird die Beeinträchtigung durch ein größeres Unternehmen verursacht, befindet sich der Kläger außerdem in zusätzlichen Schwierigkeiten. Ihm mangelt es an Informationen über Betriebsabläufe oder sonstige Spezifika der vermeintlichen Emissionsquelle beim – oftmals räumlich weit entfernten – Störer. Die Verursachungskette lässt sich dann nur schwer zurückverfolgen. Dies sind sämtlich das gesamte Umwelthaftungsrecht betreffende Sonderprobleme.

Im umwelthaftungsrechtlichen Kontext sind mögliche Durchbrechungen der beweisrechtlichen Grundsätze deshalb von besonderem Interesse für die jeweils beweisbelastete Partei. Solche besonderen Konstellationen Rechnung tragende beweisrechtliche Besonderheiten sind dem österreichischen wie dem deutschen Recht nicht unbekannt. Sie sind teilweise normiert, teilweise richterrechtlich geschaffene Rechtsfiguren, die im folgenden rechtsvergleichend kurz skizziert werden sollen, um ihre Tauglichkeit für die vorliegenden Problematiken prüfen zu können.

Von erheblicher Tragweite neben dem Kausalitätsnachweis ist auch die Auferlegung der Beweis(führungs)last für die Umstände, die über die Abwehrfähigkeit der Beeinträchtigung entscheiden. Bezüglich des Vortrags zur Ortsüblichkeit und Wesentlichkeit bei § 364 II ABGB stellen sich z. B. besondere Anforderungen schon an Inhalt und Umfang der Darlegung. So stellt schon die Auswahl des als maßgeblich zu behauptenden Vergleichsraums ein erhebliches Problem dar, wenn man bedenkt, dass die Bestimmung mit den vagen Begriffen der »näheren Umgebung«[2] und des

1 Weinberger, S. 169
2 So Reischauer, JBl. 1990, 217

»größeren Gebiets«[3] erfolgt. Hier kann die Einbeziehung eines einzelnen Grundstücks in den Vergleichsraum über die Ortsüblichkeit entscheiden, wenn dadurch der Charakter dieses Raums verändert würde. Wer nachzuweisen hat, dass das ortsübliche Maß überschritten bzw. eingehalten wurde, muss auch darlegen, dass der Vergleichsraum entsprechend der dazu von der Rechtsprechung aufgestellten Regeln gewählt wurde. Kann das erkennende Gericht nicht von der Relevanz des behaupteten Vergleichsraums überzeugt werden, so braucht die andere Partei hierzu keinen Gegenvortrag mehr zu liefern. Damit hängt auch die Problematik der Bestimmung des gewöhnlichen Maßes zusammen, da bei unschlüssiger Darlegung des Vergleichsraums zugleich auch der Nachweis des ortsüblichen Maßes nicht gelingen kann. Gleiches gilt für die ortsübliche Nutzung des beeinträchtigten Grundstücks und dessen wesentlicher Beeinträchtigung.
Die Darlegungs- und Beweislastverteilung entscheidet vorliegend daher nicht selten über Sieg oder Niederlage, sodass sie im Rahmen des Nachbarschaftsrechts – wie im Umweltrecht überhaupt[4] – eine herausgehobene Bedeutung hat und insbesondere zu diskutieren ist, inwieweit besonderen Problematiken durch die Zubilligung von Beweiserleichterungen begegnet werden muss, darf und kann. Ohne solche Beweiserleichterungen bestünde ansonsten die Gefahr, dass die materielle Effektivität einer Haftungsnorm durch mangelnde prozessuale Effektivität ausgehebelt wird.[5] Den Ausgangspunkt bilden daher zunächst die grundsätzlichen Anforderungen, die das Beweisrecht in Österreich und Deutschland an die prozessführenden Parteien stellt. Auf die Anwendung und Weiterentwicklung dieser Grundsätze das Nachbarrecht betreffend ist dann besonders einzugehen.

1. Grundlagen des Beweisrechts in Österreich und Deutschland

Die Grundlagen des Beweisrechts weichen in Österreich und Deutschland nicht wesentlich voneinander ab.[6]

a. Gegenstand der Behauptungs-/Darlegungslast

Die Parteien eines Zivilprozesses sind gehalten, diejenigen Tatsachen vorzutragen, die das Gericht zur Entscheidung in der Sache benötigt (sog. Verhandlungsmaxime und Beibringungsgebot, § 226 öZPO bzw. § 138 I dZPO.) Jede Partei hat dabei diejenigen Tatsachen vorzutragen, die ihren Antrag schlüssig machen. Gegenstand der Behauptungs-/Darlegungslast ist dabei die Verteilung der Obliegenheit, eben jene Behauptungen aufzustellen.[7] Kommt die verpflichtete Partei ihrer Obliegenheit nicht nach, stützt also der Tatsachenvortrag schon das rechtliche Begehren nicht und füllt keine Anspruchsnorm aus, ist die Klage bereits als unsubstantiiert abzuweisen.[8] Die Beweislast korrespondiert schließlich mit der Behauptungs-/Darlegungslast.

---

3 OGH SZ 25/221
4 Siehe dazu Staudinger/Kohler, Einl. 139 zum UmweltHG m w. N.
5 Vgl. Staudinger/Kohler, Einl. 230 zum UmweltHG
6 Vgl. ausführlich Klicka, Beweislastverteilung
7 Vgl. für Deutschland: Arens/Lüke, Rn. 274; Baumgärtel, Beweislast, Rn. 27; Baumbach/Lauterbach/Albers/Hartmann Anh. § 286, Rn. 3 f.; vgl. für Österreich: Gamsjäger, S. 133; Gimpel-Hinteregger, S. 128
8 Arens/Lüke, Rn. 274

Grundsätzlich muss, wer darlegungspflichtig ist, die entsprechende Behauptung auch beweisen.[9]
Zum Umfang der Darlegungslast ist grundsätzlich anerkannt, dass ihr nur genügt ist, wenn möglichst substantiierter Vortrag vorliegt, wobei sich das Maß der Substantiierungspflicht am bestreitenden Vortrag des Beklagten und dessen Substantiierung ausrichtet.[10]
Überwiegend wird der sog. »Ausforschungsbeweis«, der dadurch gekennzeichnet ist, dass erst die Beweiserhebung zu eine Konkretisierung der zunächst nur pauschal behaupteten Tatsache führt, grundsätzlich abgelehnt.[11] Die Konsequenzen der Unzulässigkeit des Ausforschungsbeweises werden dadurch abgemildert, dass materiellrechtliche Auskunftsansprüche der darlegungspflichtigen Partei gegen den Gegner, der zur Substantiierung erforderliche Informationen besitzt, zuerkannt werden, die sich sowohl aus dem zugrundeliegenden Rechtsgeschäft als auch aus dem Grundsatz von Treu und Glauben ergeben können.[12] Die Rechtsprechung zieht einen solchen Anspruch auf Auskunftserteilung dann in Betracht, wenn die zwischen den Parteien bestehenden Rechtsbeziehungen es mit sich bringen, dass der Berechtigte in entschuldbarer Weise über Bestehen oder Umfang seines Rechts im Ungewissen ist und der Verpflichtete die zur Beseitigung der Ungewissheit erforderliche Auskunft unschwer geben kann.[13] Auch eine sachenrechtliche Verbindung kann eine solche Sonderverbindung sein.[14]

b. Beweismaß

Was nötig ist, um das erkennende Gericht von dem Vorliegen oder Nichtvorliegen einer behaupteten Tatsache zu überzeugen, wird in Deutschland wie in Österreich als Beweismaß bezeichnet.[15] Zu fragen ist, unter welchen Voraussetzungen ein Beweis gelungen ist, d. h. der Richter eine behauptete Tatsache als wahr unterstellen darf.
Gemäß § 272 öZPO hat der Tatrichter »nach freier Überzeugung zu beurteilen, ob eine tatsächliche Abgabe für wahr zu halten sei oder nicht«.
Die entsprechende Vorschrift in Deutschland, 286 I dZPO, gibt dem Richter auf, »unter Berücksichtigung des gesamten Inhalts der Verhandlungen und des Ergebnisses einer etwaigen Beweisaufnahme nach freier Überzeugung zu entscheiden, ob eine tatsächliche Behauptung für wahr oder nicht für wahr zu erachten sei«.

---

9 Baumbach/Lauterbach/Albers/Hartmann Anh. § 286, Rn. 3 f.; Arens/Lüke, Rn. 274

10 BGH NJW-RR 1987, 1403; NJW-RR 1993, 278; NJW 1992, 2427; Baumbach/Lauterbach/Albers/Hartmann Anh. § 286, Rn. 3 f.; BGH NJW 1984, 2888; NJW 1996, 56

11 Für die Zulässigkeit: Fasching Lehrbuch, Rn. 898; Rechenberg/Simotta, Rn. 261/1; Ballon, S. 143; Gamsjäger, S. 134, dagegen: OGH RZ 1972, 16; OGH ZAS 1980, 142; BGH JZ 1991, 630,631; BGH NJW 1974, 1710; Zöller/Greger Vor. § 284, Rn. 5; Baumbach/Lauterbach/Albers/Hartmann Einf. § 284, Rn. 10; Arens/Lüke, Rn. 287, Stein/Jonas/Leipold § 284, Rn. 43; Rosenberg/Schwab/Gottwald, S. 729

12 Vgl. BGH JZ 1991, 630; NJW 1990, 3151; Arens/Lüke, Rn. 23; a. A. insb. Stürner, ZZP 98. Bd. (1985) 237 ff., der eine allgemeine prozessuale Aufklärungspflicht annimmt, ohne materielle Anspruchsgrundlage

13 So BGH NJW 1990, 1358; NJW 1995, 386

14 BGH NJW-RR 1986, 876

15 Vgl. für Österreich: Gimpel-Hinteregger, S. 131; Gamsjäger, S. 136; vgl. für Deutschland: MüKoZPO/Prütting § 286, Rn. 28; Musielak, Grundkurs,, Rn. 449; Arens/Lüke, Rn. 256

Inwieweit die richterliche Überzeugungsbildung »frei« sein darf, ist damit inhaltlich noch nicht deutlich. Eine in beiden Ländern anzutreffende sog. objektiven Beweismaßlehre fordert keine volle Überzeugung von der Wahrheit der behaupteten Tatsache, sondern ein, im einzelnen innerhalb dieser Lehre umstrittenes, Maß an Wahrscheinlichkeit.[16] Den einzelnen Beweismitteln werden mathematische Werte zugeordnet; die Summe soll dann den Grad der Wahrscheinlichkeit anzeigen, an deren Feststellung der Richter gebunden ist.

Dem gegenüber stellen die Vertreter der subjektiven Beweismaßtheorie auf das subjektive Kriterium der Überzeugung des erkennenden Richters von der Wahrheit der behaupteten Tatsache ab. Dieser Ansicht zufolge gilt ein Beweis dann als erbracht, wenn nach der Beweisaufnahme ein Grad an Überzeugung erreicht ist, dass kein vernünftiger Zweifel mehr daran besteht, dass die behauptete Tatsache eingetreten ist oder nicht.[17] Nach der Rechtsprechung des BGH[18] ist Gewissheit unter der Voraussetzung gegeben, dass ein jeden vernünftigen Zweifel ausschließender Grad von Wahrscheinlichkeit erreicht ist. Die Erkenntnis der Wahrheit selbst wird nicht verlangt.[19] Dieser Ansatz wird vorherrschend auch in Österreich verfolgt.[20] Es soll der Beweis dann erbracht sein, wenn die behauptete Tatsache »mit an Sicherheit grenzender Wahrscheinlichkeit« feststeht[21] bzw. »ein Grad an Wahrscheinlichkeit erreicht ist, der es erlaubt, die fragliche Tatsache als wahr zu erachten«[22], sodass dem Richter nicht die Überzeugung in Form der persönlichen Gewissheit abverlangt wird, sondern nur eine am Wahrscheinlichkeitsmaßstab orientierte Überzeugung.

Die subjektive Theorie kann als dahingehend weiterentwickelt gelten, dass Grundlage der Überzeugungsbildung des Richters von der Wahrheit der behaupteten Tatsache (subjektive Theorie) jedenfalls auch objektive Umstände sind, die von anderen vollumfänglich nachprüfbar sind (objektive Theorie).[23] So sind Denk-, Erfahrungs- und Naturgesetze bei der Überzeugungsbildung zu berücksichtigen.

c. Beweislast

Kann eine entscheidungsrelevante Tatsache trotz erschöpfender Beweiserhebung nicht aufgeklärt werden, bleibt sie also ungewiss, ist nach den Beweislastregeln zu entscheiden, zu wessen Nachteil sich dieses »non liquet« auswirkt.[24] Auch in diesem Fall ist eine Entscheidung als Folge des Justizgewährungsanspruchs bzw. des

---

16 Rechberger/Simotta, Rn. 473; Rechberger, FS Baumgärtel, S. 471 ff.; Maasen, S. 9; Motsch, NJW 1976, 1389; Kegel, FS Kronstein, S. 321 ff.; Musielak ZZP 100. Bd. (1987), 385 ff.

17 Rosenberg, Beweislast, S. 181 ff; Fasching, Rn. 81; Holzhammer, S. 237; Gimpel-Hinteregger, S. 131; Baumbach/Lauterbach/Albers/Hartmann § 286, Rn. 16 ff.

18 BGHZ 53, 245, 255 ff.; BGH VersR 1998, 1302 spricht demgegenüber zutreffend von der persönlichen vollen Überzeugung des Richters

19 So auch Schwab, FS-Fasching, S. 457 ff.

20 Rechberger, FS Baumgärtel, S. 471 ff., 479; Gottwald, Schadenszurechnung, S. 191

21 OGH SZ 23/36; SZ 21/59, zurückgehend auf RGZ 61, 202, RGSt 51, 127; 58, 103 f.

22 Rechberger, FS Baumgärtel, S. 471 ff., 479

23 MüKoZPO/Prütting § 286, Rn. 17, 33; Stein/Jonas/Leipold § 286, Rn. 2 ff.; Baumbach/Lauterbach/Albers/Hartmann § 286, Rn. 16 ff.; jetzt wohl auch Musielak, Grundkurs, Rn. 449

24 Vgl. für Deutschland: MüKoZPO/Prütting § 286 Rn 88; Stein/Jonas/Leipold § 286, Rn. 25 ff.; vgl. für Österreich: OGH JBl 1992, 709; Bydlinski, S. 181, Fasching, Rn. 878

Rechtsverweigerungsverbotes nicht obsolet[25]; die Regeln über die Beweislastverteilung geben dem erkennenden Gericht dann das Werkzeug in die Hand, mit dessen Hilfe sie zu treffen ist.[26]

aa. Subjektive und objektive Beweislast

In Österreich wie in Deutschland wird zwischen der objektiven Beweislast und der subjektiven Beweislast unterschieden.[27] Jedoch ist das Begriffsverständnis unterschiedlich.

Während in Österreich unter der objektiven Beweislast die Verpflichtung des Gerichts verstanden wird, die entscheidungserheblichen Tatsachen festzustellen[28], beschreibt der Begriff in Deutschland wem das Risiko der Nichterweislichkeit einer behaupteten Tatsache in Form des Prozessverlusts zugewiesen ist.[29] Diese Frage kann sich in jedem Verfahren stellen und erlangt somit auch in Prozessen unter der Geltung der Untersuchungsmaxime Bedeutung.[30] Im letzteren Sinne als Verteilung der nachteiligen Folgen der Nichterbringung eines Beweises versteht man in Österreich wiederum die subjektive Beweislast.[31] Im deutschen Recht fasst man darunter die Beweisführungslast des zur Beweiserbringung Berufenen, d. h. die prozessuale Notwendigkeit, für alle strittigen Tatsachenbehauptungen den Beweis anbieten und führen zu müssen.[32] Diese Beweislast gilt nur in Verfahren mit Verhandlungsmaxime. Insofern korrespondiert die subjektive Beweislast in Deutschland mit der Darlegungslast und greift dann ein, wenn mittels der Darlegungslast ein schlüssiger aber bestrittener Sachvortrag gegeben ist. Dieser gesamte Komplex wird in Österreich unter Beweisführungslast zusammengefasst.[33]

bb. Beweislastverteilung

Der beweisbelastete Prozessbeteiligte trägt – nach österreichischer Diktion aufgrund der subjektiven, nach deutscher Diktion aufgrund der objektiven Beweislast – das Risiko des Prozessverlustes für den Fall der Nichterweislichkeit der seinen Sachantrag betreffenden Tatsachenbehauptungen.[34] Dabei ist ein Fall der Beweislastentscheidung nur dann gegeben, wenn einer Partei die Erbringung eines Hauptbeweises misslingt; dies gilt selbst dann, wenn das Gericht vom Gegenteil des zu erbringenden Beweises überzeugt ist.[35]

Fest steht, dass die Beweislastverteilung als Grundregel eines fairen und rechtsstaatlichen Anforderungen zu genügenden Verfahrens, wie es durch das Rechts-

---

25 Vgl. Gottwald, Jura 1980, 225; MüKoZPO/Prütting § 286, Rn. 100; ausführlich dazu für das österreichische und deutsche Recht: Klicka, Beweislastverteilung, S. 36 ff.

26 Schilken, Rn. 500

27 BGH NJW 1996, 1059; Stein/Jonas/Leipold § 286, Rn. 25 ff.; MüKo/Prütting § 286, Rn. 92; Gimpel-Hinteregger, S. 134; Fasching, Rn. 878 ff.; Rechberger/Simotta, Rn. 476

28 Fasching, Rn. 878 ff.; Rechberger/Simotta, Rn. 476; Gimpel-Hinteregger, S. 134;

29 Stein/Jonas/Leipold § 286, Rn. 25 ff.; MüKo/Prütting § 286, Rn. 9; Zöller/Greger vor § 284, Rn. 18 f.; Schilken, Rn. 502; Rosenberg/Schwab/Gottwald § 117 I 2; so auch für das österreichische Recht: Fucik, RZ 1990, 54

30 BVerwGE 44, 265; 47, 375, 50, 1; Lüke, JZ 1966, 589

31 Vgl. Gimpel-Hinteregger, S. 134

32 Vgl. Schilken, Rn. 501; Rosenberg/Schwab/Gottwald § 117 I 3. a

33 Vgl. Gimpel-Hinteregger, S. 134

34 Zöller/Greger Vor § 284, Rn. 18; Gimpel-Hinteregger, S. 134; Oberheim, JuS 1996, 636

35 Jauernig § 50 III 3; Arens/Lüke, Rn. 275

staatsprinzip in Art. 20 III GG bzw. Art. 18 österreichische Bundes-Verfassung vorgegeben wird, nicht im Belieben des Richters steht. Aus diesem Grundsatz folgt, dass die Beweislastregeln denselben rechtsstaatlichen Bedingungen unterworfen sind wie das materielle Recht und der Bestimmung der Beweislast generelle Risikozuweisungen zugrunde zu legen sind. Die Verteilung der Beweislast aus Billigkeits- und Bequemlichkeitsgesichtspunkten würde diesem Gebot widersprechen.[36]
Sowohl in Österreich als auch in Deutschland ist die Frage der Beweislastverteilung nicht explizit gesetzlich geregelt. Nachdem in Deutschland im ersten Entwurf zum BGB von 1888 Beweislastnormen eine allgemeine Regelung (in den §§ 193-198) vorsahen[37], ist diese in den späteren Beratungen unter Hinweis auf ihre Überflüssigkeit gestrichen worden, die Regel hierzu sei allgemein anerkannt und bedürfe keiner Erwähnung.[38] Diese Grundregel besagt, dass denjenigen die Beweislast für Tatsachen trifft, die Tatbestandsmerkmale einer ihm günstigen Norm ausfüllen (sog. Theorie der subjektiven Günstigkeit/Rosenberg'sche Normentheorie).[39] Daraus folgt, dass der Anspruchsteller die Beweislast für die rechtsbegründenden, und der Anspruchsgegner die Beweislast für die Einreden im Sinne der ZPO, also die rechtsvernichtenden, rechtshindernden Einwendungen und rechtshemmenden Einreden trägt.[40] Die Verteilung der Beweislast wird somit durch die Gestaltung der anzuwendenden Norm bestimmt. Diese Lehre ist dahin modifiziert worden, dass nicht Wortlaut und Satzbau einer Norm allein für die Verteilung der Beweislast entscheidend sind, sondern Grundlage immer das materielle Recht bleibt. Im Zweifel kommt es auf den Zweck der anzuwendenden materiellen Norm an.[41] Hiermit im Einklang steht die vorherrschende Ansicht, dass die Beweislastregeln dem materiellen Recht zuzuordnen sind.[42]

---

36 MüKoZPO/Prütting § 286, Rn. 88, 103 116; Leipold, S. 24 ff.; Reinhardt, NJW 1994, 93, 99

37 Vgl. Protokolle zum BGB, Bd. I, 259, E. I §§ 193, 194 I

38 Vgl. Nachweise bei Stein/Jonas/Leipold § 286, Rn. 37; Zöller/Greger Vor § 284, Rn. 17

39 Vgl. für Deutschland: BGH NJW 1976, 42; NJW 1991, 1052; Zöller/Greger Vor § 284, Rn. 17; Baumbach/Lauterbach/Albers/Hartmann Anh. § 286, Rn. 3; Thomas/Putzo Vorbem. § 284, Rn. 23; Jauernig, Zivilprozessrecht, § 50 IV 2; Stein/Jonas/Leipold § 282 IV 3; Arens/Lüke, Rn. 277; vgl. für Österreich: OGH ZVR 1989, 114; Fasching, Rn. 882; Gimpel-Hinteregger, S. 134; Rechberger/Simotta, Rn. 585; Holzhammer, S. 249; Koziol, Haftpflichtrecht I, S. 499

40 Vgl. grundlegend Rosenberg/Schwab/Gottwald § 117 II 1; auch: BGHZ 53, 245, 250; 113, 222, 225; 121, 357, 364; NJW 1999, 352, 353; Zöller/Greger Vor § 284, Rn. 17; Baumbach/Lauterbach/Albers/Hartmann Anh. § 286, Rn. 3; Stein/Jonas/Leipold § 286, Rn. 37; vgl. für Österreich: Gamsjäger, S. 142

41 Prütting, S. 264; MüKoZPO/Prütting § 286, Rn. 99 ff.; Schwab, FS Bruns, S. 505; Baumbach/Lauterbach/Albers/Hartmann Anh. § 286, Rn. 2; Baumgärtel, Gedächtnisschrift Bruns, S. 16; vgl. für Österreich: Gimpel-Hinteregger, S. 136; Gamsjäger, S. 142

42 Vgl. für Österreich: OGH JBl. 1959, 135; Koziol, Haftpflichrecht I, S. 498; Gimpel-Hinteregger, S. 136; Hoyer, JBl. 1970, 150; Klicka, S. 58; vgl. für Deutschland: BGH NJW 1983, 2033; Stein/Jonas/Leipold § 286 V 3 a; Arens/Lüke, Rn. 278; Rosenberg »Beweislast«, S. 77 ff.; Thomas/Putzo Vor § 284, Rn. 22 f. Baumbach/Lauterbach/Albers/Hartmann Anh. § 286, Rn. 2; a. A.: Rechberger, FS Baumgärtel, S. 489 f.; Rechberger/Simotta, Rn. 587; Häsemeyer AcP 188. Bd. (1988), S. 140, 165

d. Durchbrechung der Beweislastgrundsätze

Die Beweislastgrundregel stellt die regelmäßige Beweislastverteilung dar. Eine Reihe von Ausnahmen soll gewährleisten, dass die strenge Anwendung der Grundregel in bestimmten Einzelfällen nicht zwangsläufig zu unbilligen Ergebnissen führt.

aa. Beweislastumkehr

Wird die Beweislast anders als nach dem Regelverhältnis unter den beteiligten Parteien verteilt, spricht man in beiden Ländern von einer Beweislastumkehr, d. h. statt des Beweises der behaupteten anspruchsbegründenden Tatsache wird vom Gegner der Beweis des Gegenteils verlangt. Hier kommen einmal Fälle in Betracht, in denen der Gesetzgeber die veränderte Beweislastverteilung besonders geregelt hat.[43] Darüber hinaus geht es um solche Regelungen, bei denen allein aus der Formulierung und aus dem Zweckzusammenhang erkennbar ist[44], dass von der im Normalfall geltenden Regel abgewichen werden soll.[45]

Zudem ist der Richter in Deutschland gemäß § 292 dZPO gehalten, gesetzliche Vermutungen zu berücksichtigen. Solche Vermutungen finden sich sowohl im materiellen Recht, wie z. B. in den §§ 891; 1006 BGB, als auch im Prozessrecht, wie in den §§ 437 I; 440 II dZPO. Hier ist nur – sofern sie streitig ist – über die Vermutungsbasis Beweis zu führen; die aufgrund dieser Basis vermutete Tatsache bedarf des Beweises dann nicht mehr. Die Vermutungsbasis kann durch einfachen Gegenbeweis entkräftet werden, das Nichtvorliegen der vermuteten Tatsache kann nur mit dem Beweis des Gegenteils bewiesen werden.[46] Auch das österreichische Recht kennt solche Vermutungsregeln mit im Einzelfall beweislastumkehrender Wirkung, z. B. § 328 ABGB, der im Zweifel die Redlichkeit des Besitzers vermutet.

Ausgehend vom Prinzip des Gefahrenbereichs, das auf einen erkennbar abgrenzbaren Herrschafts- und Organisationsbereich, den eine Partei allein beherrscht, abstellt, hat die Rechtsprechung weitere Fallgruppen anerkannt, in denen eine Beweislastumkehr in Betracht kommt. Hier soll ein besonderer Interessenausgleich gefunden werden, wenn die beweisbelastete Partei in bestimmten typisierten Fallgestaltungen in eine unzumutbare Beweisnot geraten würde. Dies gilt insbesondere für die Tatbestandsmerkmale der Kausalität und des Verschuldens. Teilweise wurden diese Fälle auf eine fallbezogene Analogie zur gesetzlichen Beweislastumkehr in § 282 BGB a. F.[47] für den Verschuldensnachweis bei Unmöglichkeit gestützt.[48] Exemplarisch genannt seien die Fallgruppen der schwerwiegenden Verletzung von Berufspflichten (z. B. im Arzthaftungsrecht) und die Produzentenhaftung.

In Österreich sind die §§ 1298, 1319, 1320 ABGB Ausdruck einer solchen ausnahmsweise geltenden Beweislastverteilung nach der »Nähe zum Beweis«.[49] In vergleichbaren Fällen soll die analoge Anwendung dieser Beweislastsonderregeln

---

43 Vgl. für Deutschland: §§ 179 I, 345, 363, 2336 III BGB; vgl. für Österreich: §§ 1296, 1297, 1298 ABGB

44 Vgl. im BGB z. B. §§ 153, 178, S. 1, 406, 932 I 1 (»es sei denn, dass »); §§ 122 II, 179 I, 370, (»nicht/insofern nicht«)

45 Vgl. Baumbach/Lauterbach/Albers/Hartmann Anh. § 286, Rn. 13; Zöller/Greger § 284, Rn. 17

46 Vgl. hierzu Gottwald, Jura 1980, 225, 235

47 Geändert durch das Gesetz zur Modernisierung des Schuldrechts, BGBl I 2001, 3138 ff.

48 BGH NJW 1962, 31, 32

49 Vgl. näher Klicka, S. 65 f.

möglich sein.[50] Jedoch sind die Möglichkeiten der richterrechtlichen Umgestaltung der Beweislast aufgrund der grundsätzlichen Orientierung an der materiell-rechtlichen Norm und aufgrund des grundgesetzlich geschützten Rangs der Beweislast als Bestandteil eines dem Rechtsstaatsgebot genügenden rechtsstaatlichen Verfahrens enge Grenzen gesetzt und sie ist auf solche Fallgestaltungen zu begrenzen, in denen die Anwendung der Grundregel zu schwerwiegenden und sozial unerträglichen Ergebnissen führen würde[51] oder auch bei einer vorsätzlichen Beweisvereitelung durch die eigentlich nicht beweisbelasteten Partei der Fall sein kann.[52]

bb. Beweiserleichterungen

Neben einer vollständigen Umkehr der Beweislast können im Einzelfall der beweisbelasteten Partei Milderungen ihrer Beweislast zugute kommen.

1. Anscheinsbeweis

In Deutschland wie in Österreich kann der sog. Anscheinsbeweis[53] als anerkanntes Richterrecht gelten.

Mit dem Anscheinsbeweis wird der Beweis einer Tatsache dadurch geführt, dass eigentlich nur Hilfstatsachen unstreitig oder bewiesen sind[54], deren Vorliegen dann jedoch den Schluss auf die eigentlich zu beweisende Tatsache zulassen, die deshalb – ohne weiteren Beweis – vermutet wird. Der Anscheinsbeweis wird nur bei typischen Geschehensabläufen angewandt, da nur in einem solchen Rahmen eine allgemeine Lebenserfahrung bestehen kann[55], die den Schluss von einer Hilfs- auf die Haupttatsache zulässt. Ein solcher Anscheinsbeweis kann sowohl hinsichtlich Ursachen als auch bezüglich deren Wirkungen geführt werden. Die tatsächliche Vermutung kann dabei auf Tatsachen, wie z. B. die Kausalität, als auch auf normative Tatbestandsmerkmale, wie z. B. Fahrlässigkeit, bezogen werden.[56]

Nach absolut vorherrschende Auffassung in Österreich und Deutschland ist die beweisbelastete Partei trotzdem nicht von ihrer Verpflichtung freistellt, die ihr günstige Tatsache zu beweisen, sie bleibt vollumfänglich beweisbelastet, jedoch wird bei vollumfänglichen Nachweis der – meist leichter zu beweisenden – Hilfstatsache auf das Vorliegen der Haupttatsache geschlossen.[57] Damit wird sie Gegenstand der freien Beweiswürdigung des Richters, der im Rahmen seiner freien Überzeugungsbildung bezüglich der Richtigkeit einer behaupteten Tatsache auch allgemeine

---

50 Siehe bei Klicka, S. 67 m w. N.

51 Klicka, S. 67

52 Vgl. Schilken, Rn. 507, zur Abgrenzung der Auswirkung letzterer Fallkonstellation für Beweislastverteilung und Beweiswürdigung siehe Klicka, S. 68

53 Vgl. für Österreich: Rechberger, ÖJZ 1972, 425, 457; Gimpel-Hinteregger, S. 136 ff.; Koziol, Haftpflichtrecht I, S. 496; Dolinar, ÖJZ 1968, 431 ff.; Fasching, Rn. 893 ff.; Gamsjäger, S. 139 ff.; vgl. für Deutschland: BGH NJW 1998, 8, Baumbach/Lauterbach/Albers/Hartmann Anh. § 286, Rn. 15 ff.; Baumgärtel, Beweislast, Rn. 227 ff.; Zöller/Greger § 286, Rn. 16

54 So BGH NJW-RR 1993, 1117

55 Vgl. BGH NJW 1997, 529

56 Vgl. BGH VersR 1978, 732; NJW 1991, 230; OLG München NJW 1994, 527

57 Vgl. für Deutschland: BGHZ 100, 34; NJW 1998, 81; Baumbach/Lauterbach/Albers/Hartmann Anh. § 286, Rn. 15 ff.; Baumgärtel, Beweislast, Rn. 227 ff.; Zöller/Greger § 286, Rn. 16; Rosenberg, Beweislast, S. 183 f.; vgl. für Österreich: Gimpel-Hinteregger, S. 137; Gamsjäger, S. 139; Koziol, Haftpflichtrecht I, S. 497; a. A. Diederichsen VersR 1966, 214; Jabornegg, VR 1988, 54 f., Wassermeyer, S. 2 ff., 15 ff.

Erfahrungssätze und die Lebenserfahrung zu berücksichtigen hat.[58] Dem Prozessgegner verbleibt die Möglichkeit, Umstände anzuführen, die im konkreten Einzelfall die ernsthafte Möglichkeit eines anderweitigen, untypischen Geschehensverlauf nahe legen[59], ggf. müssen die behaupteten Tatsachen, die einen atypischen Geschehensablauf nahe legen, ihrerseits – dann vom Gegner – bewiesen werden.[60] Der beweisführenden Partei bleibt es dann wiederum unbenommen, die streitige Tatsache ohne die für sie streitenden Vermutung zu beweisen.

2. Beweismaßreduzierung

Eine Beweismaßreduzierung im Sinne einer Erweislichkeit der Tatsache schon bei deren »überwiegender Wahrscheinlichkeit« ist im deutschen Recht bislang lediglich im Sozialrecht allgemein anerkannt.[61] Das Beweismaß der Art zu reduzieren, dass die erforderliche Wahrheitsüberzeugung des entscheidenden Gerichts durch ein weniger strengeres Kriterium der Wahrscheinlichkeit ersetzt wird, wird im Übrigen aufgrund des klaren Wortlautes von § 286 I dZPO abgelehnt.[62] Die Wahrscheinlichkeit kann eine Rolle nur im Rahmen des Abwägungsprozesses bei der Überzeugungsbildung spielen, also bei der Beweiswürdigung, nicht jedoch bei der Beweislastverteilung.[63] In Österreich wird das Beweismaß gelegentlich dort reduziert, wo der Kausalitätsbeweis besonders schwierig ist, wie etwa im Arzthaftungsrecht; hier arbeiten Rechtsprechung und Literatur dann mit abgestuften Verursachungswahrscheinlichkeiten vom »höheren Grad an Wahrscheinlichkeit« über die »hohe Wahrscheinlichkeit« bis hin zur »an Sicherheit grenzender Wahrscheinlichkeit«.[64] Sofern damit die Ebenen Beweislastverteilung und Beweiswürdigung vermischt werden, ist dies im Hinblick auf die von § 272 öZPO genauso geforderte tatrichterliche Überzeugungsbildung sicherlich aus den auch für Deutschland geltenden Gründen problematisch.

Einen Fall echter Beweismaßreduzierung stellt der deutsche § 287 ZPO dar. Er reduziert den erforderlichen Nachweis auf die »überwiegende Wahrscheinlichkeit«, soweit es um die haftungsausfüllende Kausalität geht. Dem entspricht in Österreich § 273 öZPO.

3. Auskunftsansprüche

Eine weitere Möglichkeit, die der beweisbelasteten Partei die Beweisführung im Fall von typischerweise auftretender Beweisnot erleichtern soll, ist die Zubilligung eines besonderen Auskunftsanspruchs.

---

58 Vgl. für Österreich: OGH JBl. 1994, 123; ZVR 1962/256; ZVR 1978/89; Koziol, Haftpflichtrecht I, S. 497; vgl. für Deutschland: BGH NJW 1998, 81; BGHZ 100, 34; Baumbach/Lauterbach/Albers/Hartmann Anh. § 286, Rn. 15; Rosenberg/Schwab/Gottwald § 114 II 3; Arens/Lüke, Rn. 279

59 Vgl. für Deutschland: BGH NJW 1972, 1131; 1978, 2032, 2033; VersR 1995, 724; Baumbach/Lauterbach/Albers/Hartmann Anh. zu § 286, Rn. 18; vgl. für Österreich: OGH RZ 1990/57; Gimpel-Hinteregger, S. 138; Koziol, Haftpflichtrecht I, S. 496; Weinberger, S. 171

60 BGH NJW 1994, 945

61 Siehe BSGE 32, 209

62 Zöller/Greger Vor § 284, Rn. 28; MüKoZPO/Prütting § 286, Rn. 39

63 Gottwald, Jura 1980 225, 231; Staudinger/Kohler, Einl. 233 zum UmweltHG

64 Zur Beweismaßreduzierung im österreichischen Recht s. Janovsky, S. 221 f.

Ziel ist es, zu vermeiden, dass dem Kläger die fehlende wissenschaftliche Klärung relevant werdender Wirkungszusammenhänge zwangsläufig zum Nachteil gereicht. Daher wird versucht, die Beschaffung solchen Wissens mittels besonderer Auskunftsansprüche zu erleichtern, die schon vorprozessual und nicht erst innerprozessual als quasi antizipierte »Beweiserleichterung« dienen.[65]
Die Zulässigkeit des prozessualen Ausforschungsbeweises wird unter Hinweis auf die Darlegungs- und Beweislastregelungen verneint. Dem entspricht, dass normalerweise auch materiell-rechtlich grundsätzlich ein allgemeiner Auskunftsanspruch, etwa aus § 242 BGB, nicht anerkannt wird.[66] Lediglich für den Fall, dass bereits zwischen Anspruchsteller und Anspruchsgegner eine Sonderverbindung besteht, kann auf § 242 BGB zwecks Feststellung des Anspruchsumfangs zurückgegriffen werden, wenn der Anspruch dem Grunde nach bereits feststeht und der Kläger aufgrund nicht verschuldeter Unkenntnis seine Rechte nicht nachweisen kann, während der Beklagte ohne weiteres zur Auskunftserteilung in der Lage ist.[67]

2. Beweislastverteilung beim nachbarrechtlichen Abwehranspruch

Welche Konsequenzen die Grundlagen des Beweisrechts für die prozessuale Durchsetzbarkeit der hier untersuchten nachbarrechtlichen Abwehransprüche haben, soll im Folgenden erörtert werden.

a. Österreich – Darlegungs- und Beweislast bei § 364 II ABGB

Für den Anspruch aus § 364 II ABGB ist seitens des Klägers zunächst unstreitig nachzuweisen, dass er selbst Eigentümer des betroffenen Grundstücks ist, oder aber eine dem Eigentum gleichgestellte und von der Rechtsprechung anerkannte Rechtsposition inne hat. Darüber hinaus ist er verpflichtet, die nutzungsbezogene Beeinträchtigung des Grundstücks darzulegen und zu beweisen, ebenso wie die zwischen dieser und der Einwirkung des Beklagten bestehende Kausalität.[68]
Wer welche Tatsachen zur Ortsüblichkeit und Wesentlichkeit vorzutragen hat, ist streitig.

aa. Beweislastverteilung in Abhängigkeit von der Reichweite des Eigentumsrechts
Die Beweislastverteilung für das Vorliegen des Übermaßes wird überwiegend abhängig vom Verständnis des Eigentumsrechts entschieden.
Die Rechtsprechung und die überwiegende Literatur wählen den Ausgangspunkt so, dass die gänzliche Freiheit des Eigentums garantiert und zunächst grundsätzlich jeder Eingriff verboten ist, daher müsse der Störer die Einhaltung der Ortsüblichkeits-

---

65 Vgl. dazu Staudinger/Kohler, Einl. 240 zum UmweltHG

66 Vgl. BGH NJW 1992, 1817, 1819; NJW 1990, 3151; Arens ZZP 96. Bd. (1983) 1, 16 ff.; Lüke, JuS 1986, 2, 3; MüKoZPO/Prütting § 284, Rn. 125; Soergel/Wolf § 260, Rn. 85; MüKo/Keller § 260, Rn. 7; Paschke § 8, Rn. 16

67 Vgl. BGH NJW 1990, 1358; MüKo/Keller § 260, Rn. 11; Soergel/Wolf § 260, Rn. 26; Paschke § 8, Rn. 17

68 OGH SZ 44/140; SZ 50/99; SZ 55/30; Klang II, 173; Kerschner, in Hanreich/Schwarzer, S. 47; Gimpel-Hinteregger, S. 326 f.; Dittrich/Tades § 364 E.57; Reischauer JBl. 1990, 217, 221; Oberhammer/Spielbüchler § 364, Rn. 16

und Wesentlichkeitsgrenzen nachweisen.[69] Dieses Ergebnis wird auf eine teleologische Interpretation der §§ 352; 362; 364 I; II ABGB gestützt. Es ergebe sich bereits aus dem Wortlaut des § 354 ABGB, dass eine willkürliche Nutzung nur in den Grenzen des eigenen Grundstücks unbeschränkt zulässig sei. Wer über die eigene Grenze wirke, müsse eine Berechtigung für diese grenzüberschreitende Einflussnahme auf andere Immobilien nachweisen.[70] Dies folge daraus, dass eine Einwirkung gemäß § 364 I ABGB grundsätzlich nicht zu dulden sei, es gelte der Grundsatz des Immissionsverbots.[71]

Zu einem abweichenden Ergebnis gelangen die Vertreter der Ansicht, dass § 364 II ABGB die Grenzen des Eigentumsrechts festlege, sodass ortsübliche oder unwesentliche Einwirkungen schon gar keinen Eigentumseingriff darstellten.[72] Werde ein Eingriff behauptet, müsse der die *actio negatoria* geltend machende Kläger daher auch das Übermaß der Immissionen nachweisen.

In § 364 II ABGB werde eine Beschränkung der Ausübung der Eigentumsrechte der Art vorgenommen, dass nicht jede – wie durch § 354 ABGB für den Grundfall der Eigentumsfreiheitsklage vorgegeben – Störung ausgeschlossen werden könne und unzulässig sei. Dann wäre nur die Störung an sich nachzuweisen gewesen.[73] Vorliegend sei aber nur ein Übermaß an Immissionen unzulässig. Dogmatisch werde diese Ansicht durch die Überlegung gestützt, dass die Regelung des § 354 ABGB im Fall der grenzüberschreitenden Immissionen zwei widerstreitende Rechte normiere, nämlich zugunsten des Störers die willkürliche Handhabe seines Eigentums (§ 354 1. Hs. ABGB) und zu Gunsten des Beeinträchtigten das Recht, jeden anderen von einer Einwirkung auf sein Grundstück auszuschließen (§ 354 2. Hs. ABGB). Diese sich widersprechenden Rechte seien durch § 364 II ABGB einer gesetzlichen Abwägung zweier gleichberechtigter widerstreitender Rechte unterworfen, die die Befugnisse des Beeinträchtigten hinsichtlich der Abwehr von Eingriffen und die Befugnis des Störers zur willkürlichen Nutzung einschränke.[74] Folglich finde aufgrund dieser gesetzlichen Abwägung ein Eingriff bei unwesentlichen und ortsüblichen Immissionen noch überhaupt nicht statt, ein Anspruch bestehe erst mit dem Überschreiten der gesetzlichen Grenze.[75] Dass dies im Einzelfall gegeben sei, habe der Kläger darzulegen und zu beweisen.

bb. Beweislastverteilung nach Sphären

Unabhängig von dem dogmatischen Streit um die Reichweite des Eigentumsrechts und die Modifizierung durch § 364 II ABGB will eine weitere Ansicht[76] die Beweislast verteilen. Sie erkennt grundsätzlich die Eigentumsgrenzen in der Art an wie die Auffassung, die Einwirkungen unterhalb der Ortsüblichkeits- und Wesentlichkeitsschwelle noch vom Eigentumsrecht des Eingreifenden erfasst sieht, lehnt aber die Schluss-

---

69 OGH SZ 44/140; SZ 50/107; SZ 55/30; SZ 67/138; RdU 1994, 72; JBl. 1995, 109; Klang II, 173; Dittrich/Tades § 364 E.57; Schwimann/Oberhammer § 364, Rn. 18; Janovsky, S. 305; Kerschner, in Hanreich/Schwarzer, S. 47

70 Kerschner, in Hanreich/Schwarzer, S. 47; Janovsky, S. 305

71 So Moser, JBl. 1974, 375, 376

72 Reischauer, JBl. 1990, 217, 221; Rummel/Spielbüchler § 364, Rn. 16

73 Vgl. Rummel/Petrasch § 523, Rn. 10

74 Vgl. Jabornegg/Strasser, in Strasser, S. 102; Reischauer, JBl. 1990, 217, 221

75 Jabornegg/Strasser, S. 22 ff.

76 Gimpel-Hinteregger, S. 327

folgerungen für die Verteilung der Beweislast daraus ab. Teleologische Gesichtspunkte sprächen dafür, das Beweislastrisiko dem Eingreifenden zuzuordnen. Er sei es, der in eine fremde Sphäre eingreife, und er müsse bei grenzüberschreitender Nutzung mit der Beeinträchtigung anderer rechnen.
Auch das präventive Argument der Gefahrbeherrschung sei heranzuziehen: weise man dem Störer das Risiko der Einhaltung der Einwirkungsgrenzen zu, so wirke sich dies auch streitvermeidend durch möglichst rücksichtsvolles Verhalten des potentiellen Störers aus.[77] Im Ergebnis treffe den Störer also die Beweislast für Ortsüblichkeit und Unwesentlichkeit des Eingriffs, den Gestörten diejenige für die ortsübliche Nutzung.
Irreführend hat auch der OGH in einer Entscheidung aus dem Jahr 1990[78] zur Beweisverteilung argumentiert, dem beklagten Störer sei der Nachweis der Einhaltung der Immissionsgrenzen deshalb aufzubürden, weil er im Besitz der dazu erforderlichen Unterlagen sei. In späteren Entscheidungen wird der Ansatz der Beweislastverteilung nach Beweisnähe aber nicht weiter fortgesetzt.

cc. Stellungnahme

Der zuletzt genannten Ansicht ist insofern zuzustimmen als sie richtig erkennt, dass die von der herrschenden Rechtsprechung vorgenommene Beweislastverteilung dogmatisch nicht mit der Eigentumskonzeption des ABGB zu begründen ist, und zwar auch dann nicht, wenn man dazu die Sichtweise der herrschenden Ansicht zugrundelegt. Wenn man die Beweislast bei § 364 II ABGB nach den allgemein anerkannten Grundsätzen der Beweislastverteilung verteilen will, dann führt dies gerade nicht zum Ergebnis der Rechtsprechung. Die Anspruchsnorm gibt einen Abwehranspruch nur bei einem übermäßigen Eingriff. Das Übermaß ist daher eine für den Kläger günstige Anspruchsvoraussetzung, die er zu beweisen hat. Wenn dargelegt wird, das Eigentums sei grundsätzlich umfassend geschützt und daher zunächst jeder Eingriff untersagbar, somit die fehlende Untersagbarkeit die Ausnahme, dann trifft dies für die widerstreitende Eigentumsfreiheit von Grundstückseigentümern gerade keine Aussage. Die grundsätzliche Untersagbarkeit würde für den störenden Eigentümer ja gerade eine Beschränkung seiner eigenen Eigentumsfreiheit bedeuten, denn es geht um die Störung durch Eigentumsnutzung. Nach allgemeiner Meinung – auch der Rechtsprechung – treffen die §§ 364 ff. ABGB eine Abgrenzung prinzipiell gleichrangiger Nutzungsinteressen von Liegenschaftseigentümern.[79] Von vorneherein muss daher kein Eigentümer mit seinen Interessen gegenüber einem anderen zurückstehen. Unter welchen Umständen er das muss, regeln die §§ 364 II ABGB. Der, der sein Grundstück in einer Weise nutzt, die den Nachbar in seiner Nutzung stört, wird ausnahmsweise in seiner Nutzung beschränkt, wenn die Beeinträchtigung übermäßig ist. Der Gestörte muss mit seinen Nutzungsinteressen ausnahmsweise zurückstehen, wenn seine Nutzung nicht übermäßig beeinträchtigt wird. Was die Rechtsprechung demnach in ihrer Argumentation vollends übersieht, ist die Eigentumsfreiheit des Emittenten.[80] Davon ausgehend ist die Folgerung der Ansicht, die die Beweislastverteilung nach Sphären vornehmen

---

77 Gimpel-Hinteregger, S. 327
78 OGH JBl 1990, 789
79 Vgl. OGH SZ 53/11; SZ 55/28
80 So auch Rummel/Spielbüchler § 364, Rn. 16

will, zwingend. Soll der Beweislastverteilung der herrschenden Ansicht der Vorzug gebühren, dann kann dieses Ergebnis nur über die Anerkennung der in §§ 364 ff. ABGB geregelten Fälle als besondere Konstellationen, die eine eigene fallbezogene Beweislastverteilung erforderlich machen, angesehen werden. Entsprechend wird auf die Sphärentheorie zurückgegriffen, die – zu sehen an der oben zitierten OGH Entscheidung – wohl auch Hintergedanke der Rechtsprechung ist. Wie gezeigt kann eine die Grundlagen des Beweisrechts modifizierende Beweislastverteilung über Richterrecht nur in engen Ausnahmefällen zugelassen werden. Ob es tatsächlich typischerweise zu unzumutbaren Ergebnissen führen würde, wenn der Kläger auch das Übermaß des fremden Verhaltens zu beweisen hätte, wird sich umfassend erst beurteilen lassen, wenn die Bedeutung der Einhaltung von öffentlich-rechtlichen Grenzwerten erörtert. Das abschließende Urteil soll daher einer späteren Gesamtbetrachtung vorbehalten bleiben.
Problematisch erscheint hinsichtlich der Ergebnisse der Sphärentheorie die Trennung der Beweislast für die Ortsüblichkeit/Wesentlichkeit der Immission einerseits und die ortsübliche Nutzung andererseits, wenn man bedenkt, dass die Feststellung der wesentlichen Beeinträchtigung gerade von der ortsüblichen Nutzung abhängt, da die ortsübliche Nutzung nur die Bewertungsgrundlage der wesentlichen Beeinträchtigung darstellt. Gelingt der Nachweis, dass der Kläger sein Grundstück nicht ortsüblich nutzt, entfällt der Nachweis der wesentlichen Beeinträchtigung.

b. Deutschland – Darlegungs- und Beweislast bei §§ 1004, 906 BGB

Die Verteilung von Darlegungs- und Beweislast innerhalb des deutschen Anspruchsgefüges ist aufgrund des Regelungssystems von Abwehranspruch und rechtshindernder Einrede eindeutiger als im österreichischen Recht.
Auch im deutschen Recht besteht zunächst die Verpflichtung des den Abwehranspruch geltend machenden Klägers, sein Eigentum und die Belastung desselben (im Fall des Beseitigungsanspruchs) bzw. deren unmittelbar drohenden Eintritt (im Fall des Untersagungsanspruchs) durch den Störer darzulegen und zu beweisen.[81] Hinsichtlich des Nachweises des Eigentums kommt dem Kläger die Vorschrift des § 891 I BGB zugute, nach der die gesetzliche Vermutung gilt, dass das zugunsten einer Person eingetragene Recht, hier das Grundstückseigentum, auch besteht. Den Kläger trifft ferner der Beweis der Kausalität zwischen Emission und Beeinträchtigung.
Die das Übermaß der Beeinträchtigung kennzeichnenden Tatbestandsmerkmale sind nicht wie bei § 364 II ABGB in den Anspruchstatbestand des Klägers integriert, sondern füllen – wie gesehen – die als rechtshindernde Einwendung[82] konzipierte Duldungsvorschrift des § 906 BGB aus. Zwar ist die Klage aufgrund der Einordnung des § 1004 II BGB als Einwendung bereits dann unschlüssig und als unbegründet abzuweisen, wenn sich aus dem Vortrag des Klägers eine Duldungsverpflichtung ergibt. Jedoch ist der Beklagte, wenn er einen Anspruch des Klägers aus § 1004 I

81 BGHZ 92, 143, 148; 111, 63, 69, 73 f.; MüKo/Medicus § 1004, Rn. 88; Staudinger/Gursky § 1004, Rn. 231 f.; Soergel/Mühl § 1004, Rn. 201; Ermann/Hagen/Lorenz § 906, Rn. 37; Soergel/Baur § 906, Rn. 131; Horst, Rn. 296; Petersen, S. 62

82 Ganz allgemeine Meinung; vgl. nur Müko/Medicus § 1004, Rn. 88; Palandt/Bassenge § 1004, Rn. 31; Ermann/Hefermehl § 1004, Rn. 33; Soergel/Mühl § 1004, Rn. 193; Staudinger/Gursky § 1004, Rn. 165 m w. N.

BGB zu Fall bringen will, grundsätzlich nach den allgemeinen Regeln über die Beweislast verpflichtet, die Voraussetzungen dieser rechtshindernden Einwendung darzulegen und ggf. zu beweisen. Für § 1004 II BGB bedeutet dies, dass der Beklagte/Störer nachzuweisen hat, dass der Kläger zur Duldung verpflichtet ist.[83] Wann eine solche Duldungsverpflichtung vorliegt, ergibt sich im Übrigen aus den weiteren materiellen Vorschriften des Zivilrechts oder öffentlichen Rechts.[84] Damit findet im Rahmen des § 1004 i. V. m. § 903 BGB eine Güterabwägung der Art statt, dass die Beschränkung eines generellen Eigentumsrechts durch denjenigen zu beweisen ist, der sich eines Rechts zu solcher Beschränkung berühmt. Der Betroffene muss daher die Anspruchsvoraussetzungen des Abwehranspruchs also des § 1004 I BGB beweisen, wenn er die Eigentumsnutzungsfreiheit des Emittenten beschränken will, der Emittent muss die Voraussetzungen der Duldungsnorm also des § 1004 II i. V. m. § 906 BGB beweisen, wenn er die Eigentumsnutzungsfreiheit des Betroffenen durch seine Emissionsbelastung beschränken will.
Konkret bedeutet dies, dass der Störer die Beweislast für den Nachweis der Unwesentlichkeit der Beeinträchtigung, der Ortsüblichkeit der Emission und der Unmöglichkeit wirtschaftlich zumutbarer Abhilfemaßnahmen trägt.[85]

3. Auswirkungen tatbestandsrelevanter öffentlich-rechtlicher Grenz- und Richtwerte auf den Übermaßnachweis

Es wurde bereits dargestellt, an welcher Stelle und in welchem Umfang öffentlich-rechtliche Normen auf die nachbarrechtlichen Tatbestände in beiden Ländern einwirken können. Im folgenden wird untersucht, inwiefern einschlägige Grenz- und Richtwertbestimmungen auch auf die Verteilung der Beweis(führungs)last Einfluss nehmen können.

a. Österreich

Wie oben gezeigt[86], werden verwaltungsrechtliche Normen in Bezug auf die Frage der Ortsüblichkeit von Immissionen als Indiz oder Interpretationshilfe für oder gegen eine ortsunübliche Störung ergänzend herangezogen. Eine zwingende Parallelwertung im öffentlichen und Privatrecht wird abgelehnt. Da im österreichischen Recht öffentlich-rechtliche Normen für die Ortsüblichkeitsprüfung der Immissionen zu beachten sind, kann der beweisbelasteten Partei also eine Erleichterung zugute kommen, wenn sich aus diesen Vorschriften ergibt, dass Richt- oder Grenzwerte über- oder unterschritten sind. Die Stärke der Indizwirkung hängt auch von der Art der Grenzwertbestimmung ab.[87] Da es in Österreich auf die Ortsüblichkeit der Immission ankommt, sagt die Verletzung von Emissionsgrenzwerten durch den Störer

---

83 BGHZ 106, 142, 145; Baumgärtel/Baumgärtel § 1004, Rn. 26; Müko/Medicus § 1004, Rn. 88; Staudinger/Gursky § 1004, Rn. 232; Horst, Rn. 298; Petersen, S. 62; Seidel, Rn. 895

84 Soergel/Mühl § 1004, Rn. 193; Staudinger/Gursky § 1004, Rn. 232

85 Allgemeine Meinung: BGHZ 92, 143, 148; 111, 63, 73 f.; Erman/Hagen/Lorenz § 906, Rn. 37; Soergel/Baur § 906, Rn. 131; Horst, Rn. 298; Staudinger/Roth § 906, Rn. 205, 211; Staudinger/Kohler, Einl. 254 zum UmweltHG; Petersen, S. 63

86 Siehe oben unter D. II. 2. c.

87 Vom Grundsatz her übereinstimmend Gimpel-Hinteregger, S. 280 ff., Jabornegg/Strasser, in Strasser, S. 102 f.

z. B. weit weniger aus als ein festgestelltes Überschreiten von Immissionsgrenzwerten. Werden auf dem beeinträchtigten Grundstück Immissionen gemessen, deren Werte Grenzwerte überschreiten, ist dies von besonderer indizieller Bedeutung für die übermäßige Beeinträchtigung. Dabei muss die Grenzwertbestimmung aber immer der Prüfung unterzogen werden, in welchem Kontext sie steht bzw. welcher Schutzzweck mit ihr verbunden wird.[88] Grenzwertbestimmungen, die z. B. der Erhaltung von Grün- und Waldflächen dienen, können sicherlich nur begrenzte Aussagekraft für anders geprägte Gebiete haben. Auch hier im Rahmen der beweisrechtlichen Auswirkung der Berücksichtigung öffentlich-rechtlicher Grenzwertbestimmungen zeigt sich deshalb die streng einzelfallabhängige Bedeutung. Abhängig vom einzelfallbezogenem Gewicht des Vortrags zur Überschreitung von Grenzwerten gestaltet sich dann auch die Darlegungs- und Beweislast. So mag z. B. zunächst der Vortrag zur Überschreitung von Grenzwerten ausreichend sein, um eine gewisse indizielle Bedeutung zu haben, dann kann jedoch weiterer Vortrag notwendig werden, weil der Gegner dargelegt hat, dass die örtlichen Gegebenheiten die Einschlägigkeit dieser Grenzwerte in Frage stellen.
Der OGH geht für den Fall der wiederholten Verletzung von öffentlich-rechtlichen Normen sogar von einer Vermutungswirkung dahin aus, dass dann »in aller Regel keine ortsübliche Einwirkung mehr erkannt werden« könne.[89] Könnten wiederholte Ordnungswidrigkeiten festgestellt werden, sei es in jedem Fall immer der Störer, der nachzuweisen habe, dass aufgrund des besonderen Einzelfalls das nach den örtlichen Verhältnissen gewöhnliche Maß nicht überschritten sei.[90]
Im Ergebnis kann daher festgehalten werden, dass Grenz- und Richtwertbestimmungen die Bedeutung von Auslegungshilfen bei der Feststellung der Tatbestandsmerkmale zum Übermaß einer Beeinträchtigung zukommt, ohne dass ihnen aber ein genereller Wert in beweisrechtlicher Hinsicht zuzusprechen wäre.[91]

b. Deutschland

Die Bedeutung öffentlich-rechtlicher Vorschriften für die Tatbestandsmerkmale der nachbarrechtlichen Duldungspflicht ist in Deutschland im Ergebnis nicht wesentlich abweichend von der Rechtslage in Österreich[92], jedoch kommt den Grenzwertbestimmungen mit der Regelung in § 906 I 2, 3 BGB normative Kraft zu. Über Reichweite und Inhalt der Normativkraft auf der prozessualen Beweisebene herrscht jedoch Uneinigkeit.

aa. Meinungsstand seit der Geltung von § 906 I 2, 3 BGB

Da es unstreitig dem Beklagten obliegt, die Voraussetzungen des § 906 I BGB nachzuweisen, kommt ihm als Beweisführer die Regelung in § 906 I 2, 3 BGB zugute, wonach »in der Regel« von einer nicht wesentlichen Beeinträchtigung bei Einhaltung der Richt- und Grenzwerte auszugehen ist. Diese gesetzgeberische Entscheidung betrifft jedoch nur einen Ausschnitt der in diesem Zusammenhang im Rahmen des § 906 I BGB zu beweisenden Umstände. Ausweislich des eindeutigen Wortlauts der

88 Vgl. Gimpel-Hinteregger, S. 280
89 OGH JBl. 1995, 107, 109
90 Vgl. auch Janovsky, S. 304; Schwimann/Oberhammer § 364, Rn. 14
91 Vgl. Jabornegg/Strasser »Privatrecht und Umweltschutz«, S. 107
92 Siehe oben unter D. III. 1. d.

Sätze 2 und 3 wird nur eine Regelvermutung für den Fall der Einhaltung bzw. Unterschreitung von Grenz- und Richtwerten der dort genannten Art erfasst. Demgegenüber ist für den Fall der Überschreitung der Grenzwerte keine Entscheidung getroffen, sodass es in diesem Fall ohnehin bei der schon vor der gesetzlichen Ergänzung ergangenen Rechtsprechung bleibt.[93]

Die beweisrechtliche Einordnung der Regelvermutung ist stark umstritten. Nach der alten Rechtslage kam dem Störer für den Beweis der Unwesentlichkeit nicht einmal ein Anscheinsbeweis zugute, wenn öffentlich-rechtliche Grenzwerte eingehalten waren.[94]

Ob die Neureglung zu einer Umkehr der Beweislast geführt hat[95], eine Ausformung des Anscheinsbeweises[96], bloßes Regelbeispiel[97], Auslegungs-/Subsumtions- bzw. Orientierungshilfe[98] oder Rechtsanwendungsnorm[99] ist, wird sehr unterschiedlich beurteilt.[100]

Diese Uneinigkeit ist der Formulierung der eingefügten Sätze in § 906 BGB zuzuschreiben, denn die Wendung »in der Regel« findet weniger im BGB als vor allem im Strafrecht besondere Verwendung. Dabei kommt der Formulierung im Zivilrecht auch keine einheitliche Bedeutung zu.[101]

Hinsichtlich der beweisrechtlichen Auswirkungen lässt sich im Wesentlichen eine Dreiteilung aller Stimmen feststellen. Neben der Beweislastumkehr mit der Folge der Führung des Hauptbeweises zur Wesentlichkeit durch den Kläger und dem Anscheinsbeweis mit der Folge der Belastung des Klägers (nur) mit dem Gegenbeweis bilden alle weiteren Ansätze insoweit eine Gruppe, als sie die Bedeutung der Grenzwerteinhaltung bezüglich der Wesentlichkeit allein auf der Ebene der Beweiswürdigung zulassen. Innerhalb dieser Gruppe lassen sich zwar große Unterschiede hinsichtlich der Reichweite der Bedeutung für die Beweiswürdigung finden[102], wenn die Grenzwerteinhaltung einerseits als bloße Orientierungshilfe[103], die den freien Beurteilungsspielraum möglicherweise reduzieren kann, andererseits als normkonkretisierende Vorschrift, die einen »Orientierungszwang«[104] für die Beweiswürdigung vorschreibt, gesehen wird. Diese allenfalls dogmatisch gewichtigen Unterschiede werden in der Praxis jedoch kaum je entscheidend ins Gewicht fallen.

---

93 Staudinger/Roth § 906, Rn. 205; Seidel, Rn. 896; MüKo/Säcker § 906, Rn. 31, siehe auch Bitzer, S. 72 ff.

94 Marburger GA, S. 109; Baumgärtel, Beweislast, Rn 7

95 So Palandt/Bassenge § 906 Rn 20; Baumgärtel, Beweislast, Rn 7; Fritz, NJW 1996, 573, 574

96 Westermann/H.P. Westermann § 62 II 2, S. 500 f.

97 In diese Richtung BGH NJW 2001, 3119, 3120

98 Ring, S. 38 ff.; Otto, ZMR 1995, 147, 148, Seidel, Rn. 894

99 Bitzer, S. 108 ff.

100 Siehe zum Ganzen zusammenfassend: Erman/Hagen/Lorenz § 906, Rn. 17; MüKo/Säcker § 906, Rn. 140; Staudinger/Roth § 906, Rn. 202; Palandt/Bassenge § 906, Rn. 20 jeweils m w. N.

101 Vgl. z. B. zu § 1666 II 1 BGB zur »in der Regel« anzunehmenden Vermögensgefährdung Palandt/Diederichsen § 1666, Rn. 37, wonach gerade keine Regelbeispiele im technischen Sinne vorliegen und auch keine Vermutungswirkung besteht

102 Vgl. dazu ausführlich Bitzer, S. 92 ff.

103 Otto, ZMR 1995, 147, 148; Ring, S. 38 ff.

104 Bitzer, S. 108

Praktisch bedeutsam ist, ob die Einhaltung von Grenz- oder Richtwerten zur Beweislastumkehr, zum Gegenteilsbeweis oder (nur) zur Begrenzung des tatrichterlichen Beurteilungsspielraumes führt.

bb. Stellungnahme

Die Neufassung von § 906 BGB durch Aufnahme der Regelung zur Grenzwerteinhaltung hat im Ergebnis eine Reduzierung des richterlichen Ermessens bei der freien Beweiswürdigung bewirkt, aber keine darüber hinausgehende beweisregelnde Wirkung.

Die Aussage, dass dem Beklagten bei Einhaltung der im Rahmen des § 906 I 2, 3 BGB in Betracht kommenden Werte nicht mehr der volle Nachweis der Unwesentlichkeit obliegt, sondern der Nachweis der Einhaltung dieser Werte ausreichend ist[105], ist missverständlich und greift zu kurz.

Aufgrund der Ausgestaltung der Vorschrift als Regelfall kommt ihr nicht die Funktion einer Beweislastumkehr, sondern nur eine beweiserleichternde Wirkung zu. Deren Reichweite ist nicht generell festlegbar. Sofern im Einzelfall die Voraussetzungen einer typisierbaren Fallgestaltung vorliegen, kann nach den Regeln für den Anscheinsbeweis vorgegangen werden. Da mit dem Anscheinsbeweis typische Geschehensabläufe erfasst werden sollen, die jedoch für den Zusammenhang Grenzwert-Beeinträchtigung nicht immer gesicherte Erkenntnis sein werden, wird dies eher eine Ausnahme sein.[106] Der Kläger bleibt wie nach den allgemeinen Regeln des Anscheinsbeweises jedenfalls darlegungs- und beweispflichtig hinsichtlich der Umstände, die den Anschein in Frage stellen sollen. Weist der Beklagte folglich die Einhaltung der Richtwerte nach, ist der Prozess für den Kläger nicht verloren, da durch diesen Nachweis nur eine Regelvermutung begründet wird, die seitens des Klägers durch den dann zu führenden Nachweis der aus anderen Gründen dennoch anzunehmenden Wesentlichkeit oder des Umstandes, dass die zugrundegelegten einschlägigen Verwaltungsvorschriften nicht dem Stand der Technik entsprechen, widerlegt werden kann.[107]

Für das praktisch prozessuale Ergebnis nicht viel anders wird es sich darstellen, wenn zwar von einem prozessualen Anscheinsbeweis nicht ausgegangen werden kann, aber die Einhaltung der Grenzwerte dem Richter die Richtung bei der Überzeugungsbildung weist. Wie stark seine freie Beweiswürdigung nun von der Einhaltung der Richtwerte beeinflusst wird, ist abhängig von Anzahl und Gewichtung der weiteren Umständen, die für die tatrichterliche Beurteilung im konkreten Fall relevant sind. Beispielhaft für diese Elastizität der Einschränkungswirkung ist die BGH- Entscheidung vom 6. Juli 2001.[108] Zur Beurteilung der Wesentlichkeit von Lärm wurden dort die einschlägigen Richtwerte in die Bewertung miteinbezogen, jedoch kam ihnen im Vergleich zur Augescheinseinnahme, mit deren Hilfe sich das Berufungsgericht von der individuellen Lästigkeit des in Intensität, Dauer und Frequenz sehr unterschiedlichen Lärms durch Riemenfallhämmer überzeugt hatte, nur untergeordnete Bedeutung zu. Der BGH stellt hierzu ausdrücklich fest, dass mit der Formulierung »in

---

105 BGH Z 70, 102, 110; 92, 143, 151 f.; 120, 239, 256; Soergel/Baur § 906, Rn. 132; Erman/Hagen/Lorenz § 906, Rn. 17; Seidel, Rn. 895; MüKo/Säcker § 906, Rn. 140

106 Ähnlich MüKo/Säcker § 906, Rn. 140

107 Seidel, Rn. 896; Palandt/Bassenge § 906, Rn. 20; Petersen, S. 71

108 BGH NJW 2001, 3119

der Regel« in § 906 I 2 BGB ein »gewisser einzelfallbezogener tatrichterlicher Beurteilungsspielraum« erhalten bleibe, für den es weiterhin neben den zu berücksichtigenden Grenzwerten auf alle Umstände ankomme, die der Tatrichter nach seinem eigenen Empfinden für erheblich halte.
Danach kann es durchaus für den Vollbeweis der mangelnden Wesentlichkeit nicht ausreichen, wenn dem Beklagten der Nachweis der Einhaltung von Richtwerten gelingt. Sofern und soweit andere Umstände von der Warte des »verständigen Durchschnittsmenschen« als genauso erheblich betrachtet werden müssen wie die Grenzwertfrage, dann hat der Beklagte auch hierzu vorzutragen und Streitiges zu beweisen. Genauso kann der Kläger durch den Vortrag besonderer Umstände schon die Erheblichkeit der Einhaltung von Grenzwerten im Einzelfall angreifen. In all diesen Fällen wird die richterliche Überzeugungsbildung hin zur Unwesentlichkeit wieder erschüttert und verbleibt es dabei, dass der Beklagte hier den Vollbeweis zu leisten hat, der ihm nicht gelingt, wenn das Gericht nicht neben der Einhaltung von Richtwerten auch alle anderen erheblichen Umstände als das Tatbestandsmerkmal der Unwesentlichkeit erfüllend wertet. Nur dann, wenn weitere Umstände nicht hinzutreten und eine Beurteilung sich für den »verständigen Durchschnittsmenschen« in der Grenzwertproblematik erschöpft, ist es richtig festzustellen, dass der Nachweis der Einhaltung der Richtwerte dem Beklagten genügt, um den Kläger mit dem Gegenbeweis zu belasten.
Nach alledem verbleibt es auch nach der Neuregelung bei der Einzelfallbetrachtung durch die Tatsachengerichte, auch weil die Einbeziehung der Regelung des Abs. 1 Satz 2 und 3 in § 906 BGB letztlich nur die sich schon zuvor entsprechend herausgebildete Rechtsprechung festschreiben sollte.[109] Im Unterschied zur ehemaligen Rechtslage, besteht eine Bindung des Tatrichters insoweit, dass von einer nachprüfbar fehlerhaften Beweiswürdigung auszugehen ist, wenn einschlägige Richtwerte keine Berücksichtigung in der Beweiswürdigung finden bzw. nicht deutlich wird, warum der Tatrichter trotz Einhaltung der Werte zu der Überzeugung gelangt ist, dass die Beeinträchtigung wesentlich sei.
Für die von der Neuregelung des § 906 I 2, 3 BGB nicht mitumfassten privaten Umweltstandards, wie z. B. DIN-Normen, VDI-Richtlinien oder VDE-Bestimmungen[110] bedeutet dies, dass der Beklagte hieraus ohne weiteres erst recht keine ihn beweisrechtlich begünstigenden Umstände herleiten kann, sodass er bezüglich der Wesentlichkeit auch bei deren Einhaltung vollumfänglich beweisverpflichtet bleibt. Jedoch ist es dem zur Entscheidung berufenen Tatrichter unbenommen, im Rahmen einer Einzelfallbeurteilung gemäß § 906 I 1 BGB auch diesen Werten eine gewisse Indizfunktion zukommen zu lassen oder sie im Sinne eines Anhaltspunktes zu berücksichtigen.[111] Anders als bei den öffentlich-rechtlichen Grenz- und Richtwerten kann der Tatrichter die Einbeziehung der Werte in seine Beweiswürdigung aber ermessensfehlerfrei ablehnen.

---

109 Vgl. BT-Drucks. 12/7425, S. 87; Fritz, NJW 1996, 574; Petersen, S. 72
110 Vgl. Aufstellung bei Fritz, NJW, 1996, 574; Erman/Hagen/Lorenz § 906, Rn. 17
111 Fritz, NJW 1996, 574; Seidel, Rn. 897; MüKo-Säcker § 906, Rn. 31; Palandt/Bassenge § 906, Rn. 17, dazu auch BGH NJW 1999, 356

4. Beweiserleichterungen im Rahmen des Kausalitätsnachweises

Nach den in Österreich und Deutschland gleichermaßen geltenden allgemeinen Beweislastregeln hat der Kläger im Nachbarschaftsrecht die zwischen Emission und Beeinträchtigung liegende Kausalität darzulegen und zu beweisen.[112]
Da im Rahmen der Unterlassungs- und Beseitigungsansprüche der Nachweis eines Schadens nicht erforderlich ist, kann sich der Kausalitätsnachweis auf den Nachweis beschränken, dass die beeinträchtigende Immission vom Nachbarn ausgeht. Erst im Bereich eines Ersatzanspruchs stellt sich die Problematik der Verursachung eines Schadens durch die auf das Grundstück des Betroffenen niedergehende Immission.[113] Erst dort weitet sich der Nachweis der Kausalität dahin aus, dass der Kläger nachzuweisen hat, dass eine ganz bestimmte Einwirkung für den entstandenen Schaden mitursächlich war und sich der Anteil am eingetretenen Schaden bestimmen lässt. Für die Abwehransprüche ist der Beweis des Ursachenzusammenhanges zwischen den vom Störer ausgehenden Einwirkungen und der Rechtsgutsverletzung, die sich hier in der Nutzungsbeeinträchtigung realisiert, gefordert und genügend.
Wie schon erwähnt, bereitet die Ursachenfeststellung, wie sie zum Nachweis der Kausalität im juristischen Sinne notwendig ist[114], aber auch hier – im Rahmen der haftungsbegründenden Kausalität – besondere Probleme. Die Stichworte lauten auch hier Wirkungsüberlagerung, Informationsdefizit, insbesondere aber fehlende wissenschaftliche Aufklärung von Wirkungszusammenhängen. Demjenigen, der den Verursachungsnachweis zu führen hat, ist deshalb nicht selten die Beweisführung nicht nur erschwert, weil er die notwendigen Tatsachen nur schwer selbst herausfinden und bewerten kann, sie ist vielmehr unmöglich, weil gesicherte wissenschaftliche Erkenntnisse gänzlich fehlen. Vorschläge, die zum Thema Beweiserleichterungen im privaten Umwelthaftungsrecht gemacht werden, setzten deshalb ganz überwiegend beim Kausalitätsnachweis an. Die Frage ist nun, ob es stets zum Nachteil des beweis(führungs)belasteten Klägers gereicht, wenn er nicht imstande ist nach den hierfür aufgestellten Regeln nachzuweisen, dass die Beeinträchtigung adäquatkausal auf die Emission des Beklagten zurückzuführen ist.

a. Österreich

Die österreichischen Vorschläge zur Modifizierung des Kausalitätsnachweises im Immissionsrecht gehen davon aus, dass die im österreichischen Haftungsrecht vorzufindenden Anhaltspunkte für eine Beweislastverteilung nach teleologischen Gesichtspunkten zum Ausdruck bringen, dass die Beweislastverteilung nicht so ausgestaltet sein dürfe, dass die Durchsetzung von Ansprüchen unmöglich gemacht wird.[115]
Eine entsprechende Ausrichtung ist z. B. §§ 1301 f. ABGB zu entnehmen, die bei Tätermehrheit die Beweislast für den Kausalitätsnachweis den Tätern zuordnen,

112 BGHZ 70, 102; 95, 307; Staudinger/Roth § 906, Rn. 175; Erman/Hagen/Lorenz § 906, Rn. 37; Palandt/Bassenge § 906, Rn. 20
113 MüKo/Säcker § 906, Rn. 140 f.; Soergel/Bauer § 906, Rn. 131; Erman/Hagen/Lorenz § 906, Rn. 37; Palandt/Bassenge § 906, Rn. 34; Horst, Rn. 296, 670
114 Vgl. oben unter D V.
115 Gimpel-Hinteregger, S. 189

sofern nur die Anteilsbestimmung unklar ist. Anteilsnachweisdefizite führen nicht zum Verlust des Anspruchs, sondern zur Solidarhaftung aller Verantwortlicher.
In dem Regelungsgehalt der §§ 1301 f. ABGB wird eine Risikozurechnungsentscheidung gesehen, die unter der Zielsetzung der Gerechtigkeit und der ökonomischen Effizienz gefällt wurde. Diese könne im Umweltrecht nicht nur bei Anteilszweifeln fruchtbar gemacht werden, sondern auch den Ansatz stützen, dass dann, wenn ein konkreter Kausalitätsverdacht vorliege, der mit einer erhöhten Verantwortung des Schädigers einhergehe, die Emissionen dieses Schädigers einer Kausalitätsvermutung ausgesetzt werden können.[116] Der potentielle Schädiger habe immer schon dann den Nachweis der Nicht-Erheblichkeit seines Verhaltens zu führen, wenn ein konkreter Kausalitätsverdacht gegen ihn bestehe.[117] Dadurch wird im Ergebnis eine den Kläger begünstigende Beweislastumkehr im Bereich des Nachweises der Kausalität eingeführt, wenn eine Art Anfangsverdacht gegen den Beklagten besteht. Die konkrete Eignung zur Schadensverursachung rechtfertige die Beweislastentscheidung dabei allein noch nicht, hinzutrete der Gedanke der Gefahrenbeherrschung.[118]
Der OGH hat im Ergebnis eine auf dieser Linie liegende Entscheidung getroffen, wenn er die Verursachungsvermutung des § 26 Abs. 5 WRG allgemein für Gewässerverunreinigung heranzieht.[119] Teilweise wird sogar die umfassende Anwendung der dortigen Beweislastregel im Nachbarrecht für bedenkenswert gehalten.[120]
Denen, die zur Effizienz eines nachbarrechtlichen Immissionsschutzes die aufgezeigten weitgehenden Analogie für notwendig halten, sind sich aber darüber bewusst, dass die Unsicherheiten der Kausalitätsfrage letztlich nur über gesetzgeberische Maßnahmen zu beseitigen sind.[121] Ziel müsse dabei eine Regelung zugunsten von immissionsbedingten Schäden sein, die nur durch den Nachweis der Unwahrscheinlichkeit der Verursachung entkräftet werden kann.[122]

b. Deutschland

Eine Beweiserleichterung bei Überschreitung von Grenz- und Richtwerten ergibt sich für den Kläger aus der neuen gesetzlichen Regelung in § 906 I 2, 3 BGB nicht, da dort zum einen nur die Einhaltung der Grenzwerte geregelt ist, aber keine Aussage zur Überschreitung getroffen wird, zum anderen ausdrücklich nur eine Bindungswirkung bezüglich des Wesentlichkeitsmerkmals erreicht werden soll.[123] Dass die Einhaltung von Grenzwerten dem Kläger nicht beweiserleichternd helfen kann, versteht sich von selbst.
Hier gilt also unabhängig von § 906 I 2, 3 BGB die alte Rechtsprechung weiter, wonach die Überschreitung der Grenzwerte »in der Regel« darauf hinweist, dass eine schädliche und für die Beeinträchtigung kausale Umwelteinwirkung vorliegt.[124] Unter

116 Dafür Gimpel-Hinteregger, S. 190
117 Insbesondere Gimpel-Hinteregger, S. 190 f.; Gamsjäger, S. 100; wohl auch in diese Richtung tendierend Rummel/Reischauer § 1302, Rn. 1
118 Gimpel-Hinteregger, S. 192
119 OGH JBl 1991, 110
120 Jabornegg: Der Schutz der Umwelt durch das Zivilrecht. In: VR, 1988, 53
121 Gimpel-Hinteregger, S. 193; Jabornegg, Privatrecht und Umweltschutz III, S. 16
122 Jabornegg, Privatrecht und Umweltschutz III, S. 16
123 Siehe Bitzer, S. 185
124 So zuletzt BGHZ 121, 248, 251; 120, 239, 256; 92, 143, 147; dazu Horst, Rn. 674

Ausdehnung von § 287 dZPO auf die haftungsbegründende Kausalität wird dadurch erreicht, dass die Darlegungslast des Klägers reduziert wird, da es im Rahmen der Beweiswürdigung für die Annahme der Kausalität ausreichend ist, wenn »nur« die Überschreitung der Grenzwerte bewiesen ist.
Andere wollen dem Betroffenen im Falle der Überschreitung der gesetzlichen Grenzwerte allerdings einen über diese Rechtsprechung hinausgehenden Vorteil dadurch zukommen lassen, dass sie annehmen, dass ein Anscheinsbeweis hinsichtlich der Kausalität vorliege[125] oder, noch weitergehender, eine Umkehr der Beweislast gegeben sei, mit der Folge, dass nicht nur der Gegenbeweis, sondern durch den Emittenten der Hauptbeweis zu führen ist, dass die eingetretene Beeinträchtigung nicht auf seine Emission zurückgeht.[126] Dies wird aus Sphärengesichtspunkten für notwendig gehalten, da der Emittent den Risiko- und Gefahrenbereich beherrsche.[127] Auch der BGH sieht die Möglichkeit einer Beweislastumkehr bei Richtwertüberschreitung.[128]
Umgekehrt besteht Einigkeit, dass allein die Einhaltung von Grenzwerten nicht die Feststellung einer Nichtursächlichkeit rechtfertigt.[129] Die Rechtsprechung sieht allerdings auch keine Möglichkeit der Beweiserleichterung[130], während diese in der Literatur stark diskutiert wird. Dem Kläger soll aus Beweisnotgründen unabhängig von der Einhaltung von Grenzwerten ebenfalls mit Beweiserleichterungen bezüglich des Kausalitätsnachweises geholfen werden. Sofern hinreichend konkrete Umstände auf die Kausalität hinweisen, kann nach einer Ansicht der Anscheinsbeweis angewendet werden.[131] Andere sehen die Notwendigkeit einer Herabsetzung des Beweismaßes auf die überwiegende Wahrscheinlichkeit[132] oder auch hier einer Ausdehnung von § 287 dZPO.[133]

c. Stellungnahme

Die Vorschläge zur Beweiserleichterung in Österreich wie in Deutschland sind sämtlich schon deshalb problematisch, weil sie letztlich den Kausalitätsbegriff selbst und nicht nur dessen – erleichterten – Nachweis betreffen. Ein eigener immissionsbezogener Kausalitätsbegriff bedürfte sicherlich einer gesetzlichen Grundlage.[134] In Österreich wird die Fragwürdigkeit der Ausdehnung vorhandener gesetzlicher Anknüpfungspunkte und allgemeiner Rechtsgrundsätze anhand des weit ausholenden Rückgriffs auf das »Gerechtigkeitsgebot« und das »Effizienzgebot«[135] zur Stützung der Argumentation für einen speziell nachbarrechtlichen Kausalitätsnachweis sehr deutlich. Hier ist erkennbar, dass für das gewünschte Ergebnis nur rechtspolitische, nicht rechtssystematische Begründungen angeführt werden können.

---

125 So Baur, JZ 1974, 657, 660; Mittenzwei, MDR 1977, 104
126 Walter, NJW 1978, 1158; Baumgärtel, Beweislast, § 906, Rn. 10; Marburger GA, C123; Marburger/Herrmann, JuS 1986, 354, 358; Hager, JZ 1998, 361; Abraham, S. 69
127 Abraham, S. 69 m w. N.
128 BGHZ 92, 143, 147
129 BGH NJW 1997, 2748, 2749 f., Bitzer, S. 175
130 Sonst hätte jedenfalls BGH NJW 1997, 2748 darauf eingehen müssen
131 Marburger GA, C 123 f.
132 Walter, NJW 1978, 1158, 1159
133 Marburger/Herrmann, JuS 1986, 354, 358
134 Vgl. Staudinger/Kohler, Einf. 147 zum UmweltHG
135 Gimpel-Hinteregger, S. 190

Es besteht die Gefahr, dass die Tendenz zu einer überwiegenden Verursachungswahrscheinlichkeit im Ergebnis über das Ziel hinausgeht und zu einer Verdachtshaftung führt, die sicherlich bereits in bezug auf Großemittenten problematisch, Kleinemittenten betreffend aber sicherlich übermäßig wäre und von den nachbarrechtlichen Vorschriften in beiden Ländern auch keinesfalls mehr gestützt würde. Es wird ohnehin häufig der Fehler gemacht, bei der Argumentation zu sehr auf Großemittenten und Betriebsanlagen zu schauen. Sicherlich hat dies besondere Überzeugungskraft, jedoch muss dann auch die sich unmittelbar anschließende Frage beantwortet werden, ob die Beweiserleichterung nur dort, wo sie argumentativ besonders überzeugend scheint, gelten soll. Sphärengesichtspunkte sind im »klassischen« Nachbarschaftsverhältnis weit weniger fruchtbar zu machen als bei Großemittenten. Will man die Argumentation hier nicht heranziehen, muss entschieden werden, ob die anwendbaren Beweislastregeln von den streitenden Parteien abhängig sein sollen. Dass dies höchst problematisch wäre, ist augenfällig, weshalb sich umgekehrt aber auch die Schwäche eines generellen Sphärenansatzes zeigt.
Letztlich kann an verschiedene Modifizierungen der Anforderungen an den Kausalitätsnachweis durchaus gedacht werden, sofern sich im Rahmen der beweiserleichternden allgemeinen Grundsätze Konstellationen ergeben, die deren Anwendung erlauben. Es kann daher nicht von allgemeiner Gültigkeit sein, wenn man bei Überschreitung der Grenzwerte die Grundsätze des Anscheinsbeweises oder eine automatische Beweislastumkehr für anwendbar hält. Durchaus sind aber Fälle denkbar, wo sich aufgrund typisierter Fallgestaltungen sagen lässt, dass bestimmte Emissionen spezifische Immissionswirkungen haben. Kann der Kläger z. B. die Gleichartigkeit von Emission und ihn beeinträchtigenden Immission nachweisen oder haben Emission und Immission einen ganz individuellen Wirkungszusammenhang und gibt es in der Umgebung nur den Beklagten als in Frage kommenden Emittenten, dann reicht dies sicher für den Beweis des ersten Anscheins aus, dass die Emission des Beklagten diese Beeinträchtigung bewirkt hat. Dem kann auch nicht entgegengehalten werden, dass die im deutschen Umwelthaftungsgesetz normierte Kausalitätsvermutung gerade für die Fälle unanwendbar ist, in denen eine Anlage bestimmungsgemäß betrieben werde.[136] Es klingt nur auf den ersten Blick eingängig, dass für den Anscheinsbeweis typische Wirkungsweisen nicht relevant werden können, wenn sie mit anlagetypischen und damit sogar nicht einmal der Vermutungsregel des § 6 UmweltHG unterfallenden Emissionen zusammenhängen. Der aufgrund seiner Vermutungswirkung eine Beweislastumkehr bewirkende § 6 UmweltHG kann für die Fälle, in denen dem Betroffenen außerhalb des UmweltHG schon eine beweiserleichternde Wirkung durch allgemeine Anscheinsbeweisgrundsätze zukommt, ja keine Schlechterstellung bewirken.[137]
Geht es dagegen z. B. um Emissionsrichtwerte, die nicht im Hinblick auf bestimmte typische Beeinträchtigungen vorgenommen worden sind, kann deren Überschreitung kein besonderer Wert zugemessen werden. Der Überschreitung von Immissionsrichtwerten kommt hinsichtlich Kausalitätsfragen naturgemäß keine beweiserleichternde Bedeutung zu.

136 So aber OLG Köln VersR 1993, 894
137 Ähnlich Bitzer, S. 176 f.

Beweiserleichterungen bis hin zur Beweislastumkehr kann sicherlich auch eine festgestellte Verletzung von Schutzgesetzen nach § 823 II BGB oder von Verkehrssicherungspflichten durch den Emittenten seine Emission betreffend bewirken.[138] Dasselbe gilt im Fall eines beweisvereitelnden Tätigwerdens des Beklagten.
§ 287 dZPO kann zur Beweiserleichterung bei der haftungsbegründenden Kausalität nicht herangezogen werden. Auch wenn letztlich unklar bleibt, ob der BGH eine Heranziehung von § 287 dZPO tatsächlich auch zur Überbrückung von Zweifeln der haftungsbegründenden und nicht nur der haftungsausfüllenden Kausalität für möglich hält[139], bliebe die Heranziehung von § 287 dZPO selbst als Rechtsgedanke für die haftungsbegründende Kausalität letztlich nur die Verschleierung einer Befürwortung eines besonderen Kausalitätsbegriffs im privaten Immmissionsnachbarrecht.
Die Notwendigkeit eines solchen ist nach alledem – nur noch – für diejenigen Fälle zu diskutieren, in denen Anscheinsbeweis und Beweislastumkehr nach den allgemeinen Regeln versagen, mithin die »wirklichen« Problemfälle, bei denen weitgehend ungeklärt ist, wie die Wirkungszusammenhänge zwischen beeinträchtigender Immission und dafür verantwortlich gemachter Emission aussehen. Neben der Problematik einer Gesetzesgrundlage stellt sich die weitere Frage einer Übermaßhaftung des nur potentiellen Verursachers. Generell eine nur überwiegende Wahrscheinlichkeit zum Maßstab zu machen, ist *de lege lata* sicherlich nicht möglich. Es muss deshalb dabei bleiben, dass verbleibende Zweifel an der Ursächlichkeit zu Lasten des beweisführenden Klägers gehen. Jedoch sind – entgegen dem, was angesichts der geführten Diskussion anzunehmen wäre – die Beweisnotfälle, in denen nicht schon eine allgemeine Beweisregel dem Kläger helfen könnte, nicht die Regel. Das gilt auch deshalb, weil sicherlich ohne große dogmatische Not dem Kläger schon für seine Substantiierungslast ein Rahmen gezogen werden kann, der keine überspannten Anforderungen stellt. Hier ist daran zu denken, dass eine abgestufte Darlegungs- und Beweislast bereits dazu führen kann, dass dem Kläger der Vollbeweis gerade deshalb gelingt, weil der Beklagte seiner Darlegungslast nicht genügt. Insbesondere aus dem Arbeitsrecht sind Konstellationen bekannt, in denen zwar die eine Partei grundsätzlich die Darlegungs- und Beweislast für einen bestimmten Umstand trägt, die Anforderungen an den Vortrag aber der Tatsache Rechnung tragen, dass die notwendige Kenntnis bezüglich der näheren Umstände gerade die Gegenpartei hat. Dies gilt z. B. im Fall des Vortrags der Kündigungsgründe durch den Arbeitgeber bei krankheitsbedingter Kündigung.[140] Entsprechend kann daran gedacht werden, dass es u. U. ausreicht, wenn der Kläger einen plausiblen Ursachenzusammenhang darlegen kann und es ihm lediglich an spezifischen Informationen aus der Sphäre des Emittenten fehlt, um diesen zu verifizieren. Wenn dann der Emittent nicht darlegt, warum es doch zu diesem Wirkungszusammenhang nicht gekommen sein kann und entsprechende Unterlagen nicht vorlegt, dann kann die Ursächlichkeit durchaus auf die bloß plausible Kausalität gestützt werden. Ferner können zur Informationsbeschaffung durch den Kläger auch die Möglichkeiten des besonderen Besichtigungsrechts gemäß § 809 2. Alt. BGB und das materielle Recht aus § 810 BGB wie das prozessuale Recht aus § 422 ZPO zur Urkundenvorlage

---

138 Vgl. Staudinger/Kohler, Einl. 244 zum UmweltHG

139 Zur unterschiedlichen Interpretation von BGHZ 70, 102 vgl. bei Staudinger/Kohler, Einl. 234 und 243 zum UmweltHG, Bitzer, S. 178 f.

140 Siehe dazu BAGE 43, 129

durch den Gegner helfen.[141] Nach § 4 Abs 1 Satz 1 des deutschen Umweltinformationsgesetz[142] vom 8. Juli 1994 bzw. § 4 Abs. 1 des österreichischen Umweltinformationsgesetzes vom 1. Juli 1993[143], besteht außerdem für jedermann ein Anspruch auf freien Zugang zu umweltrelevanten Behördendaten.
Auch für Probleme durch Multikausalität bieten die bestehenden Regelungen genügend Ansatzpunkte und in diesem Bereich sind auch im Hinblick auf die haftungsbegründende Kausalität Analogien denkbar, so etwa für den Anwendungsbereich von § 1301 ABGB oder § 830 BGB. Hier darf die Analogie aber nicht auf Fälle erweitert werden, die mit Multikausalität nichts mehr zu tun haben.[144] Genauso wenig können über § 287 dZPO die Grundsätze der materiellrechtlichen Zurechnung über § 830 BGB durchbrochen werden, um eine Unsicherheit über die Ursächlichkeit überhaupt und nicht nur den Anteil der Mitursächlichkeit zu überwinden.[145]
Insgesamt verbleiben daher vielleicht doch mehr Ansatzpunkte für Beweiserleichterungen oder Beweislastumkehrmöglichkeiten im konkreten Einzelfall als diejenigen, die neue Kausalitätstheorien im Immissionsschutz für notwendig halten, bedacht haben mögen.

5. Ergebnis

Festzuhalten bleibt somit, dass trotz unterschiedlicher Ausgestaltung der zu vergleichenden Normen des Beseitigungs- und Untersagungsanspruchs im österreichischen und deutschen Nachbarrecht die Beweislast zwischen dem Geschädigten und dem Störer von der jeweils überwiegenden Judikatur in gleicher Weise verteilt wird.[146]
Nach beiden Rechtsordnungen muss der Geschädigte sein Eigentum oder seine sonstige geschützte Rechtsposition, die Beeinträchtigung und die Kausalität zwischen Emission und Beeinträchtigung nachweisen, während der Störer die Ortsüblichkeit und die Unwesentlichkeit nachzuweisen hat. Zu letzterem Ergebnis gelangt man in Österreich allerdings nur mittels dogmatisch unsauberer teleologischer Auslegung, da andernfalls einzugestehen wäre, dass dem Schutzzweck durch die bestehende Gesetzeskonzeption nicht genügend Rechnung getragen ist.
Im praktischen Ergebnis ähnlich ist auch die Einwirkung öffentlich-rechtlicher Vorschriften. Es besteht innerhalb der jeweiligen Rechtsprechung Einigkeit über die indizielle Wirkung der Einhaltung oder Überschreitung von Grenz- und Richtwerten für die Übermaßbeurteilung und darüber, dass einschlägigen Werten beweiserleichternde Wirkung im Einzelfall zukommt. Ein genereller Beweiswert wird jedoch auch von der deutschen Rechtsprechung trotz der gesetzlichen Vorgabe in § 906 I 2,3 BGB abgelehnt und damit im Wesentlichen die Rechtsprechung fortgesetzt, die vor der Gesetzesergänzung bestand und an die die österreichische Rechtsprechung angeknüpft hat. Die weiteren Ansätze insbesondere im Schrifttum beider Länder sind vor allem dadurch motiviert, dass ein genereller Beweiswert im Hinblick auf den

---

141 Hierzu ausführlich Gerlach, Privatrecht, S. 317 f., 319; s. auch Abraham S 67 f.
142 BGBl I, 1490
143 Bundesgesetzblatt Nr. 495/1993, Nr. 137/1999
144 Gegen Gimpel-Hinteregger, S. 190 ff.
145 Vgl. Staudinger/Kohler, Einl. 233 f.zum UmweltHG
146 Schwimann/Oberhammer § 364, Rn. 18 bezieht sich ausdrücklich auf die Verteilung der Beweislast nach der herrschenden Lehre in Deutschland

Kausalitätsnachweis im Interesse eines effektiven privatrechtlichen Immissionsschutzes für notwendig erachtet wird. Soweit hier nicht bereits in großzügigem Umfang durch anerkannte Beweisregeln zufriedenstellende Ergebnisse zu erzielen sind, ist jedoch festzustellen, dass *de lege lata* keine Möglichkeit besteht, den Kausalitätsnachweis im privaten Nachbarrecht auf eine potentielle Verursacherhaftung herabzusetzen. Dies wäre keine beweisrechtliche Modifizierung mehr, sondern die Schaffung eines spezifischen Kausalitätsbegriffs für Immissionsbeeinträchtigungen.

II. Rechtsweg

Ansprüche des zivilen Nachbarschaftsrechts aus §§ 364 II ABGB bzw. 1004 I 1, 2 BGB sind grundsätzlich vor den ordentlichen Gerichten der jeweiligen Länder geltend zu machen.[147] Es handelt sich um eine zivilrechtliche Streitigkeit.
Zu einer unterschiedlichen Beurteilung gelangt man, wenn Verwaltungsträger beteiligt sind. Der Staat kann nicht nur als Hoheitsträger am Rechtsleben teilnehmen, sondern sich zur Erfüllung seiner öffentlichen Angelegenheiten auch den Regeln des Privatrechts bedienen.
In Österreich ist eine gegen Verwaltungshandeln gerichtete Klage vor den ordentlichen Gerichten, gestützt auf das zivile Nachbarschaftsrecht, nur dann ausgeschlossen, wenn Maßnahmen der Hoheitsverwaltung abgewehrt, insbesondere der Staat zur Vornahme hoheitlicher Tätigkeit gezwungen werden soll.[148] Unter Bezugnahme auf die auch den Staat als Eigentümer treffenden zivilrechtlichen Verpflichtungen werden im Übrigen zivilrechtliche Klagen gegen Hoheitsträger zugelassen.
Dem gegenüber sind die Klagemöglichkeiten in Deutschland eingeschränkter. Selbstverständlich sind Klagen gegen hoheitliche Maßnahmen oder auf Vornahme solcher auch in Deutschland gemäß § 40 VwGO vor den Verwaltungsgerichten auszutragen, insbesondere wenn die beeinträchtigenden Immissionen durch hoheitliches Verwaltungshandeln verursacht werden (etwa bei militärische Anlagen).[149] Darüber hinaus wird das Klagerecht des betroffenen Grundstückseigentümers im Zivilrechtsweg aber auch dann eingeschränkt, wenn Immissionen durch Anlagen der öffentlichen Daseinsvorsorge verursacht werden, wie dies etwa bei einer gemeindlichen Kläranlage oder einem gemeindlichen Kindergarten der Fall ist.[150] Allerdings nimmt hier nicht allein die Tatsache, dass das emittierende Grundstück einer öffentlich-rechtlichen Körperschaft zugeordnet ist, dem Beeinträchtigten den Rechtsweg zu den Zivilgerichten, sondern dies gilt dann, wenn die Störungen Begleitumstände gerade einer öffentlichen Tätigkeit darstellen. Dies hat zur Folge, dass, soweit sich der Staat zivilrechtlicher Mittel bedient, dass Klagerecht wieder hergestellt wird.[151] Beispielhaft sei erwähnt, dass der Straßenbau grundsätzlich dem öffentlichen

147 Vgl. für Österreich: OGH JBl. 1990, 450; Jabornegg GA, S. 85; Schwimann/Oberhammer § 364, Rn. 19; vgl. für Deutschland: Erman/Hefermehl § 1004, Rn. 46; Staudinger/Gursky § 1004, Rn. 222; eingehend Soergel/Mühl § 1004, Rn. 202 m w. N.

148 OGH SZ 15/118; SZ 55/55; Rummel/Spielbüchler § 364, Rn. 6; Schwimann/Oberhammer § 364, Rn. 10; Jabornegg GA, S. 85

149 BGHZ 5, 76; 29, 314, 317; Papier, NJW 1974, 1797; Staudinger/Gursky § 1004, Rn. 223; Soergel/Baur § 903, Rn. 115

150 BGHZ 91, 20, 22; NJW 1976, 570; Staudinger/Gursky § 1004, Rn. 223

151 BGHZ 41, 264

Recht zugeordnet wird. Sind mit der Durchführung der Arbeiten jedoch Privatunternehmen betraut, begibt sich die öffentliche Hand in den Bereich des Privatrechts.[152]
Die unterschiedliche Ausgestaltung der Rechtsverfolgungsmöglichkeiten des betroffenen Eigentümers in Österreich und Deutschland ist darauf zurückzuführen, dass die Unterlassung und Beseitigung von öffentlich-rechtlichen Störungen im österreichischen Verwaltungsrecht nicht entsprechend dem deutschen Regelungsgefüge ausgestaltet ist und es zwecks Steigerung der Rechtsstellung des Betroffenen als notwendig erachtet wird, dessen Klagemöglichkeiten vor den ordentlichen Gerichten zu erweitern.[153]
In Deutschland ist seit Einführung des Gesetzes zur außergerichtlichen Streitbeilegung vom 15. Dezember 1999[154] noch zu beachten, dass nunmehr nach § 15 a EGZPO u.a. in Streitigkeiten nach § 906 BGB durch Landesgesetz bestimmt werden kann, dass die Erhebung der Klage erst zulässig ist, nachdem von einer durch die Landesjustizverwaltung eingerichteten oder anerkannten Gütestelle versucht worden ist, die Angelegenheit einvernehmlich beizulegen. Eine Reihe deutscher Bundesländer haben davon Gebrauch gemacht.[155] Die Regelung gilt jedoch nicht, wenn die Emissionen von einem gewerblichen Betrieb ausgehen.[156]

III. Gerichtsstand

Nachbarliche Abwehrklagen gegen die Beeinträchtigung von Grundeigentum und dessen Nutzungsmöglichkeit fallen in Deutschland unter die sog. Eigentumsklagen, für die die Vorschrift des § 24 I dZPO[157] einen ausschließlichen dinglichen Gerichtsstand normiert. Ausschlaggebend ist allein die Lage des Grundstücks des Betroffenen und zuständig ist das Gericht, in dessen Gerichtsbezirk dieses Grundstück gelegen ist.
Entsprechendes gilt für Österreich. Zuständig ist auch hier das Gericht, in dessen Bezirk das beeinträchtigte Grundstück gelegen ist (§ 81 JN).[158]

IV. Klageantrag und Urteilstenor

Problematisch gestaltet sich bei zivilrechtlichen Nachbarschaftsprozessen im Bereich des Umweltrechts oftmals die Fassung der Klageschrift und entsprechend die Tenorierung des klagestattgebenden Urteils. Die auftretenden Probleme liegen darin, dass häufig nicht sicher ist, welche Maßnahmen seitens des Störers erforderlich sind, um die Störung zu vermeiden und dass zu berücksichtigen ist, dass nicht sämtliche Immissionen untersagt werden können, sondern nur solche, die die We-

---

152 BGHZ 48, 98, 103; 72, 289, 293
153 Vgl. Gimpel-Hinteregger, S. 307
154 BGBl I, 2400
155 Baden-Württemberg, Bayern, Brandenburg, Hessen, Nordrhein-Westfalen, Saarland, Sachsen-Anhalt, Schleswig-Holstein; siehe dazu im Einzelnen Schönfelder § 15 a EGZPO Fn. 4
156 Dazu Hartmann, NJW 1999, 3745, Enders, JurBüro 2000, 113 f.
157 BayObLGZ 1996, 14, 15
158 OGH SZ 68/55; Rummel/Spielbüchler § 364, Rn. 17

sentlichkeitsgrenzen der §§ 364 II ABGB bzw. 906 I BGB überschreiten.[159] Die Probleme werden schon relevant bei der Beurteilung, ob die Klageschrift den Anforderungen an ihre hinreichende Bestimmtheit nach § 253 II Nr. 2 dZPO bzw. § 226 öZPO genügt. Außerdem ist zu beachten, dass der Kläger ein Teilunterliegen riskiert, wenn er seinen Klageantrag mit Blick auf die Wesentlichkeitsgrenze zu weit fasst, da die Klage »im Übrigen« abgewiesen wird.

Entscheidend für die Fassung von Klageantrag und Urteilstenor ist, dass sowohl § 1004 I BGB als auch § 364 II ABGB nur auf den Erfolg der Störungshandlung als Eingriffsgegenstand abstellen. Dies bedingt, dass im Regelfall Ziel der Klage ausschließlich die Verurteilung des Beklagten zur Vermeidung eben dieses Erfolgs sein kann, während es dem Störer selbst obliegt, die dafür geeigneten Maßnahmen zu bestimmen. Dementsprechend darf die Klageschrift und das Begehren allein auf die Sicherstellung des Unterlassens durch geeignete Maßnahmen und Vorkehrungen gerichtet sein.[160] In Deutschland kann auch der Beseitigungsausspruch nur »geeignete Maßnahmen« fordern. Konkreter ist der Antrag nur dann zu fassen, wenn feststeht, dass die Vermeidung und Beseitigung der Störung nur durch eine bestimmte Handlung erfolgen kann.[161]

Diese Differenzierung beim Beseitigungsanspruch hat sich im Vergleich zu Österreich herausgebildet, da in Deutschland anerkannt ist, dass auch das Beseitigungsbegehren vielfach durch mehrere Alternativen erfüllbar ist, sodass auch in diesem Fall dem Störer die Auswahl der Mittel verbleibt. So kann er etwa bei einer Beeinträchtigung durch den Betrieb einer Anlage wählen zwischen deren Stilllegung, Umgestaltung oder dem eingeschränkten Betrieb.[162] Demgegenüber wird in Österreich ein Beseitigungsanspruch nur für den Fall einer einzig verbleibenden Handlungsmöglichkeit überhaupt zugelassen.[163]

Auch hier wird wieder deutlich, dass in Österreich der Anwendungsbereich des Unterlassungsanspruchs zu Lasten des Beseitigungsanspruchs ausgeweitet wird, aber über die unterschiedliche Interpretation des Inhalts der einzelnen Ansprüche selbst gleiche Ergebnisse erzielt werden.

Soweit also in den meisten Fällen nur ein bestimmter Erfolg, nicht aber ein bestimmtes Verhalten, eingeklagt werden kann, taucht die Frage nach den Anforderungen an die Bestimmtheit des zu stellenden Antrags auf. Zu beachten ist die Gefahr der Ineffizienz bei zu eng gefasstem Unterlassungsgebot. Um dies zu vermeiden, kann der Antrag bzw. der Tenor insoweit offen gehalten sein, als das Ziel auf die Vermeidung allgemeiner Störungen bestimmter Art, wie etwa Geräusche oder Gerüche, gerichtet wird, während die Frage der vorzunehmenden Handlung offen

---

159 BGH NJW 1977, 146; NJW 1993, 1656, 1657; Palandt/Bassenge § 1004, Rn. 26; Soergel/Mühl § 1004, Rn. 217; Staudinger/Gursky § 1004, Rn. 227; Seidel, Rn. 843

160 Vgl. für Österreich: OGH SZ 61/278; 50/99; JBl. 1998, 309; Rummel/Spielbüchler § 364, Rn. 17; Schwimann/Oberhammer § 364, Rn. 19; Weinberger, S. 177, Hanreich/Schwarzer, S. 49 f.; vgl. für Deutschland: BGHZ 29, 314, 317; 67, 252, 253; 111, 63, 67; Staudinger/Gursky § 1004, Rn. 228; Staudinger/Roth § 906, Rn. 283; Horst, Rn. 302

161 BGHZ 67, 252, 254; OLG Köln VersR 1997, 121, 122; Staudinger/Roth § 906, Rn. 285; Schreiber, Jura 1991, 334

162 BGHZ 111, 63, 72; OLG Köln VersR 1991, 556; weitere Einzelfälle bei Staudinger/Roth § 906, Rn. 285

163 Vgl. oben F. II., III.

bleibt.[164] Im Ergebnis muss sichergestellt sein, dass nicht nur mit dem Titelwortlaut Identisches, sondern auch im Verkehr als gleichwertig Gesehenes vom ausgesprochenen Verbot mitumfasst ist.[165]
Anträge werden demnach überwiegend schon dann als hinreichend bestimmt angesehen, wenn sie auf ein am Wortlaut des Gesetzes orientiertes Begehren beschränkt sind. Folgende Beispiele seien für beide Rechtsordnungen exemplarisch angeführt:

- Beseitigungsbegehren (Deutschland)/Unterlassensbegehren (Österreich)

  Der Beklagte wird verurteilt, durch geeignete Maßnahmen zu verhindern, dass durch (genaue Bezeichnung der Immission) das Grundstück des Klägers mehr als nur unwesentlich beeinträchtigt wird.

- Unterlassungsanspruch (zukünftige Beeinträchtigung) in Österreich und Deutschland

  Der Beklagte wird verurteilt, geeignete Maßnahmen zu treffen, durch die vom Grundstück des Beklagten ausgehende, das Nachbargrundstück wesentlich beeinträchtigende Einwirkungen (genaue Bezeichnung der Immissionsart) in Zukunft verhindert werden.

In Österreich ist der Beseitigungsanspruch dadurch geprägt, dass von dem Störer nur ein ganz bestimmtes Verhalten gefordert werden darf. Dementsprechend kann anders als in Deutschland der Klageantrag nicht allgemein ein »geeignete Maßnahme« verlangen, sondern muss die bestimmte Maßnahme genau zu bezeichnen.[166]
Hinsichtlich des weiteren Problems der ungenauen Bezeichnung des noch Zulässigen, bildet sich mit fortschreitend genauer Messtechnik in beiden Ländern auch eine Rechtsprechung heraus, die möglichst genaue Angaben fordert.[167] Allerdings bleibt es dabei, dass in den Fällen, in denen zuverlässige Quantifizierungswerte fehlen – wie etwa aufgrund der Natur der Sache bei Geruchsbelästigungen –, das zulässige Mindestmaß nicht mittels Grenz- oder Richtwertregelungen spezifiziert werden kann und dann in Kauf genommen werden muss, dass sich die Auseinandersetzung in das Vollstreckungsverfahren verlagert.[168]
Zuzustimmen ist im Ergebnis den Stimmen, die zur Vermeidung dieser Verlagerung einen möglichst konkreten Urteilsspruch verlangen – bei Lärmimmissionen kann dies zum Beispiel durch Angabe einer bestimmten Phonzahl erfolgen[169] –, ohne jedoch gleichzeitig dieselben Maßstäbe bereits an den Klageantrag anzulegen. Aufgrund der Schwierigkeit bei Ermittlung und Beurteilung von Messdaten kann das, was im Urteilsspruch als zu unbestimmt angesehen werden müsste, im Klageantrag nicht als den Erfordernissen von § 253 II Nr. 2 dZPO bzw. § 226 öZPO nicht genügend ge-

---

164 Vgl. BGHZ 121, 248, 251; Soergel/Mühl § 1004, Rn. 217; Staudinger/Roth § 906, Rn. 283
165 So auch Baumbach/Lauterbach/Albers/Hartmann § 890, Rn. 2; Weinberger, S. 177
166 Vgl. oben F. II, III
167 Vgl. BGHZ 67, 252, 253; OGH SZ 50/99; vgl. zur österreichischen Differenzierung bei der Notwendigkeit der Angabe von Messergebnissen für Tages- und Nachtlärm Illedits/Illedits-Lohr, Rn. 357 (S. 150)
168 So ausdrücklich erneut BGH NJW 1999, 356; BGH NJW 1977, 146; Horst, Rn. 302
169 Vgl. für Österreich: OGH SZ 50/99; Schwimann/Oberhammer § 364, Rn. 19; vgl. für Deutschland: BGHZ 121 248, 252; 67, 252; Staudinger/Gursky § 1004, Rn. 228

wertet werden.[170] Probleme bestehen aber dann, wenn der Klageantrag beim Unterlassungsbegehren in der Weise unbestimmt ist, dass sich auch aus den Umständen nicht erkennen lässt, auf welches Klageziel die Klage gerichtet ist. Während in Deutschland gemäß §§ 139, 253 II Nr. 2 dZPO der Richter angehalten ist, auf die Stellung sachdienlicher Anträge hinzuwirken, also nach seinem Ermessen den Kläger auf die Unbestimmtheit aufmerksam zu machen hat und gegebenenfalls auf eine wietere Konkretisierung drängen kann, um dem Antrag auf diese Weise einen vollstreckungsfähigen Inhalt zu geben, ist in Österreich in §§ 84 f. öZPO ein förmliches Verfahren, das so genannte Verbesserungsverfahren, vorgesehen, dessen Ziel ebenfalls die Präzisierung des Klageantrages ist. Die Verbesserung erfolgt hier dadurch, dass entweder der Kläger zum Zweck der Präzisierung geladen wird oder der unbestimmte Schriftsatz mit der Anweisung der Behebung zurückzugestellt wird. Diese Verbesserungsaufforderung hat innerhalb einer bestimmten Frist zu erfolgen (§ 85 II öZPO).

Neben diesem verfahrensrechtlichen besteht ein weiterer wesentlicher Unterschied bezüglich der Beurteilung der Folgen eines Versäumnisses der weitergehenden Konkretisierung. In Deutschland ist es einhellige Meinung, dass ein völlig unbestimmtes Klagebegehren schon keine ordnungsgemäße Klageerhebung darstellt mit der Folge, dass die unbestimmte Klage wegen nicht ordnungsgemäßer Erhebung als unzulässig durch Prozessurteil abzuweisen ist.[171]

Einen anderen Weg geht hingegen die österreichische Rechtsprechung, die die ordnungsgemäße Klageerhebung zwar als von Amts wegen zu beachtende Klagevoraussetzung betrachtet, bei Verneinung jedoch die Klage durch Sachurteil abweist.[172]

Da auch in Österreich bei einem unbestimmten Klageantrag eine Sachprüfung gar nicht mehr durchgeführt wird, erscheint die Klageabweisung mit Prozessurteil als die dogmatisch vorzugswürdigere Konsequenz.[173]

V. Zwangsvollstreckung

Auf welche Art und Weise titulierte Beseitigungs- und Unterlassungsansprüche vollstreckt werden können, richtet sich nach dem Inhalt der zu vollstreckenden Ansprüche, d. h. entsprechend dem allgemeinen Zwangsvollstreckungsrecht ist danach zu unterscheiden, was Ziel der Zwangsvollstreckung ist. Generell kommen in Österreich und Deutschland im Rahmen der Vollstreckung von Urteilen, die in Nachbarschaftsprozessen ergangen sind, zwei Vollstreckungsarten in Betracht.

In beiden Ländern wird zwischen der Zwangsvollstreckung zur Erwirkung vertretbarer und unvertretbarer Handlungen einerseits und der Zwangsvollstreckung zur Erwirkung von Duldungen und Unterlassungen andererseits unterschieden. Ist der der Zwangsvollstreckung zugrundeliegende Titel auf die Vornahme einer bestimmten Handlung gerichtet, kommt demnach in Österreich die Vollstreckung nach den

---

170 MüKo/Medicus § 1004, Rn. 87; Staudinger/Gursky § 1004, Rn. 228

171 BGHZ 22, 257; VersR 1984, 538; Baumbach/Lauterbach/Albers/Hartmann § 253, Rn. 19; Arens/Lüke, Rn. 141 f.; vgl. auch für Österreich: Rechberger/Gitschthaler § 226, Rn. 7; ders., Rn. 1049; Klicka, S. 85 f.

172 OLG SZ 36/86; OLG RZ 1979/91; LGZ Wien MietSlg. 35.767; Weinberger, S. 178

173 So auch Fasching RZ. 1071

§§ 353, 354 EO und in Deutschland nach den §§ 887, 888 dZPO in Betracht.[174] Duldungs- bzw. Unterlassungstitel werden nach § 355 EO bzw. § 890 dZPO vollstreckt. Diese Vollstreckung ist darauf gerichtet, dass der Vollstreckungsschuldner eine bestimmte Handlung nicht (mehr) vornimmt, also unterlässt. Aufgrund der unterschiedlichen Zielsetzungen ergeben sich jeweils andere Vollstreckungsmethoden. Die verschiedenen Methoden sollen im Folgenden kurz im Vergleich vorgestellt und den Fallkonstellationen im zivilen Nachbarecht zugeordnet werden.

1. Vollstreckung von titulierten Handlungsgeboten

Bei der Vollstreckung titulierter Handlungsgebote ist in Österreich wie in Deutschland zwischen vertretbaren und unvertretbaren Handlungen zu unterscheiden.

a. Vertretbare Handlungen

Eine vertretbare Handlung liegt dann vor, wenn die gemäß dem ergangenen Urteil vorzunehmende Handlung nicht zwingend von dem Schuldner, sondern auch von irgendeinem Dritten vorgenommen werden kann und dann trotzdem noch rechtlich und wirtschaftlich der gleiche Erfolg erzielt wird, als hätte der Schuldner sie selbst vorgenommen.[175]

Die Vollstreckung erfolgt dabei in der Art und Weise, dass der Gläubiger auf Antrag im Fall der Weigerung des Schuldners, sich dem gegen ihn ergangenen Urteil zu unterwerfen, ermächtigt wird, Dritte auf Kosten des Schuldners mit der Vornahme der Handlung – Ersatzvornahme – zu beauftragen, § 887 dZPO bzw. § 353 EO.

Dabei muss die Handlung genau bezeichnet sein, wobei es in Deutschland genügt, wenn dies im Antrag geschieht und die jetzt konkret bezeichnete Handlung vom Urteilstenor getragen wird, wenngleich der Schuldner auch wählen könnte wie er erfüllt.[176] In Österreich gilt eine unbestimmte Handlungspflicht, bei der die Wahl der konkreten Maßnahme dem Schuldner verbleibt als mangels Bestimmtheit, § 7 I EO, nicht vollstreckbar.[177]

Während in Deutschland der Gläubiger in seinem Antrag die Nichterfüllung des Titels trotz objektiver Möglichkeit einer Erfüllung – insbesondere also ausreichend bemessener Zeit – behaupten muss, ist in Österreich für den Exekutionsantrag kein Vortrag zu titelwidrigem Verhalten notwendig.

b. Unvertretbare Handlungen

Im Gegensatz zur Vollstreckung vertretbarer Handlungen können unvertretbare Handlungen nicht mittels Ersatzvornahme vollstreckt werden, da es dem Gläubiger hier gerade auf die Vornahme der Handlung durch den Schuldner persönlich ankommt und auch ankommen darf. Entweder kann die Handlung von Dritten überhaupt nicht vorgenommen werden, wie z. B. bei einer höchstpersönlichen Angelegenheit wie einer künstlerischen Darbietung, oder aber der rechtliche und wirt-

---

174 Vgl. für Deutschland: Lackmann, Rn. 395, Baumbach/Lauterbach/Albers/Hartmann § 883, Rn. 3; vgl. für Österreich: Angst/Klicka § 355, Rn. 4

175 Vgl. für Deutschland: Lackmann, Rn. 396; Baumbach/Lauterbach/Albers/Hartmann § 883, Rn. 6, vgl. für Österreich: Angst/Klicka § 353, Rn. 1

176 Baumbach/Hartmann § 887, Rn. 14

177 Angst/Klicka § 355, Rn. 4

schaftliche Erfolg wäre nicht mit der vom Beklagten selbst vorzunehmenden Handlung vergleichbar, wie etwa die Zeugniserteilung; in diesen Fällen hängt die Vornahme der Handlung letztlich ausschließlich vom Willen des Schuldners ab.[178]
Die Abgrenzung, ob eine vertretbare oder unvertretbare Handlung verlangt wird, richtet sich somit danach, ob der Gläubiger ein rechtlich geschütztes Interesse an der Vornahme der Handlung durch den Schuldner selbst hat. Da die Zwangsvollstreckung nicht weiter gehen soll als notwendig, besteht kein Grund, den Schuldner zur Vornahme zu zwingen, wenn dies nicht der Fall ist[179]
Die Vollstreckung unvertretbarer Handlungen kann nach alledem nicht dadurch erfolgen, dass Dritte an Stelle des Schuldners die Handlung vornehmen. Vielmehr ist erforderlich, dass Druck auf den Schuldner ausgeübt wird, um diesen zur Vornahme zu zwingen. Dies geschieht durch Zwangsmittel. Dabei kann dem Schuldner für den Fall der fortgesetzten Weigerung der Vornahme der ausgeurteilten Handlung Zwangsgeld und Zwangshaft angedroht und auferlegt werden (§§ 354 EO; 888 dZPO). Zu beachten ist, dass die Zwangsmaßnahmen reinen Beugecharakter haben und daher dann nicht mehr in Frage kommen, wenn die Vornahme der Handlung dem Schuldner selbst unmöglich geworden ist.[180]
Typische Fälle der Vollstreckung von unvertretbaren Handlungen sind der Widerruf von ehrkränkenden Äußerungen oder der Abdruck von Gegendarstellungen.[181]
Unterschiede zwischen Österreich und Deutschland bestehen hinsichtlich der in Betracht kommenden Zwangsgelder[182], die in Österreich für eine einzelne Maßnahme auf 100.000.- Euro begrenzt sind[183], während die Obergrenze in Deutschland bei § 888 dZPO 25.000.- Euro beträgt. In Österreich kann Zwangshaft frühestens als zweite Strafe[184] verhängt werden während in Deutschland das Vollstreckungsgericht immer wählen kann, ob es Zwangsgeld oder Zwangshaft festsetzt; neben Zwangsgeld kann nur ersatzweise Zwangshaft angeordnet werden. Ersatzhaftstrafen finden in Österreich nach § 354 EO nicht statt.[185] Einzelhaftstrafen sind in Österreich bis zu zwei Monaten[186] zulässig, die Gesamtdauer darf ein Jahr[187] nicht überschreiten. In Deutschland ist Ordnungshaft bis zu jeweils sechs Monaten, insgesamt bis zu zwei Jahren zulässig.
Auch hier ist in Österreich im Exekutionsantrag Vortrag zu titelwidrigem Verhalten nicht notwendig, die Beugemittel sind jedoch anzudrohen und erst mit einem weiteren Beschluss zu vollziehen.[188]

---

178 Vgl. für Deutschland: Arens/Lüke, Rn. 701; Lackmann, Rn. 397; vgl. für Österreich: Angst/Klicka § 354, Rn. 1
179 Lackmann, Rn. 398; Arens/Lüke, Rn. 699
180 Vgl. für Deutschland: Lackmann, Rn. 405; Arens/Lüke, Rn. 702; vgl. für Österreich: Angst/Klicka § 354, Rn. 20
181 Vgl. MüKo/Medicus § 1004, Rn. 91;
182 Die österreichische Terminologie spricht von »Geldstrafe«
183 Näher Angst/Klicka § 354, Rn. 20
184 Angst/Klicka § 354, Rn. 21
185 Angst/Klicka § 354, Rn. 20
186 § 361 EO
187 LGZ Wien RpflE 1882/11
188 Angst/Klicka § 354, Rn. 8

2. Vollstreckung von Duldungs- und Unterlassungstiteln

Dem gegenüber gelten für die Vollstreckung von Unterlassungsverpflichtungen andere Regelungen, in Österreich § 355 EO und in Deutschland § 890 dZPO. Hier soll der Beklagte gerade nicht dazu angehalten werden, eine bestimmte Handlung vorzunehmen, sondern ihm wird ein Verhalten verboten. Aufgrund dessen kommt hier denklogisch nur die Drohung mit Strafen oder Beugemaßnahmen für den Fall der Zuwiderhandlung in Betracht. Das die Ordnungsstrafe auslösende Verhalten setzt nach absolut herrschender Auffassung ein Verschulden des Schuldners voraus.[189] Für die höchst zulässige Einzelstrafe gilt für Österreich das zu § 354 EO Gesagte, in Deutschland liegt die Obergrenze des einzelnen Ordnungsgeldes bei 250.000.- Euro. Das Ordnungsgeld ist in Österreich je Exekutionsantrag, in Deutschland je Zuwiderhandlung verwirkt.[190]
Während in Deutschland gemäß § 890 II dZPO dem Erlass einer Ordnungsmaßnahme eine Androhung derselbigen vorausgehen muss, ist eine solche in Österreich hier nicht vorgesehen.[191] Jedoch muss der Gläubiger auch in Deutschland nicht bis zum Beginn der Vollstreckung warten, sondern er ist berechtigt, bereits im Vollstreckungstitel selbst für jeden Fall der Zuwiderhandlung ein konkretes Ordnungsgeld oder eine konkrete Ordnungshaft festsetzen zu lassen (§ 890 II dZPO).

3. Besonderheiten der Vollstreckung nachbarschaftsrechtlicher Abwehransprüche

Bei der Zuordnung der nachbarrechtlichen Abwehrtitel zu den Vollstreckungsarten zeigen sich besondere Schwierigkeiten, die mit der unterschiedlichen Anwendungsbereich von Beseitigungs- und Unterlassungsanspruch[192] und der weitgehend unkonkreten Tenorierung zusammenhängen.

a. Österreich

Ausgehend vom weiten Anwendungsbereich des Unterlassungsanspruchs auf sämtliche Ansprüche, deren Erfüllung durch mindestens zwei Alternativen möglich ist, ist auch die Vollstreckung nach den Regeln des § 355 EO vorherrschend. Dadurch soll gewährleistet werden, dass die Grundsatzentscheidung der Freiheit der Wahl der Mittel in der Zwangsvollstreckung fortgeführt wird.[193]
Eine Vollstreckung in Form der Ersatzvornahme kann danach nur dann in Betracht kommen, wenn bereits im Erkenntnisverfahren eine Verurteilung zu einer bestimmten Handlung erfolgt ist, mithin ein Beseitigungsbegehren erfolgreich durchgesetzt wurde. In diesem Fall hat sich die Zwangsvollstreckung dann an §§ 353 f. EO zu

---

189 BVerfG NJW 1991, 3139; BGH NJW 1994, 45, 46; Arens/Lüke, Rn. 704; Thomas/Putzo § 890, Rn. 15; siehe für Österreich aber Angst/Klicka § 354, Rn. 20: danach ist auch für den Einsatz von Beugemitteln Verschulden des Schuldners für die Nichtvornahme erforderlich, wobei aber das Nichtverschulden auf die Unmöglichkeit verengt wird, die unstreitig den Einsatz von Beugemitteln nicht erlaubt

190 Für Österreich bedeutet dies, dass der Gläubiger für jeden Verstoß einen gesonderten Antrag stellen muss, wenn er effektiv vollstrecken will; zur Fragwürdigkeit dieser Regelung vgl. Angst/Klicka § 355, Rn. 20

191 Vgl. Angst/Klicka § 355, Rn. 14

192 Vgl. oben F. III

193 Lepeska RdU 2000, 97, 100; Angst/Klicka § 355, Rn. 4

orientieren.[194] Dabei ist sich die österreichische Rechtsprechung darüber im klaren, dass der nachbarrechtliche Unterlassungsausspruch zumeist die Gestalt eines Erfolgsverbots hat, welches durchaus durch Handlungen erreicht werden muss. Dennoch wird erst bei Eintritt des verbotenen Erfolges nach § 353 EO vollstreckt, um nunmehr die den Erfolg verhindernden Handlungen zu unternehmen,[195] um eben dem materiellrechtlichen Dogma, dass keine konkrete Maßnahme gefordert werden kann, gerecht zu werden. Da der Anwendungsbereich des § 355 EO dabei verlassen wird und da die Differenzierung zwischen §§ 353, 354 EO einerseits und § 355 EO andererseits eigentlich nach dem Schuldinhalt vorzunehmen ist, handelt es sich richtigerweise um eine nur analoge Anwendung.[196]

b. Deutschland

In Deutschland ist strittig, ob auf nachbarrechtliche Abwehransprüche die Handlungs- oder die Unterlassungsvollstreckung Anwendung findet.
Eine Ansicht will allein den Wortlaut des Tenors des Vollstreckungstitels heranziehen. Lautet dieser auf »Beseitigung«, ist dieses Urteil gemäß den §§ 887 f. dZPO zu vollstrecken, ist ein »Unterlassen« Gegenstand des Tenors, ist dieser Titel mit Hilfe der Androhung von Ordnungsmitteln gemäß § 890 dZPO durchzusetzen.[197]
Eine andere Ansicht will nicht am Wortlaut des Titels festhalten, sondern auf die tatsächliche Verpflichtung des Schuldners, die für diesen mit dem Urteilsspruch verbunden ist, abstellen. Da ein Unterlassungsurteil tatsächlich auf die Verpflichtung zu einem positiven Tun gerichtet sein kann und umgekehrt ein Beseitigungsurteil praktisch auch auf ein bloßes »Nicht-mehr-Tätigwerden« hinauslaufen kann, müsse sich die Vollstreckung immer an der tatsächlichen Verpflichtung ausrichten.[198] Dann, wenn Zweck eines Unterlassungstitels rein tatsächlich die Beseitigung bzw. Beendigung eines störenden Zustandes sei, soll die Vollstreckung nach §§ 887 f. dZPO mittels der Erzwingung der Vornahme einer Handlung erfolgen und nur im Fall einer erst befürchteten Störerhandlung gemäß § 890 dZPO vollstreckt werden.[199]
Dass dem Schuldner die Wahl der Maßnahmen überlassen bleibe, stehe der Vollstreckung auch eines Unterlassungsurteils nach den §§ 887, 888 dZPO nicht entgegen.[200] Hier wird der Ansicht jedoch entgegengehalten, dass eine Vollstreckung mittels Ersatzvornahme in diesem Fall immer ausscheide.[201] Dem wird entgegengehalten, dass im Vollstreckungsverfahren die Konkretisierung dem Gläubiger zugewiesen sei und dieser im Vollstreckungsantrag die vom Schuldner vorzunehmenden Maßnahmen so genau wie möglich zu bezeichnen habe.[202]

---

194 Lepeska, S. 80 f.; Schwimann/Oberhammer § 364, Rn. 21
195 OGH SZ 65/145
196 Vgl. Angst/Klicka § 355, Rn. 4; Lepeska, RdU 2000, 97, 100; ders., S. 80 f.
197 OLG Hamburg WRP 1989, 402, 403; Soergel/Mühl § 1004, Rn. 218; Lackmann, Rn. 413; Schreiber, Jura 1991, 334; MüKoZPO/Schilken § 890, Rn. 3
198 Staudiner/Gursky § 1004, Rn. 226
199 BGH MDR 1982, 395; OLG Karlsruhe NJW 1972, 1811; Stein/Jonas/Brehm § 887, Rn. 9; Thomas/Putzo § 890, Rn. 4; Staudinger/Gursky § 1004, Rn. 237; Staudinger/Roth, Rn. 253
200 Staudinger/Gursky § 1004, Rn. 226; Stein/Jonas/Münzberg § 887, Rn. 38
201 OLG Düsseldorf OLGZ 1976, 376; dass. NJW-RR 1988, 63
202 Staudinger/Gursky § 1004, Rn. 226; a. A. OLG Düsseldorf NJW-RR 88, 63 unter Hinweis auf eine dahingehende Überforderung des Gläubigers

Die Rechtsprechung vollstreckt zunehmend nach § 887 ZPO, wenn durch das Gebot »geeignete Maßnahmen« zur Vermeidung eines bestimmten Erfolges vertretbare Handlungen notwendig werden[203]; ältere Rechtsprechung hat aber auch dann die Unterlassungsvollstreckung für gegeben gehalten.[204]
Für den Fall, dass ein Erfolgsverbot durch ein Handeln (z. B. Lärmschutz) oder ein Unterlassen (Nichtinbetriebnahme) erfüllt werden kann, wird für die Vollstreckung § 890 dZPO für vorzugswürdig gehalten.[205] Es gibt aber auch den Vorschlag, mit Blick auf § 264 I BGB dem Gläubiger generell ein Wahlrecht zwischen Unterlassungs- und Handlungsvollstreckung einzuräumen.[206]

c. Stellungnahme

Sicher ist, dass die Zuweisung der Vollstreckungsart nicht nach dem Wortlaut des Titels geschehen kann. Aufgrund der oftmals sprachlichen und nicht dogmatisch-rechtlichen Beweggründe für eine gewählte Tenorierung, sollte nicht allein an dem Wortlaut eines Tenors festgehalten werden, zumal die erkennenden Gerichte sich die Folgeproblematik in der Zwangsvollstreckung häufig gar nicht bewusst machen. Die Bestimmung der Vollstreckungsart aufgrund der Art der zur Erfüllung der durch das Urteils notwendigen Verhaltens ist daher vorzuziehen. Zur Bestimmung des Inhalts der Verpflichtung sind Tenor und Entscheidungsgründe heranzuziehen.
Systemgerecht ist die nachbarrechtliche Vollstreckung in Deutschland wie in Österreich nur, wenn das tatsächlich geschuldete Verhalten herausgefiltert und zugeordnet wird. Die vorrangige Unterlassungsvollstreckung im Fall der wahlweisen Erfüllung eines Urteils ist problematisch, weil sie dem Gläubiger die wichtige vom Schuldnerwillen unabhängige Ersatzvornahmevollstreckung nimmt.
Es mag materiell-rechtlich richtig sein, dass ein Unterlassungs-, in Deutschland u. U. auch ein Beseitigungsanspruch, nicht so weit reicht, dass dem Schuldner bestimmte Maßnahmen vorgeschrieben werden können. In die Zwangsvollstreckung kann dies aber nicht in der Weise hineinwirken, dass eine zur Erfüllung geeignete und objektiv schonende Maßnahme, die vertretbare Handlung wäre, nicht durchgesetzt werden kann.
Die Störungsunterlassung bzw. -beseitigung ist zumeist nicht an den Störer gebunden; wer die Störung beseitigt, ist dem Gläubiger rechtlich gesehen – auf ein bloß ideelles Interesse kommt es nicht an – gleichgültig.[207] Auch wenn der Schuldner in der Weise mitwirken muss, dass er den Zugang zu seinem Betrieb gewähren müsste, damit Anlagen abgeschaltet oder bestimmte Maßnahmen zur Reduzierung der gegenwärtigen Immissionen an den Anlagen des störenden Betriebes vorgenommen werden können, ist damit noch keine unvertretbare Handlung gefordert. In solchen Fällen kann sich der Gläubiger mittels eines Gerichtsvollziehers Zugang zu den Anlagen verschaffen und die notwendigen Handlungen vornehmen lassen (§ 892 dZPO).[208] Auch in Österreich erfolgt die Vollstreckung solange nach den Vorschriften über vertretbare Handlungen wie der Verpflichtete es jedenfalls zunächst selbst in

203 OLG Düsseldorf MDR 1998, 734; OLG Saarbrücken MDR 2000, 784
204 BGH MDR 1982, 395
205 MüKo/Medicus § 1004, Rn. 91
206 Staudiger/Roth § 906, Rn. 287
207 Staudinger/Gursky § 1004, Rn. 237
208 Staudinger/Gursky § 1004, Rn. 226; Lackmann, Rn. 403

der Hand hat, die Handlung allein oder mithilfe eines Dritten vorzunehmen.[209] Die Wahlmöglichkeit geht in der Zwangsvollstreckung auf den Gläubiger über.[210] Die Dogmatik zum Inhalt eines Unterlassungsanspruchs bzw. in Deutschland eben auch eines Beseitigungsanspruchs, sofern mehrere Maßnahmen zur Erfüllung eines Erfolgsver- oder gebots denkbar sind, wird dabei nicht berührt. Es bleibt allein dem Schuldner überlassen, die zwangsweise Durchsetzung des Urteils zu verhindern und die geeignete Maßnahme seiner Wahl umzusetzen. Die Erfüllung – des Urteils und nicht des Vollstreckungs- oder Exekutionsbewilligungsbeschlusses – kann der Schuldner auch während des Exekutions- bzw. Vollstreckungsverfahrens noch einwenden und dann durchaus anders erfüllt haben als der Gläubiger es zwangsweise tun wollte. Es ist daher auch kein überzeugender Einwand, wenn argumentiert wird, zumindest dann, wenn die geeignete Maßnahme ein aktives Tun oder ein Unterlassen darstellen könne, müsse eine Unterlassungsvollstreckung durchgeführt werden, da der Schuldner andernfalls ggf. zu einer kostenträchtigen Verhinderungsmaßnahme gezwungen werde, obwohl er sich vielleicht eher für die Nichtinbetriebnahme einer störenden Anlage entschlossen hätte.[211] Dem Schuldner bleibt diese Wahl solange, wie er sich nur dem Anspruch aus dem Urteil ausgesetzt sieht. Soweit ihn aber zusätzlich der Vorwurf auch der Nichterfüllung des Urteils trifft, ist durchaus vorrangig das Interesse des Gläubigers an der Erfüllung des Urteils als das des Schuldners an der Aufrechterhaltung der Wahlmöglichkeit zu berücksichtigen. Die Wahl ist genauso schnell zu treffen wie das Urteil zu erfüllen ist.
Wo immer es daher möglich ist, vertretbare Handlungen aus dem Urteil herauszulesen und diese konkretisiert werden können, muss die Vollstreckung systemgerecht nach der jeweiligen Handlungsvollstreckung erfolgen.
Letztlich ist auch aus Schuldnerschutzgesichtspunkten kein Einwand ersichtlich, dass in solchen Grenzfällen dem Gläubiger – wie vereinzelt vorgeschlagen – ein Wahlrecht eingeräumt wird.

VI. Einstweilige Verfügung

Das Institut der einstweiligen Verfügung soll die zukünftige Durchsetzbarkeit eines Anspruchs sicherstellen. Als solche darf die eben nur »einstweilige« Verfügung der endgültigen Entscheidung nicht vorgreifen, diese nicht im Vorfeld überflüssig erscheinen lassen. Die Unterlassungsverfügung ist in Österreich in § 381 Nr. 2 EO und in Deutschland in § 940 ZPO geregelt. Auch im Rahmen der einstweiligen Verfügung muss dem Beklagten die Wahl der Mittel möglich bleiben, sodass auch in diesem Rahmen nur die Vermeidung bestimmter Beeinträchtigungen aufgegeben werden kann, grundsätzlich nicht aber bestimmte Maßnahmen.[212]

---

209 Angst/Klicka § 354, Rn. 3

210 RGZ 60, 10, 121; MüKo/Medicus § 1004, Rn. 91; Staudinger/Gursky § 1004, Rn. 237; Soergel/Mühl § 1004, Rn. 218; Erman/Hefermehl § 1004, Rn. 23; Staudinger/Roth § 906, Rn. 253; Schreiber, Jura 1991, 335

211 So aber Staudinger/Gursky § 1004, Rn. 226

212 Vgl. Staudinger/Gursky 1004, Rn. 239; vertiefend auch zum deutschen Recht Weinberger, S. 189 ff.

VII. Verjährung

Der Frage der Verjährung kommt insofern entscheidende Bedeutung zu, als sich im Umweltbereich Beeinträchtigungen des Nachbargrundstücks nicht selten erst nach Jahren der schleichenden Verunreinigung als Störung auswirken und erkannt werden können, etwa wenn im Störergrundstück gefährliche Chemikalien gelagert sind, die über das Grundwasser auf das Nachbargrundstück gewissermaßen schleichend einwirken. Hier stellt sich dann die Frage, ob gegen diese Störung auch nach Jahren der Einwirkung noch vorgegangen werden kann.

1. Deutschland

Durch das am 1. Januar 2002 in Kraft getretene Gesetz zur Modernisierung des Schuldrechts vom 26. November 2001[213] ist das deutsche Verjährungsrecht wesentlich umgestaltet worden. Bislang verjährten Ansprüche aus § 1004 BGB nach der regelmäßigen Verjährungsfrist nach § 195 BGB a. F. grundsätzlich in 30 Jahren. Umstritten war, ob dies auch für Ansprüche, die aus eingetragenem Grundstückseigentum folgen, wie also die nachbarrechtlichen Abwehransprüche, zu gelten hatte. Nach der Rechtsprechung ergibt sich aus (dem unverändert fortgeltenden) § 902 I 1 BGB nichts anderes. Zwar ist dort die Unverjährbarkeit von eingetragenen Rechten vorgesehen, jedoch werden nachbarschaftliche Abwehransprüche dort überwiegend nicht eingeordnet[214], da eine Verjährung hier keinen Einfluss auf die Richtigkeit des Grundbuchs habe.[215]
Die Gegenansicht ging davon aus, dass der Beseitigungsanspruch, weil er aus dem eingetragenen Grundstückseigentumsrecht folgt, unter die Vorschrift zur Unverjährbarkeit eingetragener Rechte falle und eine Verjährung nicht gegeben sei.[216]
Nach der Neuordnung des Verjährungsrechts beträgt die regelmäßige Verjährungsfrist nunmehr nach § 195 BGB drei Jahre. Für Herausgabeansprüche aus Eigentum und anderen dinglichen Rechten bestimmt § 197 I Nr. 1 BGB weiterhin die Fortgeltung der dreißigjährigen Verjährungsfrist. Unter diese Vorschrift fällt der Unterlassungs- und Beseitigungsanspruch aus §§ 1004, 906 BGB jedoch nicht. In der Begründung des Regierungsentwurfs wird darauf hingewiesen, dass kein praktisches Bedürfnis für die Einbeziehung des Unterlassungsanspruchs bestehe, da die Verjährung hier ohnehin bei jeder Zuwiderhandlung erneut zu laufen beginne und hinsichtlich des Beseitigungsanpruchs Abgrenzungsschwierigkeiten zum deliktischen Beseitigungsanpruch entstünden, der der regelmäßigen Verjährung unterliege. Vor einem unerwarteten Rechtsverlust sei der Gläubiger ohnehin durch den auch für Unterlassungsansprüche geltenden kenntnisabhängigen Beginn der Verjährungsfrist nach § 199 BGB n. F. geschützt.
Zwar können Abgrenzungsschwierigkeiten kein Grund für eine verschiedene Einordnung von Beseitigungsansprüchen sein, jedoch ist tatsächlich nicht einzusehen,

---

213 BGBl I, 3138

214 BGHZ 60, 235, 237 ff.; 125, 56, 63; NJW 1997, 1983, 1984; Erman/Hagen/Lorenz § 906, Rn. 67; Soergel/Stürner § 902, Rn. 2; Palandt/Bassenge § 1004, Rn. 32; Seidel, Rn. 857; Enders, S. 205

215 BGHZ 60, 235, 237 ff.; 125, 56, 63

216 LG Tübingen NJW-RR Staudinger/Gursky § 1004, Rn. 194; Soergel/Mühl § 1004, Rn. 186; MüKo/Medicus § 1004, Rn. 70; MüKo/Wacke § 902, Rn. 9; Jauernig/Jauernig § 902, Rn. 1;

warum der verschuldensunabhängige Beseitigungsanspruch aus §§ 1004, 906 BGB wesentlich später verjähren sollte als der deliktische Schadensersatzanspruch.
Das Problem, ob § 902 I 1 BGB Anwendung findet, bleibt auch nach der neuen Regelung bestehen. Hier ist zu bedenken, dass das Grundbuch immer lediglich das dingliche Stammrecht erkennen läßt, nicht aber daraus resultierende Rechte, sodass die ständige Argumentation des BGH, das Grundbuch enthalte keine Auskünfte über aus dem Eintragungsgegenstand folgende (Abwehr-)Ansprüche, wenig überzeugend ist.[217]
Eine Entscheidung ist aber deshalb im Rahmen von Immissionsabwehransprüchen nicht notwendig, da im Zusammenhang mit Immissionen von einer kontinuierlichen Folge immer neuer grenzüberschreitender Einwirkungen auszugehen ist.[218] Dies hat zur Folge, dass bei kontinuierlichen Immissionen eine Verjährung faktisch jedenfalls nicht in Betracht kommt.[219] Dasselbe gilt für Unterlassungsansprüche, denn schon der Anspruch entsteht bei jeder Zuwiderhandlung neu. Aufgrund des Regelungsgefüges des § 1004 I 2 BGB scheidet eine Verjährung von in die Zukunft gerichteten Unterlassungsansprüchen aus.[220]

2. Österreich

In Österreich gilt für die Verjährung der Ansprüche aus § 364 II ABGB eigentlich die regelmäßige sog. Ersitzungsfrist von 30 Jahren, § 1478 ABGB. Sie beginnt unabhängig von der subjektiven Kenntnis vom Anspruch mit der objektiven Möglichkeit zu klagen. Auch in Österreich ist jedoch weitgehend anerkannt, dass im Fall ständig wiederholender Immissionen die Verjährungsfrist mit jeder Immission neu zu laufen beginnt.[221] Mit der Verjährungsfrage eng verknüpft ist in Österreich ohnehin die Ortsüblichkeitsprüfung. Die Rechtsprechung hatte zunächst in einer Entscheidung[222] angenommen, dass aufgrund des Verstreichenlassens der allgemeinen Ersitzungs- und Verjährungszeit nunmehr immer Ortsüblichkeit der Immission gegeben sei. Diese Rechtsprechung hat der OGH später nur auf Industriegebiete bezogen[223], ansonsten reiche bereits eine dreijährige Untätigkeitsfrist. Inwieweit die Veränderung der Ortsüblichkeit nun mit Verjährungsfristen verknüpft ist, hat der OGH in einer neueren Revisionszurückweisung[224] unbeantwortet gelassen.
In der Literatur wird vorgeschlagen, grundsätzlich von der Ersitzungsfrist von 30 Jahren auszugehen und dann für die Frage der Veränderung der Ortsüblichkeit hin zur tatbestandsausschließenden Ortsüblichkeit und damit Quasi-Verjährung umso mehr Abstriche zu machen, je geringer die Immission den Nachbarn belastet, je weniger schutzwürdig dessen betroffene Interessen sind, je weniger er sich gewehrt hat und je stärker die Interesse des Störers sind.[225]

---

217 Vgl. Staudinger/Gursky § 1004, Rn. 194
218 Staudinger/Gursky § 1004, Rn. 218
219 So auch BGH NJW 1990, 2555, 2556
220 Vgl. Staudinger/Gursky § 1004, Rn. 218; MüKo/Medicus § 1004, Rn. 83; Palandt/Heinrichs § 198, Rn. 13; Enders, S. 205; a. A. aber BGH NJW 1990, 2555, 2556
221 OGH JBl. 1967, S. 32 f., Koziol, Haftpflichtrecht II, 325; Jabornegg/Strasser, in Strasser, S. 115
222 OGH JBl 1989, 578
223 SZ 70/251
224 OGH RdU 2001, 112
225 Kerschner, Anm. zu OGH RdU 2001,112

H. Zusammenfassung der wesentlichen Ergebnisse in Thesen

Ausgehend von der schnell zu treffenden Feststellung, dass die einschlägigen Vorschriften des österreichischen und deutschen Nachbarschaftsrechts, § 364 II ABGB bzw. § 906 BGB, einen nahezu identischen Wortlaut haben, sollte in dieser Arbeit herausgearbeitet werden, ob die Ähnlichkeit des Wortlauts sich auch in einer übereinstimmenden Anwendung und Bedeutung der Normen niederschlägt. Nach näherer Untersuchung der Vorschriften innerhalb ihres Regelungsgefüges kann hier zusammengefasst werden, dass sich erwartungsgemäß eine Reihe an Gemeinsamkeiten haben feststellen lassen; gefundene Unterschiede jedoch nicht selten von solcher Tragweite sind, dass sie in Teilbereichen zu völlig anderen Ergebnissen führen, die im einzelnen auch die Effizienz des privaten Nachbarschutzes, vor allem unter Einbeziehung des Umweltschutzgedankens, unmittelbar berühren können und daher Anlass zur Kritik geben.

Zur gegenwärtigen Rechtslage in beiden Ländern ergibt sich das folgende thesenhafte Gesamtergebnis:

1. In Österreich existiert mit § 364 II ABGB eine spezielle Abwehrnorm zum Schutz vor Beeinträchtigungen eines Grundstücks durch Immissionen. In Deutschland betrifft die hier einschlägige Anspruchsnorm § 1004 I BGB nicht nur Beeinträchtigungen von Grundstücken, sondern auch von Mobiliaren. Die *actio negatoria* wird im Zusammenhang mit grundstückbezogenem Immissionsschutz durch die Vorschrift des § 906 BGB ergänzt, der dem betroffenen Grundstückseigentümer bestimmte Duldungsverpflichtungen auferlegt, für die § 1004 II BGB den Anspruch ausschließt.
2. Die allgemeinen Anspruchsvoraussetzungen sind aufgrund der Ausgestaltung des § 364 II ABGB in dieser Norm geregelt, während die deutsche Duldungsnorm § 906 BGB als rechtshindernde Einwendung ausgestaltet ist. An den normativen Primärsatz des § 1004 I BGB für sich genommen ist zunächst keine weitere Voraussetzung als die Eigentumsbeeinträchtigung geknüpft. Diese ist grundsätzlich für jede fremde, der Eigentumsordnung widersprechende, Einwirkung anzunehmen.
3. Sowohl in Österreich als auch in Deutschland sind die entscheidenden Tatbestandsmerkmale, die über die Abwehrfähigkeit von privatrechtlich zu beurteilenden Immissionen entscheiden, von denselben Begrifflichkeiten geprägt, nämlich Einwirkung, Wesentlichkeit und Ortsüblichkeit.
4. Unter die Normen § 364 II ABGB einerseits und § 906 BGB andererseits fallen in beiden Ländern nur sog. positive Immissionen. Grobkörperliche Immissionen gehören schon aus dem Grund der Nichtvergleichbarkeit mit der beispielhaften Aufzählung im jeweiligen Gesetz nicht dazu und können deshalb grundsätzlich ohne weitere Voraussetzungen untersagt werden. Eine Grenze findet das Abwehrrecht grobkörperlicher Immissionen in Deutschland durch die Grundsätze des nachbarschaftlichen Gemeinschaftsverhältnisses und des gesteigerten Rücksichtnahmegebots und in Österreich durch das Rechtsmissbrauchs-/Schikaneverbot.

5. Natürliche Einwirkungen, die allein auf Naturgewalten zurückzuführen sind, sind keine Immissionen im Sinne des jeweiligen Gesetzes. Gleiches gilt für negative und ideelle Immissionen. Diese stellen in Deutschland schon keine Beeinträchtigung nach § 1004 BGB dar, weshalb es auf auf sie bezogene Duldungspflichten nicht mehr ankommt. Dies folgt aus der Wertung der Eigentumsordnungen beider Länder, dass Nutzungen, die sich im Rahmen des eigenen Grundstücks halten, nicht untersagbar sind. Wesensmerkmal der negativen und ideellen Immissionen ist es jedoch, dass sie auf Nutzungen beruhen, die auf das genutzte Grundstück begrenzt sind.

6. Anders als in Deutschland kommt dem Tatbestandsmerkmal der Wesentlichkeit in Österreich aufgrund der spezifischen Ausgestaltung des § 364 II ABGB kaum eine eigenständige Bedeutung zu. Vielmehr wird es von der Praxis inzident bei der Ortsüblichkeit als ein einheitliches Tatbestandsmerkmal der »Zumutbarkeit« einer Einwirkung mitgeprüft. Diese Vorgehensweise wird dadurch nachvollziehbar, dass in Österreich die abwehrfähige Immission kumulativ weder ortsüblich noch unwesentlich sein darf. Hier fließt die Wesentlichkeitsprüfung in die Ortsüblichkeitsprüfung hinein, wenn man das Ergebnis vermeiden will, dass unzweifelhaft sehr wesentliche Immissionen vom Tatbestand aufgrund ihrer – von jeder Wesentlichkeit losgelöst geprüften – Ortsüblichkeit aus dem Anwendungsbereich der Vorschrift fallen können.

7. Für die Wesentlichkeit ist in Österreich wie in Deutschland nach kürzlich dahin – vom deutschen BGH – fortentwickelter Rechtsprechung das Empfinden eines »verständigen Durchschnittsmenschen« entscheidend. Es wird eine wertende Betrachtung dahingehend angestellt, ob ein vernünftiger und einsichtiger Eigentümer gerade unter Berücksichtigung der Sozialbindung des Grundstücks die ihn betreffende Einwirkung dulden würde. Auf diese Weise können auch nicht unmittelbar grundstücksbezogene Gesichtspunkte in die Bewertung einbezogen werden. Die gewandelte Rechtsprechung hin zu einer normativen Interpretation des Begriffs der Wesentlichkeit wird dann bedenklich, wenn sie erlaubt, eine Abwägung und Beurteilung des jeweiligen Nutzungsinteresses vorzunehmen.

8. Zur Bestimmung der Wesentlichkeit sind zwecks Harmonisierung der Vorschriften des Verwaltungsrechts und des Zivilrechts aufgrund gesetzlicher Regelung in § 906 I 2, 3 BGB verwaltungsrechtliche Grenz- und Richtwerte als gesetzliche Vermutungen zu berücksichtigen, deren Einhaltung die Unwesentlichkeit (widerlegbar) indiziert. In Österreich herrscht aufgrund des Fehlens vergleichbarer gesetzlicher Regelungen in dieser Frage noch Uneinigkeit. Mit der überwiegenden Ansicht ist von einer eingeschränkten Bedeutung der Art auszugehen, dass öffentliche Richt- und Grenzwerte als Hilfsmittel Beachtung finden, ohne Bindungswirkung zu entfalten. Nach § 364 a ABGB wandelt sich ein grundsätzlich gegebener Unterlassungsanspruch zwingend in einen »bloßen« Ausgleichsanspruch, wenn die emittierende Anlage behördlich genehmigt ist.

9. Das Merkmal der Ortsüblichkeit bezieht sich in Österreich sowohl auf die störende Immission als auch die gestörte Nutzung. Obwohl eigentlich eine das ortsübliche Maß unterschreitende Immission nach dem Wortlaut zu dulden wäre, greift die österreichische Rechtsprechung hier korrektiv ein, indem sie in die Überprüfung der Ortsüblichkeit eine Wesentlichkeitsprüfung mit einbezieht. Sie nimmt

damit eine normative Auslegung der Vorschrift vor, versucht jedoch nach außen die Überlegungen den einzelnen Tatbestandsmerkmalen zuzuordnen. Letztlich hat sich die Verknüpfung von Ortsüblichkeits- und Wesentlichkeitskriterium unter Dominanz des letzteren zu einer allgemeinen Unzumutbarkeitsprüfung entwickelt, die sich von den Gesetzesvorgaben jedenfalls systematisch weitgehend entfernt hat.

10. Die Ortsüblichkeit ist Merkmal der nachbarrechtlichen Abwehransprüche beider Länder, doch liegt hier einer der größten Unterschiede zwischen den Regelungssystemen, da in Deutschland die Ortsüblichkeit der Emission, in Österreich die Ortsüblichkeit der Immission relevant ist. Dem Abwehranspruch kann in Deutschland die Ortsüblichkeit der Nutzung des belastenden Grundstücks entgegengehalten werden. Wenn die wesentliche Beeinträchtigung aber durch zumutbare Maßnahmen verhindert werden kann, bleibt der Abwehranspruch erhalten. In Österreich nimmt die Ortsüblichkeit der Immission immer den Anspruch. Allerdings sind behördlich genehmigte Anlagen unabhängig vom Ausmaß der von ihnen verursachten Immissionen immer zu dulden, ohne dass es auf Verhinderungsmöglichkeiten ankäme. Soweit Fallkonstellationen denkbar sind, die nach herkömmlichem Verständnis nicht tatbestandsmäßig sind, aufgrund unmittelbar gesundheitsgefährdender oder gar lebensbedrohlicher Beeinträchtigungen aber abwehrfähig sein müssen, kann dem in Österreich durch die anerkannte Unzumutbarkeitsobergrenze begegnet werden. In Deutschland bleibt hier nur der Weg über eine rechtsfortbildende Interpretation der Ortsüblichkeit, die nie gegeben sein kann, wenn die ortsübliche Nutzung des Nachbarn nicht nur beeinträchtigt, sondern nahezu oder tatsächlich unmöglich wird.

11. Anspruchsberechtigt sind neben dem Eigentümer des betroffenen Grundstücks auch dinglich oder obligatorisch an dem Grundstück Berechtigte. Die Loslösung der Anspruchsberechtigung von jeder Immobiliarbezogenheit wird insbesondere in Österreich mit Blick auf den immer wichtigeren Schutz vor gesundheitlichen Beeinträchtigungen durch Immissionen stark befürwortet. Auch in Deutschland wird diese Ausdehnung gefordert und auf das von § 1004 I BGB umfasste allgemeine Persönlichkeitsrecht gestützt. Dies ist jedoch nicht systemgerecht. Der Kreis der Berechtigten ist auf sachenrechtlichen Immissionsschutz beschränkt.

12. Primäre Ansprüche im zivilrechtlichen Nachbarrecht sind der Anspruch auf Beseitigung bereits bestehender Beeinträchtigungen und der Anspruch auf die Unterlassung zukünftiger, weiterer Beeinträchtigungen. Obwohl in Österreich nur der Unterlassungsanspruch normiert ist, ist auch dort der Beseitigungsanspruch als zur Vervollständigung des Rechtsschutzes des Eigentums notwendig anerkannt.

13. Der nachbarrechtliche Unterlassungsanspruch setzt in Österreich wie auch in Deutschland eine Wiederholungsgefahr voraus. Während dies in Deutschland explizit gesetzlich geregelt ist, ist es in Österreich Richterrecht. Beide Rechtssysteme kennen auch die vorbeugende Unterlassungsklage bei der sog Erst(begehungs)gefahr. Anders als die aufgrund der bereits eingetretenen Störung vermutete Wiederholungsgefahr, ist eine Erst(begehungs)gefahr nur anzunehmen, wenn der drohende Eintritt einer Störung hinreichend sicher durch Tatsachen nachgewiesen ist.

14. Die Wiederholungs- bzw. Erstbegehungsgefahr ist aufgrund der gleichgelagerten systematischen Problemstellung sowohl in Österreich als auch in Deutschland als materielle Voraussetzung zu qualifizieren. Bei ihrem Fehlen ist eine Klage als unbegründet abzuweisen.

15. Der nachbarrechtliche Beseitigungsanspruch setzt in beiden Ländern eine gegenwärtige, also zum Zeitpunkt der letzten mündlichen Verhandlung noch gegebene, Störung voraus. Mit Hilfe der gegenwärtigen Störung wird im Wesentlichen der Beseitigungsanspruch vom auf Ersatz von in der Vergangenheit eingetretenen Schäden gerichteten Schadensersatzanspruch abgegrenzt.

16. Mit dem nachbarrechtlichen Unterlassungsanspruch kann nur rechtswidriges Verhalten untersagt werden. Positivrechtlich ist dies nur in Deutschland geregelt.
Für den Beseitigungsanspruch ist nach zutreffender Ansicht das Tatbestandsmerkmal der Rechtswidrigkeit ohne Relevanz. Entscheidender Anknüpfungspunkt der Haftung ist hier nicht zwangsläufig ein auf Handlungs- oder Erfolgsunrecht zu untersuchendes Verhalten. Auch die Nähe zur Vindikation, in deren Rahmen die Rechtswidrigkeit keine Rolle spielt, spricht für dieses Ergebnis, das nur in Deutschland noch umstritten ist.

17. Unterlassungs- und Beseitigungsanspruch werden am effektivsten anhand der zeitlichen Komponente von einander abgegrenzt. Der Eintritt einer Beeinträchtigung stellt dabei eine Zäsur dar, die nur dann einen Unterlassungsanspruch zulässt, wenn eine Wiederholungsgefahr anzunehmen ist. Ist dies nicht der Fall, kommt lediglich ein Beseitigungsanspruch in Betracht. Folglich können beide Ansprüche nebeneinander gegeben sein, sind aber klar voneinander abgrenzbar, indem der Unterlassungsanspruch zukunftsgewandt, der Beseitigungsanspruch hingegen vergangenheitsorientiert ist.

18. Eine weitere Abgrenzung ist zwischen Beseitigungs- und Schadensersatzanspruch erforderlich. Die Wichtigkeit der Abgrenzung ergibt sich schon daraus, dass – anders als der Schadensersatzanspruch – der Anspruch auf Beseitigung nicht an ein Verschulden geknüpft ist. Eine einheitliche Linie ist hierzu in Österreich und Deutschland bisher nicht erkennbar. Sofern Entscheidungen den Störer dazu verpflichten, die beeinträchtigte Nutzung wiederherstellen, geht dies zu weit und entspricht nicht mehr der Reichweite der verschuldensunabhängigen Haftung, die zeitlich und umfänglich nur so weit reicht wie die beeinträchtigende Einwirkung und nicht wie die beeinträchtigte Nutzung.

19. Für den Kläger in einem nachbarrechtlichen Abwehrprozess vor dem Zivilgericht ist ein Obsiegen stark von der Verteilung von Darlegungs- und Beweislast abhängig, da ein wesentliches Problem bei der Aufbereitung des Prozessstoffs regelmäßig im Tatsächlichen liegt. Der bezüglich des beeinträchtigten Grundstücks Berechtigte hat neben seiner Aktivlegitimation vor allem die das Grundstück beeinträchtigenden, durch den Gegner verursachten Immissionen nachzuweisen. Der Störer hat den Nachweis der Unwesentlichkeit der Beeinträchtigung als Voraussetzung der von ihm einzuwendenden Duldungspflicht zu beweisen.
Demgegenüber wäre in Österreich bei einer wortlautorientierten Auslegung des § 364 II ABGB neben den in Deutschland durch den Anspruchsteller darzulegenden Voraussetzungen auch der Nachweis der Wesentlichkeit und Ortsüblichkeit der Immission bzw. der Nutzung erforderlich. Der Großteil der Literatur

und die ständige Rechtsprechung bestimmen jedoch die Beweislastverteilung mit Hilfe einer teleologischen Interpretation der Norm unter Berücksichtigung der Eigentumsvorschriften und leiten daraus – vom Ergebnis her zu begrüßen, jedoch dogmatisch fragwürdig – ab, dass derjenige, der durch seine Nutzung die Eigentumsgrenzen überschreitet, seine Berechtigung zu dieser Nutzung aufzuzeigen hat, weshalb der Störer Ortsüblichkeit und Unwesentlichkeit seiner Emissionen darzulegen und zu beweisen hat.

20. Die Aufklärung chemischer, physikalischer oder biologischer Zusammenhänge und die daneben gegebene Nähe des Gegners zu den relevanten Umständen und Informationen stellen den Kläger als Beweisführer für die Kausalität zwischen Emmission und Beeinträchtigung vor besondere Probleme.
Damit die materielle Effektivität der Haftungsnorm nicht durch die prozessuale Effektivität konterkariert wird, ist von den nach dem jeweiligen Prozessrecht zulässigen Beweiserleichterungen umfänglich Gebrauch zu machen. Die Beweiserleichterungen können jedoch außerhalb der bekannten Grundsätze nicht zu einer auf die Schwierigkeit des Kausalitätsnachweises gestützten Beweislastumkehr führen, ohne dass hierfür eine gesetzliche Grundlage geschaffen wird. Das Risiko der Nichterweislichkeit der Kausalität aufgrund nicht ausreichender wissenschaftlicher Aufklärung trägt nach der gegenwärtigen Rechtslage in beiden Ländern der Anspruchsteller.

21. Die deutsche Regelung des § 906 I 2, 3 BGB hat keine beweisregelnde Wirkung. Es verbleibt bei der Einzelfallbetrachtung der Tatsachengerichte. In die Überzeugungsbildung des Richters muss jedoch eine Bewertung einschlägiger Richt- und Grenzwertbestimmungen eingehen, sodass damit eine Einschränkung des tatrichterlichen Beurteilungsspielraumes bewirkt wird.

22. In Österreich hat der OGH für den Kausalitätsnachweis schon auf verwaltungsrechtliche Vermutungsregelungen zurückgegriffen; eine Ausweitung der Kausalitätsvermutung wird – in Analogie zu § 1301 ABGB oder jedenfalls *de lege ferenda* – weithin angestrebt.

23. Der zivilrechtliche Anspruch aus § 1004 I BGB bzw. § 364 II ABGB ist grundsätzlich vor den Gerichten der Zivilgerichtsbarkeit geltend zu machen. In Österreich gilt dies immer auch bei der Beteiligung von Hoheitsträgern. In Deutschland wird eine Ausnahme gemacht, wenn sich die öffentliche Hand den Mitteln des Verwaltungsrechts bedient hat. Hier ist allein der Verwaltungsrechtsweg eröffnet, wobei aber das Rechtsgefüge der §§ 1004 I, 906 BGB im Rahmen des öffentlich-rechtlichen Folgenbeseitigungsanspruches fruchtbar gemacht wird. Übereinstimmend gilt der Verwaltungsrechtsweg dann, wenn hoheitliches Handeln erzwungen werden soll.

24. Der Klageantrag eines Unterlassungsantrages ist nur dann bestimmt, wenn der zu vermeidende Erfolg genau benannt wird, jedoch steht die Art der vorzunehmenden Handlung grundsätzlich im Auswahlermessen des Verpflichteten, sodass in diesem Fall Antrag und Tenor grundsätzlich nicht die Mittel vorschreiben dürfen.
Der Klageantrag zu einem Beseitigungsbegehren in Österreich muss die genaue Art der vorzunehmenden Handlung vorschreiben. Ein Beseitigungsausspruch ist hier überhaupt nur denkbar, wenn keine Verhaltensalternativen gegeben sind,

während in Deutschland ein offener Klageantrag möglich bleibt, da davon ausgegangen wird, dass auch beim Beseitigungsanspruch Alternativen zur Erfüllung zur Verfügung stehen können.

25. Mit den differierenden Anforderungen an die jeweiligen Klageanträge korrespondieren die adäquaten Zwangsvollstreckungsmaßnahmen. Die §§ 353 f. EO gelten in Österreich nur für die Vollstreckung einer konkreten Handlung und können damit nur auf ein Beseitigungsurteil zutreffen. Es ist grundsätzlich eine Abgrenzung nach dem Ziel des Tenors unter Heranziehung der Urteilsgründe vorzunehmen und die dann adäquate Vollstreckungsart zu bestimmen. In allen Fällen, in denen Verhaltensalternativen denkbar sind, verliert der Schuldner bei nicht rechtzeitiger Erfüllung sein Wahlrecht. Der Gläubiger kann in diesem Fall auch dann die Vorgehensweise der Erfüllung und damit die Vollstreckungsart bestimmen, wenn die Wahl zwischen einem Handeln und einem Unterlassen besteht. Soll ein Unterlassen vollstreckt werden, geschieht dies durch Ordnungsmaßnahmen im Fall des Zuwiderhandelns, in Deutschland nach § 890 ZPO, in Österreich nach § 355 EO.

26. Die Verjährung spielt bei Ansprüchen auf Beseitigung und Unterlassung keine Rolle. Selbst wenn man für Deutschland aufgrund des § 902 I 1 BGB nicht zu der hier vertretenen Auffassung der Unverjährbarkeit der Ansprüche gelangt, wird eine Verjährung tatsächlich kaum eintreten, wenn die Verjährungsfrist mit jeder Störung durch die Immission erneut zu laufen beginnt. Wird eine Immission über längere Zeit hingenommen, kann sich dies in Österreich auf das Ortsüblichkeitskriterium auswirken, da sich dieses auf die Immission bezieht. Spätestens nach 30 Jahren sind Immissionen als ortsüblich anzusehen. In Deutschland bleibt in einem solchen Fall die Verwirkungsprüfung.

I. Fazit und Ausblick

Ist nach alledem die eingangs zitierte Einschätzung, das deutsche wie das österreichische Nachbarschaftsrecht biete keinen genügenden Schutz vor den heutigen Umweltbeeinträchtigungen richtig?
Die österreichische Judikatur ist mittlerweile ganz überwiegend zu der Überzeugung gekommen, dass die Regelungen tatsächlich als veraltet gelten müssen und eine Änderung der einschlägigen Bestimmungen des ABGB unvermeidlich ist, um dem Umweltschutzgedanken auch im privaten Immissionsschutz in effektiver Weise Rechnung zu tragen.
Zu möglichen Gesetzesänderungen existieren mehrere Gutachten und Vorschläge[1], auch solche, die von der Regierung in Auftrag gegeben worden sind.[2] Eine hier nur mögliche Kurzbetrachtung zeigt bereits, wo nach hiesigem Verständnis Chancen und Risiken der Vorschläge liegen.
Nach dem Verständnis der Befürworter einer österreichischen Neuregelung soll gesetzgeberisch vor allem bei der Ausdehnung des Störerbegriffs, der Einbeziehung auch negativer und ideeller Immissionen in den Einwirkungsbegriff und der Auflösung der Kumulation von Wesentlichkeit und Ortsüblichkeit der Immission als Abwehrvoraussetzung angesetzt werden. Die allgemein als am dringendesten gesehene Änderung der Privilegierung genehmigter Anlagen nach § 364 a ABGB kann sinnvoll wohl gar nicht losgelöst von einer Bereinigung des Gesamtsystems betrachtet werden. Das schließt auch das systematische Gefüge zwischen Unterlassungs- und Ausgleichsanspruch ein, was hier jedoch nicht mehr Gegenstand der Untersuchung war.
Forderungen nach spezifischen Beweisregeln finden sich aus dem Grund nicht in ähnlicher Vehemenz, weil hier die Lösung zumeist noch auf dem Boden des geltenden Rechts gesehen wird.[3]
Uneingeschränkt zustimmungsfähig ist die Einschätzung, dass die Kumulation von Ortsüblichkeit und Wesentlichkeit abgeschafft werden muss und ein Problem darstellt, was in Deutschland schon durch die Neuregelung des § 906 BGB im Jahr 1959 gelöst wurde. Selbstverständlich muss das überwiegende Ziel der Regelungen der Schutz vor wesentlichen Immissionen sein; die Gewichtung des Ortsüblichkeitskriteriums ist immer schutzzweckwidrig gewesen und ist heute angesichts sich verschärft darstellender Gemengelagen nicht länger vertretbar. Sicherlich müssen wie in Deutschland auch zumutbare Verhinderungsmaßnahmen beim Interessenausgleich, und eben gerade auch im Rahmen der Fallkonstellation einer behördlich genehmigten Anlage, eine Rolle spielen. Die Lösungsansätze, mit denen die österreichische Rechtsprechung versucht, die Konsequenzen dieser verfehlten Konzeption aufzulösen, können nur als dogmatische Kapriolen bezeichnet werden. Letztlich ist es jedoch nur möglich, mit einem veränderten Gesetz eine sachgerechte Lösung zu finden.

---

1 Jabornegg GA; Rummel, Entwurf eines Umwelthaftungsgesetzes, in Rummel/Kerschner, Umwelthaftung 67, 78 ff.; Kerschner, Entwurf einer Novelle zum ABGB, in Rummel/Kerschner, Umwelthaftung 101,102 ff.; der Gesetzesvorschlag von Jabornegg ist im Anhang abgedruckt

2 »Der Schutz vor negativen Immissionen durch das Zivilrecht« – Projekt im Auftrag des Bundesministeriums für Justiz, Graz 1999

3 Jabornegg GA, S. 92, 94 unter Hinweis auf Jabornegg/Strasser, S. 59 ff.

Wenn jedoch die Abschaffung des Ortsüblichkeitskriteriums zugunsten einer auf starre Immissionsschutzregeln festgelegten Wertung, die sich allein an der Zumutbarkeit aus Sicht des Nachbarn orientieren sollen, befürwortet wird, dann ist zweifelhaft, ob dies noch einen Interessenausgleich darstellt. Es wird nicht möglich sein, in die geforderten »starren Immissionsgrenzen« noch einzelfall- und damit eben auch gebietsabhängige und gebietsprägende Umstände miteinbezogen, die das Wesen eines Interessenausgleichs ausmachen. Dass der Interessenausgleich grundsätzlich gleichrangiger Interessen hier gar nicht mehr Ziel ist, entlarvt sich, wenn formuliert wird, dass »sich die Frage stellt, ob es überhaupt noch akzeptable Gründe für die Bevorzugung irgendwelcher Interessen als den Umweltschutz gibt«.[4]
Auch die Forderung nach der Einbeziehung von negativen und ideellen Immissionen in den nachbarrechtlichen Schutzbereich zeugt – in beiden Ländern – von einer Fehlinterpretation dessen, was nachbarrechtlicher Immissionsschutz auf zivilrechtlicher Ebene nur zu leisten imstande sein kann. Als Grund für die Ausdehnung des Immissionsbegriffs wird angeführt, dass Umweltschutz auch die Schaffung und Sicherung einer als optimal empfundenen Lebensqualität bedeute.[5] Höchst fraglich ist, ob es Aufgabe des zivilrechtlichen Eigentumsschutzes ist diese allenfalls an den Staat zu richtende Forderung durchzusetzen. Überdenkenswert ist allein die Anerkennung einer eigentumsrelevanten Beeinträchtigung, wenn ideelle Einwirkungen nachweisbar eine Wertminderung des Grundstücks bewirken; dieses Ergebnis ist bereits interpretatorisch zu erreichen.
Der Vorschlag, den Kreis der Anspruchsberechtigten auszuweiten, begegnet unter systematischen Gesichtspunkten denselben Bedenken. Dabei ist für Österreich richtig, dass gesetzgeberisch geklärt werden sollte, dass auch der obligatorisch Berechtigte, der Bestandnehmer, anspruchsberechtigt ist. Dass eine weitergehende Ausweitung die Liegenschaftsbezogenheit des Anspruchs verlassen würde, wird teilweise[6] durchaus eingeräumt. Die Anknüpfung an das allgemeine Persönlichkeitsrecht birgt die Gefahr der Popularklage in sich. Andere Ausweitungen sehen sich in jedem Fall einer weitgehenden Unsicherheit bei der Abgrenzung von geschützten Interessensphären gegenüber. Die Fürsprecher dieser Ausweitung beachten nicht, dass die Rechtssicherheit auch zum Zwecke des Umweltschutzes nicht einfach preisgegeben werden sollte.
Sicherlich bedarf die österreichische Regelung einer Neukonzeption auch mit Blick auf die Beweislastverteilung. Da die Rechtsprechungspraxis, nach der die Beweislast bereits der deutschen Systematik entsprechend verteilt wird, weitgehend akzeptiert ist, wird die Reformdringlichkeit hier entsprechend nicht gesehen; nach der hier vertretenen Ansicht steht die derzeitige Rechtsprechung in wesentlichen Teilen aber im Widerspruch zur Gesetzeslage.
Die deutsche Konzeption hat die gröbsten Fehler der österreichischen Regelung seit der Neufassung von 1959 hinter sich gelassen. Für die mit der österreichischen Diskussion konform gehenden Vorschläge zur Ausweitung des Immissionsbegriffs und zur Erweiterung des Kreises der Anspruchsberechtigten gilt das zum österreichi-

4 Weinberger, S. 204, ähnlich auch Huber, S. 87
5 Weinberger, S. 23
6 Jabornegg/Strasser, S. 124; ohne sich mit den Problemen einer Ausweitung auseinanderzusetzen belässt es Weinberger, S. 205, bei der Feststellung, die Bindung an den Liegenschaftseigentümer sei willkürlich; ähnlich Huber, S. 87

schem Recht Ausgeführte gleichermaßen. Ansonsten ist der Ruf nach Änderungen des privaten Nachbarschaftsrechts in Deutschland überwiegend in der Folge des Harmoniebestrebens zwischen Öffentlichem und privatem Recht entstanden. Wie festgestellt worden ist, hat der Gesetzgeber sich bislang gegen eine Verwaltungsakzessorität von privaten Abwehransprüchen ausgesprochen. Sofern Automatismen entstehen sollen, kann dies nur ein Vorschlag *de lege ferenda* sein. Die die Einzelfallbetrachtung favorisierende Gesetzesentscheidung ist nicht unproblematisch, und insbesondere die Hinwendung zum objektiv-normativen Wesentlichkeitsbegriff zeugt von der Suche nach stärkerer Einbeziehung gesamtgesellschaftlicher Prinzipien und Wertentscheidungen, aber sie ist Automatismen im Ergebnis vorzuziehen. Schon die neuartige Interessenabwägung innerhalb des Beurteilungsmaßstabs der Wesentlichkeit ist starken Bedenken ausgesetzt, denn es geht dann nicht mehr um den Kern des Schutzzwecks: der Bewältigung grenzüberschreitender Eigentumsnutzung. Die Abwägung kann an dieser Stelle nur liegenschaftsbezogen sein und ist bereits gelockert, wenn man den Gesundheitsschutz jedenfalls des Liegenschaftseigentümers und der ihm noch wegen eines Grundstücksbezugs Gleichgestellten als vom Schutzzweck umfasst anerkennt. Sicher stößt der privatrechtliche Immissionsschutz hier an Grenzen, nur ist deren Überwindung der Gefahr ausgesetzt, eine Entprivatisierung des Privatrechts[7] für diesen Regelungsbereich zu bewirken. Der nachbarrechtliche Immissionsschutz kann kein Einfallstor für staatliche Umweltpolitik sein.
Die größte Herausforderung zukünftigen Umweltrechts liegt daher in der Harmonisierung bestehenden Umweltrechts, öffentlich-rechtlicher und zivilrechtlicher Prägung, auf Länderebene sowie innerhalb des EG-Umweltrechts.
In Deutschland wurde bereits 1992 eine Unabhängige Sachverständigenkommission vom Bundesumweltministerium mit dem Auftrag eingesetzt, ein einheitliches Umweltgesetzbuch, UGB, zu erarbeiten. Seit dem 9. September 1997 liegt deren Entwurf vor. Da die Rahmengesetzgebungskompetenz, Art. 75 GG, des Bundesgesetzgebers durch einige Regelungen jedoch überschritten wurde, wird eine Realisierung des UGB I erst auf Grundlage einer erweiterten Gesetzgebungskompetenz des Bundes angestrebt. Soweit der Vorschlag auch der Umsetzung von EG-Richtlinien dient, wurden diese Vorschriften zunächst durch eine Artikelgesetzgebung zur Änderung der geltenden umweltrechtlichen Einzelgesetze in nationales Recht umgesetzt. Für das zivile Nachbarrecht gibt es allerdings keine relevanten Vorschriften des Gemeinschaftsrechts.
Festzuhalten bleibt, dass für das zivile Nachbarrecht in seiner hier untersuchten Ausprägung durch Unterlassungs- und Beseitigungsansprüche in Österreich durchaus dringender Reformbedarf festgestellt werden kann, wobei es sich weitgehend um die gesetzliche Umsetzung bereits jetzt durch teleologische Interpretation und Auslegung gefundener, jedoch nicht immer dogmatisch sauber hergeleiteter, Ergebnisse handelt.
In Deutschland können bereits durch eine entsprechende Auslegung der einschlägigen Normen Verbesserungen der Effektivität des nachbarlichen Immissionsschutzes erreicht werden. Allein, wenn man die Immobiliarbezogenheit der Regelungen an sich in Frage stellt, ergibt sich ein Reformbedarf, der den Gesetzgeber fordert. An ernstzunehmende Grenzen stößt das Nachbarrecht beim Kausalitätsnachweis. Für

7 Kloepfer UTR 11, 68

einen umweltspezifischen Kausalitätsbegriff auch für das zivile Nachbarrecht müsste eine gesetzliche Grundlage geschaffen werden. Bevor an die Umsetzung gedacht wird, ist jedoch sorgfältig abzuwägen, ob der Gefahr der Übermaßhaftung wirksam begegnet werden kann und ob nicht die extensive, aber sorgfältige Ausnutzung vorhandener Grundsätze für Beweiserleichterungen weitgehend zu vertretbaren Ergebnissen führt.

Anhang

Österreichische Gesetzestexte

Das Allgemeine bürgerliche Gesetzbuch (ABGB)

§ 16
Jeder Mensch hat angeborene, schon durch die Vernunft einleuchtende Rechte, und ist daher als eine Person zu betrachten. Sklaverei oder Leibeigenschaft, und die Ausübung einer darauf sich beziehenden Macht wird in diesen Ländern nicht gestattet.

§ 328
Die Redlichkeit oder Unredlichkeit des Besitzes muss im Falle eines Rechtsstreites durch richterlichen Ausspruch entschieden werden. Im Zweifel ist die Vermutung für die Redlichkeit des Besitzes.

§ 339
Der Besitz mag von was immer für einer Beschaffenheit sein, so ist niemand befugt, denselben eigenmächtig zu stören. Der Gestörte hat das Recht, die Untersagung des Eingriffes, und den Ersatz des erweislichen Schadens gerichtlich zu fordern.

§ 344
Zu den Rechten des Besitzes gehört auch das Recht, sich in seinem Besitze zu schützen, und in dem Falle, dass die richterliche Hilfe zu spät kommen würde, Gewalt mit angemessener Gewalt abzutreiben (§ 19). Übrigens hat die politische Behörde für die Erhaltung der öffentlichen Ruhe, so wie das Strafgericht für die Bestrafung öffentlicher Gewalttätigkeiten, zu sorgen.

§ 353
Alles, was jemandem zugehört, alle seine körperlichen und unkörperlichen Sachen, heißen sein Eigentum.

§ 354
Als ein Recht betrachtet, ist Eigentum die Befugnis mit der Substanz und den Nutzungen einer Sache nach Willkür zu schalten, und jeden anderen davon auszuschließen.

§ 362
Kraft des Rechtes, frei über sein Eigentum zu verfügen, kann der vollständige Eigentümer in der Regel seine Sache nach Willkür benützen oder unbenützt lassen; er kann sie vertilgen, ganz oder zum Teile auf andere übertragen oder unbedingt sich derselben begeben, das ist, sie verlassen.

§ 363
Eben diese Rechte genießen auch Unvollständige, sowohl Ober- als Nutzungseigentümer; nur darf der eine nichts vornehmen, was mit dem Rechte des anderen im Widerspruche steht.

§ 364
(1) Überhaupt findet die Ausübung des Eigentumsrechtes nur insofern statt, als dadurch weder in die Rechte eines Dritten ein Eingriff geschieht, noch die in den Gesetzen zur Erhaltung und Beförderung des allgemeinen Wohles vorgeschriebenen Einschränkungen übertreten werden.
(2) Der Eigentümer eines Grundstückes kann dem Nachbarn die von dessen Grund ausgehenden Einwirkungen durch Abwässer, Rauch, Gase, Wärme, Geruch, Geräusche, Erschütterung und ähnliche insoweit untersagen, als sie das nach den öffentlichen Verhältnissen gewöhnliche Maß überschreiten und die ortsübliche Benutzung des Grundstückes wesentlich beeinträchtigen. Unmittelbare Zuleitung ist ohne besonderen Rechtstitel unter allen Umständen unzulässig.

§ 364 a
Wird jedoch die Beeinträchtigung durch eine Bergwerksanlage oder eine behördlich genehmigte Anlage auf dem nachbarrechtlichen Grund in einer dieses Maß überschreitenden Weise verursacht, so ist der Grundbesitzer nur berechtigt, den Ersatz des zugefügten Schadens gerichtlich zu verlangen,

auch wenn der Schaden durch Umstände verursacht wird, auf die bei der behördlichen Verhandlung keine Rücksicht genommen wurde.

§ 364 b
Ein Grundstück darf nicht in der Weise vertieft werden, daß der Boden oder das Gebäude des Nachbars die erforderliche Stütze verliert, es sei denn, daß der Besitzer des Grundstückes für eine genügende anderweitige Befestigung Vorsorge trifft.

§ 372
Wenn der Kläger mit dem Beweise des erworbenen Eigentumes einer ihm vorenthaltenen Sache zwar nicht ausreicht, aber den gültigen Titel, und die echte Art, wodurch er zu ihrem Besitze gelangt ist, dargetan hat; so wird er doch in Rücksicht eines jeden Besitzers, der keinen, oder nur einen schwächeren Titel seines Besitzes anzugeben vermag, für den wahren Eigentümer gehalten.

§ 422
Jeder Grundeigentümer kann die Wurzeln eines fremden Baumes aus seinem Boden reißen, und die über seinem Luftraume hängenden Äste abschneiden oder sonst benützen.

§ 1293
Schade heißt jeder Nachteil, welcher jemandem an Vermögen, Rechten oder seiner Person zugefügt worden ist. Davon unterscheidet sich der Entgang des Gewinnes, den jemand nach dem gewöhnlichen Laufe der Dinge zu erwarten hat.

§ 1294
Der Schade entspringt entweder aus einer widerrechtlichen Handlung, oder Unterlassung eines anderen; oder aus einem Zufalle. Die widerrechtliche Beschädigung wird entweder willkürlich, oder unwillkürlich zugefügt. Die willkürliche Beschädigung aber gründet sich teils in einer bösen Absicht, wenn der Schade mit Wissen und Willen; teils in einem Versehen, wenn er aus schuldbarer Unwissenheit, oder aus Mangel der gehörigen Aufmerksamkeit, oder des gehörigen Fleißes verursacht worden ist. Beides wird ein Verschulden genannt.

§ 1295
(1) Jedermann ist berechtigt, von dem Beschädiger den Ersatz des Schadens, welchen dieser ihm aus Verschulden zugefügt hat, zu fordern; der Schade mag durch Übertretung einer Vertragspflicht oder ohne Beziehung auf einen Vertrag verursacht worden sein.
(2) Auch wer in einer gegen die guten Sitten verstoßenden Weise absichtlich Schaden zufügt, ist dafür verantwortlich, jedoch falls dies in Ausübung eines Rechtes geschah, nur dann, wenn die Ausübung des Rechtes offenbar den Zweck hatte, den anderen zu schädigen.

§ 1296
Im Zweifel gilt die Vermutung, dass ein Schade ohne Verschulden eines anderen entstanden sei.

§ 1297
Es wird aber auch vermutet, dass jeder, welcher den Verstandesgebrauch besitzt, eines solchen Grades des Fleißes und der Aufmerksamkeit fähig sei, welcher bei gewöhnlichen Fähigkeiten angewendet werden kann. Wer bei Handlungen, woraus eine Verkürzung der Rechte eines anderen entsteht, diesen Grad des Fleißes oder der Aufmerksamkeit unterlässt, macht sich eines Versehens schuldig.

§ 1298
Wer vorgibt, dass er an der Erfüllung seiner vertragsmäßigen oder gesetzlichen Verbindlichkeit ohne sein Verschulden verhindert worden sei, dem liegt der Beweis ob. Soweit er auf Grund vertraglicher Vereinbarung nur für grobe Fahrlässigkeit haftet, muss er auch beweisen, dass es an einer dieser Voraussetzungen fehlt.

§ 1301
Für einen widerrechtlich zugefügten Schaden können mehrere Personen verantwortlich werden, indem sie gemeinschaftlich, unmittelbarer oder mittelbarer Weise durch Verleiten, Drohen, Befehlen, Helfen, Verhehlen und dgl.; oder, auch nur durch Unterlassung der besonderen Verbindlichkeit, das Übel zu verhindern, dazu beigetragen haben.

§ 1319
Wird durch Einsturz oder Ablösung von Teilen eines Gebäudes oder eines anderen auf einem Grundstück aufgeführten Werkes jemand verletzt oder sonst ein Schaden verursacht, so ist der Besitzer des Gebäudes oder Werkes zum Ersatze verpflichtet, wenn die Ereignung die Folge der mangelhaften Beschaffenheit des Werkes ist und er nicht beweist, dass er alle zur Abwendung der Gefahr erforderliche Sorgfalt angewendet habe.

§ 1320
Wird jemand durch ein Tier beschädigt, so ist derjenige dafür verantwortlich, der es dazu angetrieben, gereizt oder zu verwahren vernachlässigt hat. Derjenige, der das Tier hält, ist verantwortlich, wenn er nicht beweist, dass er für die erforderliche Verwahrung oder Beaufsichtigung gesorgt hatte.

§ 1323
Um den Ersatz eines verursachten Schadens zu leisten, muß alles in den vorigen Stand zurückversetzt, oder, wenn dies nicht tunlich ist, der Schätzungswert vergütet werden. Betrifft der Ersatz nur den erlittenen Schaden, so wird er eigentlich eine Schadloshaltung; wofern er sich aber auch auf den entgangenen Gewinn und die Tilgung der verursachten Beleidigung erstreckt, volle Genugtuung genannt.

§ 1324
In dem Falle eines aus böser Absicht oder aus einer auffallenden Sorglosigkeit verursachten Schadens ist der Beschädigte volle Genugtuung; in den übrigen Fällen aber nur die eigentliche Schadloshaltung zu fordern berechtigt. Hiernach ist in den Fällen, wo im Gesetze der allgemeine Ausdruck: Ersatz, vorkommt, zu beurteilen, welche Art des Ersatzes zu leisten sei.

§ 1325
Wer jemanden an seinem Körper verletzt, bestreitet die Heilungskosten des Verletzten, ersetzt ihm den entgangenen, oder, wenn der Beschädigte zum Erwerb unfähig wird, auch den künftig entgehenden Verdienst; und bezahlt ihm auf Verlangen überdies ein den erhobenen Umständen angemessenes Schmerzensgeld.

§ 1478
Insofern jede Ersitzung eine Verjährung in sich begreift, werden beide mit den vorgeschriebenen Erfordernissen in einem Zeitraume vollendet. Zur eigentlichen Verjährung aber ist der bloße Nichtgebrauch eines Rechtes, das an sich schon hätte ausgeübt werden können, durch 30 Jahre hinlänglich.

§ 1479
Alle Rechte gegen einen Dritten, sie mögen den öffentlichen Büchern einverleibt sein oder nicht, erlöschen also in der Regel längstens durch den dreißigjährigen Nichtgebrauch, oder durch ein so lange Zeit beobachtetes Stillschweigen.

§ 84
(1) Soweit in diesem Gesetze nichts anderes angeordnet ist, hat das Gericht die Beseitigung von Formgebrechen, welche die ordnungsmäßige geschäftliche Behandlung eines überreichten Schriftsatzes zu hindern geeignet sind, von Amts wegen anzuordnen. Ein solcher Beschluß kann durch ein abgesondertes Rechtsmittel nicht angefochten werden.
(2) Als derartiges Formgebrechen ist es insbesondere anzusehen, wenn die Vorschriften der §§ 75 und 77 nicht beachtet wurden, oder wenn es an der erforderlichen Anzahl von Schriftsatzexemplaren oder von Rubriken fehlt. Die unrichtige Benennung eines Rechtsmittels, eines Rechtsbehelfs oder von Gründen ist unerheblich, wenn das Begehren deutlich erkennbar ist.
(3) War bei der Überreichung eines Schriftsatzes eine Frist einzuhalten, so ist nach Abs. 1 auch vorzugehen, wenn in dem Schriftsatz Erklärungen oder sonstige Vorbringen fehlen, die für die mit dem Schriftsatz vorgenommene Prozesshandlung vorgeschrieben sind. Durch solche Verbesserungen und sonstige Ergänzungen des zu verbessernden Schriftsatzes darf jedoch das darin enthaltene Vorbringen nicht so geändert werden, dass dadurch in die bereits eingetretene Rechtskraft einer Entscheidung eingegriffen würde; war dem zurückgestellten Schriftsatz nicht eindeutig zu entnehmen, dass die Entscheidung nur zum Teil oder inwieweit sie angefochten wird, so gilt sie als zur Gänze angefochten.
(4) Im Verfahren vor Gerichtshöfen steht die Einlassung dieser Anordnungen dem Vorsitzenden des Senates zu, dem die Rechtssache zugewiesen ist.

§ 85
(1) Zum Zwecke der Beseitigung von Formgebrechen kann die Partei vorgeladen oder ihr der Schriftsatz mit der Anweisung zur Behebung der gleichzeitig zu bezeichnenden Formgebrechen zurückgestellt werden.
(2) War bei Überreichung des Schriftsatzes eine Frist einzuhalten, so ist letzterenfalls für die Wiederanbringung eine neuerliche Frist festzusetzen, bei deren Einhaltung der Schriftsatz als am Tage seines ersten Einlangens überreicht anzusehen ist. Eine Verlängerung dieser Frist ist nicht zulässig. Hat eine die Verfahrenshilfe genießende oder beantragende Partei innerhalb der gesetzten Frist die Beigebung eines Rechtsanwalts beantragt, so beginnt diese Frist mit der Zustellung des Bescheides über die Bestellung des Rechtsanwalts beziehungsweise mit dem Eintritt der Rechtskraft des Beschlusses, womit die Beigebung eines Rechtsanwalts versagt wird, zu laufen; der Bescheid ist durch das Gericht zuzustellen.
(3) Gegen die auf Grund vorstehender Bestimmungen ergehenden Beschlüsse ist ein abgesondertes Rechtsmittel nicht statthaft; inwiefern deshalb das Aufsichtsrecht der übergeordneten Gerichtsbehörden angerufen werden kann, ist nach den über die innere Einrichtung und Geschäftsordnung der Gerichte erlassenen Vorschriften zu beurteilen.

§ 226
(1) Die mittels vorbereitenden Schriftsatzes anzubringende Klage hat ein bestimmtes Begehren zu enthalten, die Tatsachen, auf welche sich der Anspruch des Klägers in Haupt- und Nebensachen gründet, im einzelnen kurz und vollständig anzugeben, und ebenso die Beweismittel im einzelnen genau zu bezeichnen, deren sich der Kläger zum Nachweise seiner tatsächlichen Behauptung bei der Verhandlung zu bedienen beabsichtigt.
(2) Wenn die Zuständigkeit oder die Besetzung (§ 7 a der Jurisdiktionsnorm) des angerufenen Gerichtes vom Werte des Streitgegenstandes abhängt und die Klage nicht auf eine Geldsumme gerichtet ist, sind in die Klage auch die erforderlichen Angaben über den Wert des Streitgegenstandes aufzunehmen. Wenn die Klage einen Gegenstand der Handelsgerichtsbarkeit betrifft, jedoch bei einem Gerichtshofe angebracht wird, welchem nicht nur diese besondere, sondern auch die allgemeine Gerichtsbarkeit zusteht, so ist bei der Bezeichnung des Gerichtes ersichtlich zu machen, dass die Verhandlung der Rechtssache vor dem Handelssenate beantragt wird.
(3) Im übrigen sind auf die Klageschrift die allgemeinen Vorschriften über vorbereitende Schriftsätze anzuwenden.

§ 272

(1) Das Gericht hat, sofern in diesem Gesetz nicht etwas anderes bestimmt ist, unter sorgfältiger Berücksichtigung der Ergebnisse der gesamten Verhandlung und Beweisführung nach freier Überzeugung zu beurteilen, ob eine tatsächliche Angabe für wahr zu halten sei oder nicht.

(2) Es hat insbesondere in gleicher Weise zu entscheiden, welchen Einfluß es auf die Beurteilung des Falles hat, wenn eine Partei die Beantwortung von Fragen verweigert, welche durch den Vorsitzenden oder mit dessen oder des Senates Zustimmung an sie gestellt werden.

(3) Die Umstände und Erwägungen, welche für die Überzeugung des Gerichtes maßgebend waren, sind in der Begründung der Entscheidung anzugeben.

§ 273

(1) Wenn feststeht, daß einer Partei der Ersatz eines Schadens oder des Interesses gebührt oder daß sie sonst eine Forderung zu stellen hat, der Beweis über den streitigen Betrag des zu ersetzenden Schadens oder Interesses oder der Forderung aber gar nicht oder nur mit unverhältnismäßigen Schwierigkeiten zu erbringen ist, so kann das Gericht auf Antrag oder von Amts wegen selbst mit Übergehung eines von der Partei angebotenen Beweises diesen Betrag nach freier Überzeugung festsetzen. Der Festsetzung des Betrages kann auch die eidliche Vernehmung einer der Parteien über die für die Bestimmung des Betrages maßgebenden Umstände vorausgehen.

(2) Sind von mehreren in derselben Klage geltend gemachten Ansprüchen einzelne, im Verhältnis zum Gesamtbetrag unbedeutende streitig und ist die vollständige Aufklärung aller für sie maßgebenden Umstände mit Schwierigkeiten verbunden, die zur Bedeutung der streitigen Ansprüche in keinem Verhältnis stehen, so kann das Gericht darüber in der gleichen Weise (Absatz 1) nach freier Überzeugung entscheiden.

§ 7
(1) Die Exekution darf nur bewilligt werden, wenn aus dem Exekutionstitel – im Fall des § 308 a Abs. 5 im Zusammenhang mit einer Entscheidung nach § 292 k – nebst der Person des Berechtigten und Verpflichteten auch Gegenstand, Art, Umfang und Zeit der geschuldeten Leistung oder Unterlassung zu entnehmen sind.
(2) Vor Eintritt der Fälligkeit einer Forderung und vor Ablauf der in einem Urteile oder in einem anderen Exekutionstitel für die Leistung bestimmten Frist kann die Exekution nicht bewilligt werden. Ist der Fälligkeitstag oder das Ende der Leistungsfrist im Exekutionstitel weder durch Angabe eines Kalendertages, noch durch Angabe eines kalendermäßig feststehenden Anfangspunktes der Frist bestimmt, oder ist im Exekutionstitel die Vollstreckbarkeit des Anspruches von dem seitens des Berechtigten zu beweisenden Eintritte einer Tatsache, namentlich von einer vorangegangenen Leistung des Berechtigten abhängig gemacht, so muß der Eintritt der hiernach für die Fälligkeit oder Vollstreckbarkeit maßgebenden Tatsache mittels öffentlicher oder öffentlich beglaubigter Urkunde bewiesen werden.
(3) Die gesetzwidrig oder irrtümlich erteilte Bestätigung der Vollstreckbarkeit ist von dem Gerichte, das sie erteilt hat, von Amts wegen oder auf Antrag eines Beteiligten durch Beschluß aufzuheben. Der Beschluß ist allen Beteiligten zuzustellen.
(4) Ist die Bestätigung der Vollstreckbarkeit für einen der im § 1 Z 13 oder im § 3 Absatz 2 des [Gesetzes vom 21. Juli 1925, BGBl, Nr. 276], angeführten Exekutionstitel gesetzwidrig oder irrtümlich erteilt worden, so sind Anträge auf Aufhebung der Bestätigung bei jener Stelle anzubringen, von der der Exekutionstitel ausgegangen ist.
(5) Mit dem Antrage auf Aufhebung der Bestätigung kann der Antrag auf Einstellung (§ 39 Abs. 1 Z 9) oder auf Aufschiebung (§ 42 Absatz 2) verbunden werden; diese Anträge sind, wenn sie nicht beim Exekutionsgericht gestellt werden, an dieses zur Erledigung zu leiten.
(6) Das Recht, die Exekutionsbewilligung auf Grund eines ausländischen Exekutionstitels oder auf Grund von Schiedssprüchen durch Rekurs oder durch die Klage nach § 36 anzufechten, bleibt unberührt.

§ 353
(1) Wenn der Verpflichtete eine Handlung vorzunehmen hat, deren Vornahme durch einen Dritten erfolgen kann, ist der betreibende Gläubiger auf Antrag von dem die Exekution bewilligenden Gerichte zu ermächtigen, die Handlung auf Kosten des Verpflichteten vornehmen zu lassen.
(2) Der betreibende Gläubiger kann zugleich beantragen, dem Verpflichteten die Vorauszahlung der Kosten aufzutragen, welche durch die Vornahme der Handlung entstehen werden. Der diesem Antrage stattgebende Beschluß ist das Vermögen des Verpflichteten vollstreckbar.

§ 354
(1) Der Anspruch auf eine Handlung, die durch einen Dritten nicht vorgenommen werden kann oder deren Vornahme zugleich ausschließlich vom Willen des Verpflichteten abhängt, wird dadurch vollstreckt, dass der Verpflichtete auf Antrag vom Exekutionsgerichte durch Geldstrafen oder durch Haft bis zur Gesamtdauer von sechs Monaten zur Vornahme der Handlung angehalten wird.
(2) Die Exekution hat mit Androhung der für den Fall der Saumsal zu verhängenden Strafe zu beginnen; als erste Strafe darf nur eine Geldstrafe angedroht werden. Nach fruchtlosem Ablauf der in dieser Verfügung für die Vornahme der Handlung gewährten Frist ist das angedrohte Zwangsmittel auf Antrag des betreibenden Gläubigers zu vollziehen und zugleich unter jeweiliger Bestimmung einer neuerlichen Frist für die geschuldete Leistung ein stets schärferes Zwangsmittel anzudrohen. Der Vollzug dessen erfolgt nur auf Antrag des betreibenden Gläubigers.

§ 355
(1) Die Exekution gegen den zur Unterlassung einer Handlung oder zur Duldung der Vornahme einer Handlung Verpflichteten geschieht dadurch, dass wegen eines jeden Zuwiderhandelns nach Eintritt der Vollstreckbarkeit des Exekutionstitels auf Antrag vom Exekutionsgericht anlässlich der Bewilligung der Exekution eine Geldstrafe verhängt wird. Wegen eines jeden weiteren Zuwiderhandelns hat das Exekutionsgericht auf Antrag eine weitere Geldstrafe oder eine Haft bis zur Gesamtdauer eines Jahres zu verhängen. Diese sind nach Art und Schwere des jeweiligen Zuwiderhandelns, unter Bedachtnahme auf die wirtschaftliche Leistungsfähigkeit des Verpflichteten und das Ausmaß der

Beteiligung an der Zuwiderhandlung auszumessen.
(2) Auf Antrag des betreibenden Gläubigers kann dem Verpflichteten vom Exekutionsgerichte die Bestellung einer Sicherheit für den durch ferneres Zuwiderhandeln entstehenden Schaden aufgetragen werden. Hier ist die Höhe und Art der zu leistenden Sicherheit, sowie die Zeit zu bestimmen, für welche sie zu haften hat. In Ansehung der Vollstreckung dieses Beschlusses gelten die Bestimmungen des § 353 Abs. 2.

§ 361
Die Haft darf nur verhängt werden, wenn der maßgebliche Sachverhalt bewiesen ist (§ 55 Abs. 2); sie darf in jeder einzelnen Strafverfügung nicht für länger als für die Dauer von zwei Monaten verhängt werdend. Nach Ablauf der in der Strafverfügung angegebenen Haftzeit ist der Verpflichtete von Amts wegen aus der Haft zu entlassen.

§ 381
Zur Sicherung anderer Ansprüche können einstweilige Verfügungen getroffen werden:
1. wenn zu besorgen ist, dass sonst die gerichtliche Verfolgung oder Verwirklichung des fraglichen Anspruches, insbesondere durch eine Veränderung des bestehenden Zustandes, vereitelt oder erheblich erschwert werden würde; als solche Erschwerung ist es anzusehen, wenn das Urteil in Staaten vollstreckt werden müsste, die weder das Übereinkommen vom 27. September 1968 über die gerichtliche Zuständigkeit und die Vollstreckung gerichtlicher Entscheidungen in Zivil- und Handelssachen noch das Übereinkommen vom 16. September 1988 über die gerichtliche Zuständigkeit und die Vollstreckung gerichtlicher Entscheidungen in Zivil- und Handelssachen ratifiziert haben;
2. wenn derartige Verfügungen zur Verhütung drohender Gewalt oder zur Abwendung eines drohenden unwiederbringlichen Schadens nötig erscheinen.

§ 81
(1) Klagen, durch welche ein dingliches Recht auf ein unbewegliches Gut, die Freiheit von einem solchen Rechte oder die Aufhebung desselben geltend gemacht wird, Teilungs-, Grenzberichtigungs- und Besitzstörungsklagen gehören vor das Gericht, in dessen Sprengel das unbewegliche Gut gelegen ist.
(2) Betrifft die Klage eine Grunddienstbarkeit oder eine Reallast, so ist die Lage des dienenden oder belastenden Grundstückes entscheidend.

§ 82
Streitigkeiten wegen Störung des Besitzes (§ 49 Abs. 2 Z 4) an Wasserrechten gehören vor das Gericht in dessen Sprengel die Störung erfolgte.

Abkürzungen

a. A. .... anderer Ansicht, Auffassung
a. a. O. .... am angegebenen Ort
ABGB .... Allgemeines bürgerliches Gesetzbuch
Abs. .... Absatz
AcP .... (deutsches) Archiv für die civilistische Praxis
a. E. .... am Ende
a. F. .... alte Fassung
ALR .... Preußisches Allgemeines Landrecht
a. M. .... anderer Meinung
Anh. .... Anhang
Anm. .... Anmerkung
AnwBl. .... Österreichisches Anwaltsblatt
AO .... Ausgleichsordnung
AT .... Allgemeiner Teil
Art. .... Artikel
AtG .... Atomgesetz
Aufl. .... Auflage

BAG .... Bundesarbeitsgericht
BB .... Betriebs – Berater
bbl .... (österreichische) Baurechtliche Blätter
Bearb. .... Bearbeitung
Bd. .... Band
BGB .... (deutsches) Bürgerliches Gesetzbuch
BGBl. .... Bundesgesetzblatt
BGH .... (deutscher) Bundesgerichtshof
BGHZ .... Entscheidungen des (deutschen) Bundesgerichtshofs in Zivilsachen
BImSchG .... Bundesimmissionsschutzgesetz
BT .... Besonderer Teil
BVerfG .... Bundesverfassungsgericht
BVerfGE .... Entscheidungen des Bundesverfassungsgerichts
BVerwG .... Bundesverwaltungsgericht
BVerwGE .... Entscheidungen des Bundesverwaltungsgerichts
BVG .... (österreichisches) Bundesverfassungsgericht
B-VG .... (österreichisches) Bundes-Verfassungsgesetz
bzgl. .... bezüglich
bzw. .... beziehungsweise

d .... deutsch (-e, -er, -es)
DB .... Der Betrieb
ders. .... derselbe
d. h. .... das heißt
DJT .... Deutscher Juristen Tag
DWW .... Deutsche Wohnungswirtschaft

E .... Entscheidung (en)
ecolex .... Fachzeitschrift für Wirtschaftsrecht
EG .... Einführungsgesetz
EGZPO ....
EO .... Exekutionsordnung
etc. .... et cetera
EvBl. .... Evidenzblatt der Rechtsmittelentscheidungen

f. .... und der (die) folgende
ff. .... und die folgenden
Fn. .... Fußnote

ForstG	(österreichisches) Forstgesetz
FS	Festschrift
G	Gesetz
GA	Gutachten
gem.	gemäß
GewO	Gewerbeordnung
GG	Grundgesetz der Bundesrepublik Deutschland
ggf.	gegebenenfalls
h. A.	herrschende Ansicht (Auffassung)
HdUR	Handwörterbuch des Umweltrechts
h. L.	herrschende Lehre
h. M.	herrschende Meinung
Hrsg.	Herausgeber
Hs.	Halbsatz
i. d. F.	in der Fassung
i. d. R.	in der Regel
i. S. d.	im Sinne des
immolex	Entscheidungs- und Informationsdienst für neues Miet- und Wohnrecht
ImmZ	(österreichische) Immobilienzeitung
insb.	insbesondere
i. S.	im Sinne
IPR	Internationales Privatrecht
i. V. m.	in Verbindung mit
i. w. S.	im weiteren Sinn
JABl.	Amtsblatt der Österreichischen Justizverwaltung
JAP	(österreichische) Zeitschrift für Juristische Ausbildung und Praxis
JBl.	(österreichische) Juristische Blätter
JN	Jurisdiktionsnorm
JR	Juristische Rundschau
Jura	Juristische Ausbildung
JuS	Juristische Schulung
JZ	Juristenzeitung
krit.	kritisch
LG	Landgericht
lit.	litera (Buchstabe)
LuftVG	Luftverkehrsgesetz
MDR	Monatsschrift für Deutsches Recht
MietSlg.	(österreichische) Mietrechtliche Entscheidungen
m. w. N.	mit weiteren Nachweisen
n. F.	neue Fassung
NJW	Neue Juristische Wochenschrift
NJW-RR	NJW-Rechtsprechnungs-Report Zivilrecht
Nr.	Nummer
NuR	Natur und Recht
NVwZ	Neue Zeitschrift für Verwaltungsrecht
ö	österreichisch (-e, -er, -es)
ÖBl.	Österreichische Blätter für gewerblichen Rechtsschutz und Urheberrecht
OGH	Oberster Gerichtshof
ÖJT	Österreichischer Juristentag
ÖJZ	Österreichische Juristen Zeitung

OLG... Oberlandesgericht
ÖZW... Österreichische Zeitung für Wirtschaftsrecht
öZPO... österreichische Zivilprozessordnung

PrALR... Preußische Allgemeine Landrecht
RdU... Recht der Umwelt
RdW... (österreichisches) Recht der Wirtschaft
RG... (deutsches) Reichsgericht
RGZ... Entscheidungen des (deutschen) Reichsgerichts in Zivilsachen
Rn. .... Randnummer
RpflE... Rechtspflegerentscheidung
Rspr. .... Rechtsprechung
RZ... Randzahl (-ziffer)

S. .... Seite
sog. .... sogenannt (-e, -er, -es)
Sp. .... Spalte
st. .... ständige
str. .... streitig, strittig
SZ... Entscheidungen des österreichischen Obersten Gerichtshofes in Zivilsachen (Bd./Nr.)

TA... Technische Anleitung
TA Luft... Technische Anleitung zur Reinhaltung der Luft
TN... Teilnovelle zum ABGB

u. a. .... und andere (n), unter anderem
u. ä. .... und ähnliche (s)
UmweltHG... Umwelthaftungsgesetz
UPR... Umwelt- und Planungsrecht
u. s. w. .... und so weiter
UTR... Jahrbuch des Umwelt- und Technikrechts
u. U. .... unter Umständen
u. v. a. .... und viele(s) andere
UWG... Bundesgesetz gegen den unlauteren Wettbewerb

v. .... von, vom
Verf... Verfassung
VersR... Versicherungsrecht
vgl. .... vergleiche
Vor... Vorbemerkung
VR... Die Versicherungsrundschau
VwGO... Verwaltungsgerichtsordnung

WHG... Wasserhaushaltsgesetz
WRG... (österreichisches) Wasserrechtsgesetz

z. .... zu, zum, zur
Z. .... Zahl, Ziffer
z. B. .... zum Beispiel
ZfIR... Zeitschrift für Immobilienrecht
ZfRV... Zeitschrift für Rechtsvergleichung
ZMR... Zeitschrift für Miet- und Raumrecht
Zit. / zit. .... zitiert
ZIP... Zeitschrift für Wirtschaftsrecht und Insolvenzpraxis
ZPO... Zivilprozessordnung
z. T. .... zum Teil
zust. .... zustimmend
ZVR... Zeitschrift für Verkehrsrecht
ZZP... (deutsche) Zeitschrift für Zivilprozessrecht

Abraham, Ellen J, R.: *Schutz vor industriellen Immissionen durch das Bürgerliche Gesetzbuch.* Baden-Baden 1997.
Adamovich, Ludwig K. / Funk, Bernd-Christian: *Allgemeines Verwaltungsrecht.* Wien/New York [3]1987 (Zit.: Adamovich/Funk, *Verwaltungsrecht).*
Dies.: *Österreichisches Verfassungsrecht.* Wien/New York [3]1985 (Zit.: Adamovich/ Funk, *Verfassungsrecht*).
Aicher, Joseph: *Grundfragen der Staatshaftung bei rechtmäßigen hoheitlichen Eigentumsbeeinträchtigungen.* Berlin 1978 (Zit.: Aicher, *Staatshaftung*).
Ders.: *Umweltschutz und Privatrecht.* In: *JBl.*, 1979, S. 235 ff.
Alternativkommentar Kommentar zum Bürgerlichen Gesetzbuch. Bd. 4: Sachenrecht. Neuwied/ Darmstadt 1983 (Zit.: AK/Bearbeiter).
Alheit, Helmward: *Nachbarrecht von A-Z.* München [6]1996.
Antoniolli, Walter / Koja, Friedrich: *Allgemeines Verwaltungsrecht.* Wien [2]1986.
Angst, Peter: *Kommentar zur Exekutionsordnung.* Wien 2000 (Zit.: Angst/Bearbeiter).
Arens, Peter: *Zur Aufklärungspflicht der nicht beweisbelasteten Partei im Zivilprozessrecht.* In: *ZZP*, 96. Bd. (1983), S. 1 ff.
Ders. / Lüke, Wolfgang: *Zivilprozessrecht.* München [7]1999.
Balensiefen, Gotthold A.: *Umwelthaftung: Privatrechtliche Haftung für beeinträchtigende Umwelteinwirkungen in Deutschland – nach Inkrafttreten von Umwelthaftungsgesetz und Gentechnikgesetz – und in den USA.* Baden-Baden 1994.
Ballon, Oskar: *Einführung in das österreichische Zivilprozessrecht: Streitiges Verfahren.* Graz [9]1999.
Baumann, Peter: Die Haftung für Umweltschäden aus zivilrechtlicher Sicht. In: *JuS*, 1989, S. 433 ff.
Baumbach, Adolf / Lauterbach, Wolfgang / Albers, Jan / Hartmann, Peter: *Kommentar zur Zivilprozessordnung. Kommentar.* München [60]2002 (Zit.: Baumbach/ Lauterbach/Albers/Hartmann).
Baumgärtel, Gottfried: *Beweislastpraxis im Privatrecht – Die Schwierigkeiten der Beweislastverteilung und die Möglichkeiten ihrer Überwindung.* Köln 1996 (Zit.: Baumgärtel, Beweislast).
Ders.: *Gedächtnisschrift für Rudolf Bruns.* München 1980 (Zit.: Baumgärtel, Gedächtnisschrift Bruns).
Baur, Fritz: *Zur Entstehung des Umweltschutzrechts aus dem Sachenrecht des BGB.* In: *JZ*, 1987, S. 317 ff.
Ders.: *Der Beseitigungsanspruch nach § 1004 BGB.* In: *AcP*, 160. Bd. (1961), S. 465 ff.
Ders.: *Die privatrechtlichen Auswirkungen des Bundesimmissionsschutzgesetzes.* In: *JZ*, 1974, S. 657 ff.
Baur, Jürgen F.: *Lehrbuch des Sachenrechts.* München [17]1999.
Bender, Bernd / Sparwasser, Reinhard / Engel, Rüdiger: *Umweltrecht: Grundzüge des öffentlichen Umweltschutzrechts.* Heidelberg [4]2000.
Birk, Hans-Jörg: *Umwelteinwirkungen durch Sportanlagen.* In: *NVwZ*, 1985, S. 689 ff.
Bitzer, Peter: *Grenz- und Richtwerte im Anwendungsbereich des § 906 BGB.* Köln 2000.
Boulding, Kenneth: *»Raumschiff Erde«.* In: H. Jerret: *Environmental Quality in a Growing Economy.* Baltimore: John Hopkins UP 1966, S. 3 ff.
Bruns, Rudolf: *Beweiswert.* In: *ZZP*, 91. Bd. (1978), S. 64 ff.
Bydlinski, Franz: *Juristische Methodenlehre und Rechtsbegriff.* Wien [2]1991.
Carson, Rachel: *Der stumme Frühling.* München 1981 [=Beck'sche Schwarze Reihe 144].
Diederichsen, Uwe: *Die Haftung für Umweltschäden.* In: BB, 1973, S. 485 ff.
Ders.: *Zur Rechtsnatur und systematischen Stellung von Beweislast und Anscheinsbeweis.* In: *VersR*, 1966, S. 211 ff.
Dittrich, Robert / Tades, Helmuth: *Das Allgemeine bürgerliche Gesetzbuch. Kommentar.* Taschenbuchausgabe. Wien [20]2002 (Zit.: Dittrich/Tades, *Kurzkommentar*).
Dies.: *Das Allgemeine bürgerliche Gesetzbuch. Kommentar. Hauptwerk mit Nebengesetzen.* Wien [35]1999 (Zit.: Dittrich/Tades).
Dolde, Klaus-Peter: *Umweltrecht im Wandel – Bilanz und Perspektiven aus Anlass des 25-jährigen Bestehens der Gesellschaft für Umweltrecht.* Berlin 2001.
Edelbacher, Oskar: *Der Stand der Persönlichkeitsrechte in Österreich.* In: *ÖJZ*, 1983, S. 423 ff.
Ehrenzweig, Armin: *System des österreichischen allgemeinen Privatrechts.* Wien 1957.

Enders, Rainald: *Die zivilrechtliche Verantwortlichkeit für Altlasten und Abfälle, Umwelt- und Technikrecht.* Bd. 47. Berlin 1999.
Enders, Horst-Reiner: *Juristisches Büro* 2000, 113.
Endres, Thomas: *Eigentumsfreiheitsklage contra Naturschutz.* Bielefeld 1997.
Engelhardt, Wolfgang: *Die deliktsrechtliche Haftung für Umweltschäden.* Hamburg 1992.
Erbguth, Wilfried: *Rechtssystematische Grundfragen des Umweltrechts.* Berlin 1987.
Erman, Walter: *Bürgerliches Gesetzbuch – Handkommentar.* Köln / Münster ^{10}2000 (Zit.: Erman/ Bearbeiter).
Fasching, Hans W.: *Lehrbuch des österreichischen Zivilprozessrechts.* Wien ^{2}1990.
Feil, Erich: *Privates Nachbarrecht und Immissionen.* Wien 1997.
Forkel, Hans: *Immissionsschutz und Persönlichkeitsrecht.* Köln / Berlin / Bonn / München 1968.
Fritz, Klaus: *Das Verhältnis von privatem und öffentlichem Immissionsschutzrecht nach der Ergänzung von § 906 I BGB.* In: *NJW*, 1996, S. 573 ff.
Fucik, Robert: *Die (objektive) Beweislast. Besonders im Haftpflichtrecht.* In: *RZ*, 1990, S. 54 ff.
Gamsjäger, Martin: *Umweltschutz und Haftungsrecht – Ein Vergleich zwischen Verschuldenshaftung und Gefährdungshaftung.* Salzburg 1997.
Gerlach, Johann W.: *Privatrecht und Umweltschutz im System des Umweltrechts.* Berlin 1989.
Ders.: *Die Grundstruktur des privaten Umweltrechts im Spannungsverhältnis zum öffentlichen Recht.* In: *JZ*, 1988, S. 161 ff.
Gierke, Otto von: *Deutsches Privatrecht.* Bd. 2: *Sachenrecht.* München/Leipzig 1905.
Gimpel-Hinteregger, Monika: *Grundfragen der Umwelthaftung.* Wien 1994.
Gottwald, Peter: *Grundprobleme der Beweislastverteilung.* In: *Jura*, 1980, S. 225 ff.
Ders.: *Schadenszurechnung und Schadensschätzung.* München 1979 (Zit.: *Schadenszurechnung*).
Gschnitzer, Franz: *Österreichisches Sachenrecht.* Wien/New York ^{2}1985.
Haller, Robert: *Auskunftsansprüche im Umwelthaftungsrecht.* Köln 1999.
Haag, Robert-Josef: *Öffentliches und privates Nachbarrecht.* München 1996.
Hänsemeyer, Ludwig: *Prozessrechtliche Rahmenbedingungen für die Entwicklung des materiellen Privatrechts – Zur Unvertauschbarkeit materieller und formeller Rechtssätze.* In: *AcP*, 188. Bd. (1988), S. 140 ff.
Hagen, Horst: *Der nachbarrechtliche Ausgleichanspruch nach § 906 Abs. 2 Satz 2 BGB als Musterlösung und Lösungsmuster – Rechtsfortbildung in mehreren Etappen. Festschrift für Hermann Lange zum 70. Geburtstag.* Stuttgart/Berlin/Köln 1992
Ders.: *Sportanlagen im Wohnbereich.* In: *UPR*, 1985, S. 192 ff.
Ders.: *Privatrechtlicher Immissionsschutz – aus der Rechtsprechung des Bundesgerichtshofes.* In: *ZfIR*, 1995, S. 61 ff.
Hager, Günther: *Umweltschäden – Ein Prüfstein für die Wandlungs- und Leistungsfähigkeit des Deliktsrechts.* In: *NJW*, 1986, S. 1961 ff.
Hanreich,Hanspeter / Schwarzer, Stephan: *Umwelthaftung.* Wien 1991 [=Schriftenreihe der Bundeswirtschaftskammer 70] (Zit.: Bearbeiter in Hanreich/Schwarzer).
Henkel, Wolfram: *Vorbeugender Rechtsschutz im Zivilrecht.* In: *AcP*, 174. Bd. (1974), S. 95 ff.
Holzhammer, Richard: *Österreichisches Zivilprozessrecht.* Wien/New York ^{2}1976.
Horst, Hans Reinhold: *Rechtshandbuch Nachbarrecht.* Herne/Berlin 2000.
Huber, Georg: *Das Privatrecht als Instrument des Umweltschutzes.* Diplomarbeit. Innsbruck 1990:
Illedits, Alexander / Illedits-Lohr, Karin: *Nachbarrecht.* Wien 1999.
Jabornegg, Peter: *Reichen die Bestimmungen des bürgerlichen Rechts, insbesondere aus dem Nachbarschaftsverhältnis aus, um den zeitgemäßen Forderungen nach einem wirksamen Umweltschutz Rechnung zu tragen? Verhandlungen des 9. Österreichischen Juristentages Wien 1985.* Bd. I. 4. Teil. Wien 1985 (Zit.: Jabornegg GA).
Ders.: *Privates Nachbarrecht und Umweltschutz.* In: *ÖJZ*, 1983, S. 365 ff.
Ders.: *Zivilrecht als Mittel des Umweltschutzes.* In: *Privatrecht und Umweltschutz III* 1986 (Zit.: Jabornegg, *Privatrecht und Umweltschutz III*).
Ders.: *Der Schutz der Umwelt durch das Zivilrecht.* In: *VR*, 1988, S. 42 ff.
Ders. / Strasser, Rudolf / Rummel, Peter: *Privatrecht und Umweltschutz.* Linz 1976 (Zit.: Jabornegg/ Strasser, in Strasser).
Dies.: *Nachbarrechtliche Ansprüche als Instrument des Umweltschutzes.* Linz 1978 (Zit.: Jabornegg/ Strasser).

Janovsky, Siegfried: *Boden- und Wasserschutz im Privatrecht am Beispiel der Landwirtschaft*. Wien 1997.

Jägerin, Othmar: *Bürgerliches Gesetzbuch*. München ^{9}1999 (Zit.: Jägerin/Bearbeiter).

Ders.: *Zivilprozessrecht*. München ^{25}1998.

Ders.: *Einstweilige Verfügung gegen ein Bezugsverbot?* In: *NJW*, 1973, S. 1671 ff.

Ders.: *Zivilrechtlicher Schutz des Grundeigentums in der neueren Rechtsentwicklung*. In: *JZ*, 1986, S. 605 ff.

Karsten, Andreas: *Der Nachbarrechtliche Ausgleichsanspruch gemäß § 906 Abs. 2 Satz 2 BGB analog im System der Ausgleichsansprüche: Verursachungshaftung oder besondere sachenrechtliche Ausgleichsvorschrift?* Baden-Baden 1998.

Kegel, Gerhard: *Der Individualanscheinsbeweis und die Verteilung der Beweislast nach überwiegender Wahrscheinlichkeit. Festschrift für Heinrich Kronstein aus Anlass seines 70. Geburtstags: Das Unternehmen in der Rechtsordnung*. Karlsruhe 1967 (Zit.: Kegel, FS Kronstein).

Kerschner, Ferdinand: *Nachbarrechtliche Haftung bei Deponien. Kerschner-Haftung bei Deponien*. Wien 1996 (Zit.: Kerschner, Haftung bei Deponien).

Ders.: *Immissionsabwehranspruch des Mieters gegen Dritte – Anmerkung zu OGH 7 Ob 654/98*. In: *JAP*, 1990, S. 38 ff.

Ders.: *Nachbarrecht im Spannungsfeld zwischen Privatrecht und öffentlichem Recht*. In: *JBl.*, 1994, S. 781 ff.

Ders.: *Kausalitätshaftung im Nachbarrecht*. In: *RdU*, 1998, S. 10 ff.

Ders.: *Anmerkung zu OGH 8 Ob 635/92*. In: *JAP*, 1993, S. 30 ff.

Kerschner, Rudolf: *Umwelthaftung im Nachbarrecht*. In: *JBl.*, 1993, S. 216 ff.

Ketteler, Gerd: *Grundzüge des neuen Umwelthaftungsgesetzes*. In: *AnwBl.*, 1992, S. 3 ff.

Kimminich, Otto / Lersner, Heinrich von / Storm, Peter-Christoph: *Handwörterbuch des Umweltrechts*. Bd 1: *Abfallabgabe-Mosel*. – Bd 2: *Nachbarrecht-Zweitanmeldung*. Berlin ^{2}1994 (Zit.: Bearbeiter in Kimminich/Lersner/Storm, HdUR, Bd. I bzw. Bd. II, Sp.).

Klang, Heinrich: *Kommentar zum ABGB*. Bd. 2. Wien ^{2}1950 (Zit.: Klang/Bearbeiter).

Kleewein, Wolfgang: *Anrainerschutz bei Massentierhaltung*. In: *RdU*, 1995, S. 55 ff.

Klicka, Thomas: *Die Beweislastverteilung im Zivilverfahrensrecht*. Wien 1995.

Klindt, Thomas: *Negative Immissionen im Nachbarrecht des BGB*. In: *ZMR*, 1993, S. 204 ff.

Kloepfer, Michael: *Umweltrecht*. München ^{2}1998.

Koziol, Helmut: *Österreichisches Haftpflichtrecht*. Bd. I: *Allgemeiner Teil*. Wien ^{3}1997 (Zit.: Koziol, *Haftpflichtrecht I*).

Ders.: *Österreichisches Haftpflichtrecht*. Bd. II: *Besonderer Teil*. Wien ^{2}1984 (Zit.: Koziol, *Haftpflichtrecht II*).

Ders. / Welser, Rudolf: *Grundriss des bürgerlichen Rechts*. Bd. I: *Allgemeiner Teil, Sachenrecht, Familienrecht*. Wien ^{12}2002 (Zit.: Koziol/Welser, *Grundriss I*) – Bd. II: *Schuldrecht Allgemeiner Teil, Schuldrecht Besonderer Teil, Erbrecht*. Wien ^{12}2001 (Zit.: Koziol/Welser, *Grundriss II*).

Krehan, Hans: *Der Umweltschutz nach dem ABGB*. In: *ImmZ*, 1973, S. 101 ff.

Künzl, Reinhard: *Zur Abwehr ideeller Immissionen*. In: *NJW*, 1984, S. 774 ff.

Lang, Eberhard: *Grundfragen des privatrechtlichen Immissionsschutzes in rechtsvergleichende Sicht*. In: *AcP* 174. Bd. (1974), S. 381 ff.

Larenz, Karl / Canaris, Claus-Wilhelm: *Lehruch des Schuldrechts*. Bd. 2/2: *Besonderer Teil*. München ^{13}1994.

Lepeska, Guido: *Der negatorische Beseitigungsanspruch – im System des privatrechtlichen Eigentumsschutzes*. Linz 2000.

Ders.: *Immissionen ohne Schranken – grenzenloser Umweltschutz?* In: *RdU*, 2001, S. 50 ff.

Ders.: *Der verschuldensunabhängige Beseitigungsanspruch nach dem ABGB als Instrument des Umweltschutzes*. In: *RdU*, 2000, S. 97 ff.

Lohaus, Marianne: *Recht und Sprache in Österreich und Deutschland*. Gießen 2000.

Lüke, Gerhard: *Über die Beweislast im Zivil- und Verwaltungsprozess*. In: *JZ*, 1966, S. 589 ff.

Maassen, Bernhard M.: *Beweismaßprobleme im Schadensersatzprozess*. Köln/Berlin/Bonn/München 1975 [=Prozessrechtliche Abhandlungen 39].

Marburger, Peter: *Grundsatzfragen des Haftungsrechts unter dem Einfluss der gesetzlichen Regelungen zur Produzenten- und zur Umwelthaftung*. In: *AcP*, 192. Bd. (1992), S. 1 ff.

Ders.: *Ausbau des Individualschutzes gegen Umweltbelastungen als Aufgabe des bürgerlichen und des öffentlichen Rechts. Gutachten C für den 56. Deutschen Juristentag.* München 1986 (Zit.: Marburger Gutachten).

Ders. / Herrmann, Heinrich: *Die Verteilung der Darlegungs- und Beweislast bei der Haftung für Umweltschäden – BGHZ 92, 143.* In: *JuS*, 1986, S. 354 ff.

Michalski, Lutz: *Zivilrechtlicher Nachbarschutz bei durch Schadstoffe in der Luft kontaminierten Boden.* In: *DB*, 1991, S. 1365 ff.

Mittenzwei, Ingo: *Umweltverträglichkeit statt Ortsüblichkeit als Tatbestandsvoraussetzung des privatrechtlichen Immissionsschutzes.* In: *MDR*, 1977, S. 99 ff.

Moser, Berthold: *Umweltschutz als Aufgabe des Zivilrechts.* In: *ÖJZ*, 1974, S. 375 ff.

Motsch, Richard: *Beweismaßprobleme im Schadensersatzprozess Besprechung der Untersuchung von Bernhard Maasen.* In: *NJW*, 1976, S. 1389.

Müller, Bernhard: *Der Nachbar im Betriebsanlagenrecht.* Wien 1998.

Müller-Goebel, Michael: *Haftung für summierte Immissionen im Ländervergleich.* Freiburg 2000.

Münchener Kommentar: *Münchener Kommentar zum Bürgerlichen Gesetzbuch.* Bd. 6: *Sachenrecht §§ 854-1296.* München ^{3}1997 (Zit.: MüKo/Bearbeiter).

Ders.: *Münchener Kommentar zur Zivilprozessordnung.* München ^{2}2000 (Zit.: MüKoZPO/Bearbeiter).

Musielak, Hans-Joachim: *Grundkurs ZPO.* München ^{4}1998 (Zit.: Musielak, *Grundkurs*).

Ders.: *Gegenwartsfragen der Beweislast.* In: *ZZP*, 100. Bd. (1987), S. 385 ff.

Neubauer, Sabine in: Astner, Bernhard / Gründler, Bettina / Hammerschall, Ute / Kissich, Susanne / Neubauer, Sabine / Stefula, Martin: *Der Schutz vor negativen Immissionen durch das Zivilrecht.* Graz 1999.

Olzen, Dirk: *Zivilrechtlicher Schutz gegen Belastungen aus der Umwelt.* In: *Jura* 1991, S. 281 ff.

Oberheim, Rainer: *Beweiserleichterung im Zivilprozess.* In: *JuS*, 1996, S. 636 ff.

Otto, Franz: *Gesetzesänderung: Duldung und Abwehr von Immissionen aus der Nachbarschaft.* In: *ZMR*, 1995, S. 147 ff.

Palandt, Otto: *Kommentar zum Bürgerlichen Gesetzbuch.* München ^{61}2002 (Zit.: Palandt/Bearbeiter).

Ders.: *Gesetz zur Modernisierung des Schuldrechts. Ergänzungsband zu Palandt, Bürgerliches Gesetzbuch.* München ^{61}2002 (Zit.: Palandt/Bearbeiter, *Ergänzungsband 2002*).

Papier, Hans-Jürgen: *Immissionen durch Betriebe der öffentlichen Hand.* In: *NJW*, 1974, S. 1797 ff.

Ders.: *Sport und Umwelt.* In: *NVwZ*, 1986, S. 624 ff.

Paschke, Marian: *Kommentar zum Umwelthaftungsgesetz.* Paris/Tokio/Hong Kong/Barcelona/Budapest 1993.

Peine, Franz-Joseph: *Öffentliches und privates Nachbarrecht.* In: *JuS*, 1987, S. 169 ff.

Petersen, Jens: *Duldungspflicht und Umwelthaftung.* München 1996.

Ders.: *Beweislast bei Gesundheitsbeeinträchtigungen durch Emissionen und nachbarliche Duldungspflicht.* In: *NJW*, 1998, S. 2099 ff.

Pfeifer, Wolfgang: *Etymologisches Wörterbuch des Deutschen.* München ^{3}1997.

Picker, Eduard: *Der negatorische Beseitigungsanspruch.* Bonn 1972.

Ders.: *Zur Beseitigungshaftung nach § 1004 BGB – eine Apologie – zugleich ein Beitrag zur bürgerlich-rechtlichen Haftungsdogmatik. Festschrift für Joachim Gernhuber zum 70. Geburtstag.* Tübingen 1993, S. 315 ff. (Zit.: Picker, *FS Gernhuber*).

Pleyer, Klemens: *§ 1004 BGB und das »nachbarliche Gemeinschaftsverhältnis«.* In: *JZ*, 1959, S. 305 ff.

Prütting, Hanns: *Gegenwartsprobleme der Beweislast.* München 1983.

Raeschke-Kessler, Hilmar / Grüter, Karl / Hamm, Rainer: *Aktuelle Rechtsfragen und Rechtsprechung zum Umwelthaftungsrecht der Unternehmen.* Köln ^{2}1990.

Raschauer, Bernhard: *»Daseinsvorsorge« als Rechtsbegriff.* In: *ÖZW*, 1980, S. 72 ff.

Ders.: *Umweltschutzrecht.* Wien 1986.

Rathjen, Peter: *Probleme des Nachbarrechts bei Fernsehempfangsstörungen durch Hochhäuser.* In: *MDR*, 1974, S. 453 ff.

Rechberger, Walter H.: *Kommentar zur ZPO.* Wien/New York ^{2}2000 (Zit.: Rechberger/Bearbeiter).

Ders.: *Maß für Maß im Zivilprozess? Ein Beitrag zur Beweismaßdiskussion. Festschrift für Gottfried Baumgärtel zum 70. Geburtstag.* Köln/Berlin/Bonn/ München 1990 (Zit.: Rechberger, FS Baumgärtel).

Rechberger, Walter H. / Simotta, Daphne-Ariane: *Grundriss des österreichischen Zivilprozessrechts. Erkenntnisverfahren.* Wien [5]2000.

Reihardt, Michael: *Die Umkehr der Beweislast aus verfassungsrechtlicher Sicht.* In: *NJW*, 1994, S. 93 ff.

Reischauer, Rudolf: *Zur Zulässigkeit landwirtschaftlicher Immissionen – ein Beitrag insbesondere zum Ortsbegriff des § 364 ABGB.* In: *JBl.*, 1990, S. 217 ff.

Ring, Gerhard: *Grundriss des Nachbarrechts.* Berlin 1997.

Rosenberg, Leo: *Die Beweislast auf der Grundlage des bürgerlichen Gesetzbuches und der Zivilprozessordnung.* München [5]1965 (Zit.: Rosenberg, *Beweislast*).

Ders. / Schwab, Karl-Heinz / Gottwald, Peter: *Zivilprozessrecht.* München [15]1993 (Zit.: Rosenberg/Schwab/Gottwald).

Roth, Günther H.: *Materiellrechtliche und prozessuale Aspekte eines privatrechtlichen Umweltschutzes.* In: *NJW*, 1972, S. 921 ff.

Rummel, Peter: *Kommentar zum Allgemeinen bürgerlichen Gesetzbuch.* Bd. 1: *§§ 1-1174.* Wien [3]2000 (Zit.: Rummel/Bearbeiter).

Ders.: *Ersatzansprüche bei summierten Immissionen.* Wien 1969 (Zit.: Rummel, *Summierte Immissionen*).

Ders.: *Gutachten zum 9. ÖJT (1985) II/4* (Zit.: Rummel GA).

Ders. / Kerschner, Ferdinand: *Umwelthaftung im Privatrecht – Überlegungen zur Rechtsdogmatik und Rechtspolitik.* Linz 1991 (Zit.: Rummel in Rummel/Kerschner, *Umwelthaftung*).

Salzwedel, Jürgen: *Sportanlagen im Wohnbereich.* In: *UPR*, 1985, S. 210 ff.

Schambeck, Herbert: *Umweltschutz und Rechtsordnung.* In: *ÖJZ*, 1972, S. 617 ff.

Schimikowski, Peter: *Haftung für Umweltrisiken.* Sankt Augustin 1991.

Schilken, Eberhard: *Zivilprozessrecht.* Köln/Berlin/Bonn/München [3]2000.

Schmidt, Axel: *Der nachbarliche Ausgleichanspruch.* Köln/Berlin/Bonn/München 2000.

Schmidt, Reiner: *Einführung in das Umweltrecht.* München [6]2001.

Schragel, Walter: *Kommentar zum Amtshaftungsgesetz (AHG).* Wien [2]1985.

Schreiber, Klaus: *Prozessuale Probleme des § 1004 BGB.* In: *Jura*, 1991, S. 333 ff.

Schröfl, Thomas: *Handkommentar zum Umweltschutzrecht.* Wien [2]1989.

Schwab, Karl-Heinz: *Die Prozessrechtlichen Probleme des § 407 II BGB. Festschrift für Hans-Jürgen Bruns zum 70. Geburtstag.* München 1980 (Zit.: Schwab, *FS Bruns*)

Ders.: *Das Beweismaß im Zivilprozess.* Wien 1988.

Ders. / Prütting, Hannes: *Sachenrecht.* München [29]2000.

Schwimann, Michael: *Praxiskommentar zum ABGB samt Nebengesetzen.* Bd. 1: *§§ 1-284 ABGB.* Wien [2]1997 – Bd. 2: *§§ 285-530 ABGB, NotwegeG.* Wien [2]1998 (Zit.: Schwimann/Bearbeiter).

Ders. / Mell, Hans-Rüdiger: *Das Recht der Sonnen- und Windenergienutzung.* Wien 1979.

Seidel, Achim: *Öffentlich-rechtlicher und privatrechtlicher Nachbarschutz.* München 2000.

Sendler, Horst: *Grundprobleme des Umweltrechts.* In: *JuS*, 1983, S. 255 ff.

Simitis, Spiros: *Haftungsprobleme beim Umweltschutz.* In: *VersR*, 1972, S. 1087 ff.

Singer, Andreas Sebastian: *Persönlichkeitsschutz in Nachbarschaftslagen.* Baden-Baden 1999.

Soergel, Hans Theodor: *Bürgerliches Gesetzbuch.* Bd. 6: *Sachenrecht – §§ 854-1296.* Stuttgart/Berlin/Köln [12]1990.

Spielbüchler, Karl: *Anmerkung zu OGH 7 Ob 654/89.* In: *JBl.*, 1990, S.447 ff.

Stabentheiner, Johannes: *Zivilrechtliche Unterlassungsansprüche zur Abwehr gesundheitsgefährdender Umwelteinwirkungen.* In: *ÖJZ*, 1992, S. 78 ff.

Staudinger, J. von: *Kommentar zum Bürgerlichen Gesetzbuch mit Einführungsgesetz und Nebengesetzen.* Buch 3: *Sachenrecht* §§ 903-924. [13]Berlin (Neubearbeitung 2002). – Buch 3: *Sachenrecht, Umwelthaftungsrecht.* [13]Berlin (Neubearbeitung 2002) – Buch 3: *Sachenrecht §§ 985-1011.* [13]Berlin 1999 (Zit.: Staudinger/ Bearbeiter).

Stefula, Martin in: Astner, Bernhard / Gründler, Bettina / Hammerschall, Ute / Kissich, Susanne / Neubauer, Sabine / Stefula, Martin: *Der Schutz vor negativen Immissionen durch das Zivilrecht.* Graz 1999.

Stein, Friedrich / Jonas, Martin / Leipold, Dieter: *Kommentar zur Zivilprozessordnung.* [21]Tübingen ab 1993 (Zit.: Stein/Jonas/Bearbeiter).

Steiner, Johannes Wolfgang: *Zur Auslegung des Begriffs der Ortsüblichkeit in § 364 II ABGB.* In: *JBl.*, 1978, S. 133 ff.

Stern, Klaus: *Das Staatsrecht der Bundesrepublik Deutschland*. Bd. III/1. München 1988.

Stürner, Rolf: *Parteipflichten bei der Sachverhaltsaufklärung im Zivilprozessrecht*. In: *ZZP*, 98. Bd. (1985), S. 237 ff.

Süss, Philipp: *Die verschuldensunabhängige Haftung analog § 906 Absatz 2 Satz 2 BGB*. Frankfurt a.M./Berlin 1998.

Thomas, Heinz / Putzo, Hans: *Zivilprozessordnung – Kommentar*. München [23]2001.

Tiedemann, Paul: *Vom Mythos der negativen Immissionen*. In: *MDR*, 1978, S. 272 ff.

Versen, Hartmut: *Zivilrechtliche Haftung für Umweltschäden*. Heidelberg 1994.

Vieweg, Klaus: *Nachbarrecht und Nachbarschutz*. In: *NJW*, 1993, S. 2570 ff.

Ders. / Röthel, Anne: *Der verständige Durchschnittsmensch im privaten Nachbarrecht*. In: *NJW*, 1999, S. 969 ff.

Wagner, Erika: *Anmerkung zum Urteil des OGH vom 29.03.2001*. In: *RdU*, 2001, S. 157 ff.

Dies.: *Deregulierung im Baurecht und ziviler Rechtsschutz*. In: bbl., 1999, S. 171.

Wagner, Gerhard: *Umweltschutz mit zivilrechtlichen Mitteln*. In: NuR, 1992, S. 201 ff.

Walter, Robert / Mayer, Heinz: *Grundriss des österreichischen Bundesverfassungsrechts*. Wien [7]1992.

Wassermeyer, Heinz: *Der prima facie Beweis und die benachbarten Entscheidungen*. Münster 1954.

Weber, Hubert / Weber, Christine: *Immissionsschutz und Sachenrechtsänderungsgesetz*. In: *VersR*, 1995, S. 20 ff.

Weinberger, Ulrike: *Die dogmatische Struktur des Unterlassungsanspruchs im Nachbarrecht, bezogen auf den Umweltschutz*. Salzburg 1993.

Wernsdorf, Barbara: *Nachbarrechtliche Bestimmungen im österreichischen und deutschen Privatrecht*. Salzburg 2000.

Westermann, Harry: *Sachenrecht*. Bd. II: *Immobiliarsachenrecht*. Heidelberg [6]1988 (Zit.: Westermann/Bearbeiter).

Wiebecke, Ferdinand: *Umwelthaftung und Umwelthaftungsrecht*. Wiesbaden 1990.

Wolf, Manfred: *Sachenrecht*. München [17]2001.

Zöller, Richard: *Zivilprozessordnung*. Köln [23]2002 (Zit. Zöller/Bearbeiter).

Peter Lang · Europäischer Verlag der Wissenschaften

Thomas Badelt

Aufrechnung und internationale Zuständigkeit unter besonderer Berücksichtigung des deutsch-spanischen Rechtsverkehrs

Frankfurt am Main, Berlin, Bern, Bruxelles, New York, Oxford, Wien, 2005.
XLII, 372 S.
Studien zum vergleichenden und internationalen Recht. Herausgegeben von Bernd von Hoffmann, Erik Jayme und Heinz-Peter Mansel. Bd. 103
ISBN 3-631-52896-5 · br. € 68.50*

Die Arbeit untersucht die Probleme, mit denen sich deutsche Gerichte bei der Prüfung ihrer internationalen Zuständigkeit im Zusammenhang mit der Aufrechnung konfrontiert sehen können. Anhand des deutsch-spanischen Rechtsverkehrs wird jeweils herausgearbeitet, welche Anforderungen andere Aufrechnungssysteme – insbesondere das Modell der Legalkompensation der romanischen Rechtsordnungen – an die für das deutsche Internationale Zivilprozessrecht zu entwickelnden Lösungen stellen. Weitere europäische Rechtsordnungen – insbesondere das französische und italienische Recht – werden in die rechtsvergleichenden Überlegungen mit einbezogen. Auf dieser Grundlage wird ein klares Lösungsmodell entwickelt.

Aus dem Inhalt: Die Aufrechnung im spanischen Recht · Der vom EuZP vorgegebene Rahmen · Zuständigkeitsrechtliche Relevanz der prozessualen Aufrechnungseinrede im Internationalen Zivilprozessrecht · Internationale Gerichtsstandsvereinbarungen als prozessuale Aufrechnungsverbote · Die Auswirkungen von Schiedsvereinbarungen auf die Zulässigkeit des Aufrechnungseinwands · Die „compensación judicial" des spanischen Rechts im deutschen Zivilprozess

Frankfurt am Main · Berlin · Bern · Bruxelles · New York · Oxford · Wien
Auslieferung: Verlag Peter Lang AG
Moosstr. 1, CH-2542 Pieterlen
Telefax 00 41 (0) 32 / 376 17 27

*inklusive der in Deutschland gültigen Mehrwertsteuer
Preisänderungen vorbehalten

Homepage http://www.peterlang.de

FSC
www.fsc.org
MIX
Papier | Fördert gute Waldnutzung
FSC® C083411

Kolibri 360 GmbH
Ferdinand-Jühlke-Straße 7
99095 Erfurt, Deutschland
produktsicherheit@kolibri360.de

Druck:
CPI Druckdienstleistungen GmbH
im Auftrag der
Kolibri 360 GmbH
Ferdinand-Jühlke-Str. 7
99095 Erfurt